Inhalt

Das Magazin
- Irland heute
- Auf dem grünen Rasen
- Der Craic
- Macher und Anführer
- Hunger, *Home Rule* & Hoffnung
- Highlights auf einen Blick
- Feste & Events
- Die Feder und die Flöte
- ABC der Symbole und Meilensteine
- Apropos Irland

Erster Überblick
- Ankunft
- Unterwegs in der Republik Irland
- Unterwegs in Nordirland
- Übernachten
- Essen und Trinken ■ Einkaufen
- Ausgehen ■ Aussprachefuhrer

Dublin
An einem Tag
Nicht verpassen!
- Trinity College und das *Book of Kells*
- National Museum of Ireland
- St Patrick's Cathedral ■ Kilmainham Gaol

Nach Lust und Laune! Zehn weitere Sehenswürdigkeiten
Wohin zum ... Essen und Trinken? ■ Übernachten?
- Einkaufen? ■ Ausgehen?

Ostirland
In drei Tagen
Nicht verpassen!
- Die Wicklow Mountains
- Waterford Crystal
- Kilkenny
- Newgrange und Brú na Bóinne: Stätten irischen Kulturerbes

Nach Lust und Laune! Zehn weitere Sehenswürdigkeiten
Wohin zum ... Essen und Trinken? ■ Übernachten?
- Einkaufen? ■ Ausgehen?

93

Südwestirland
In vier Tagen
Nicht verpassen!
- Cork City
- Den Stein von Blarney küssen
- Ring of Kerry
- Dingle-Halbinsel

Nach Lust und Laune! Acht weitere Sehenswürdigkeiten
Wohin zum … Essen und Trinken? ■ Übernachten?
■ Einkaufen? ■ Ausgehen?

119

West- und Nordwestirland
In vier Tagen
Nicht verpassen!
- The Burren und die Klippen von Moher
- Die Aran-Inseln
- Connemara
- West-Mayo

Nach Lust und Laune! Zehn weitere Sehenswürdigkeiten
Wohin zum … Essen und Trinken? ■ Übernachten?
■ Einkaufen? ■ Ausgehen?

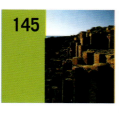

145

Nordirland
In drei Tagen
Nicht verpassen!
- Belfast
- Die Küste von Antrim
- Ulster-American Folk Park
- Lough Erne und Belleek Pottery

Nach Lust und Laune! Zehn weitere Sehenswürdigkeiten
Wohin zum … Essen und Trinken? ■ Übernachten?
■ Einkaufen? ■ Ausgehen?

171

Wanderungen & Ausflüge
- 1 Hill of Howth
- 2 Blackwater Bog
- 3 Croagh Patrick
- 4 Yeats Country
- 5 Die Mauern von Derry
- 6 Strangford Lough

Praktisches 187
- Reisevorbereitung
- Reisezeit
- Das Wichtigste vor Ort

Reiseatlas 193
Register 203

Autor: Christopher Somerville
Redaktion der Reihe: Karen Rigden
Redaktion: Claire Strange
Design: Alison Fenton
Aktualisierung: Christopher Somerville
Design der Reihe: Catherine Murray

Übersetzung »Das Magazin«: Anne Pitz

© MAIRDUMONT GmbH & Co. KG, Ostfildern, **4., aktualisierte Auflage 2009**

„NATIONAL GEOGRAPHIC" ist eine eingetragene Marke der
National Geographic Society. Deutsche Ausgabe lizenziert durch
NATIONAL GEOGRAPHIC DEUTSCHLAND
(G+J/RBA GmbH & Co. KG), Hamburg 2008
www.nationalgeographic.de

Unsere Autoren haben nach bestem Wissen recherchiert. Trotzdem schleichen sich
manchmal Fehler ein, für die der Verlag keine Haftung übernehmen kann.
Hinweise, Verbesserungsvorschläge und Korrekturen sind jederzeit willkommen.
Einsendungen an: E-Mail: spirallo@nationalgeographic.de oder
NATIONAL GEOGRAPHIC SPIRALLO-Reiseführer
MAIRDUMONT GmbH & Co. KG, Postfach 31 51, D-73751 Ostfildern

Das Werk einschließlich aller seiner Teile ist urheberrechtlich geschützt. Jede urhe-
berrechtsrelevante Verwertung ist ohne Zustimmung des Verlages unzulässig und
strafbar. Dies gilt insbesondere für Vervielfältigungen, Übersetzungen,
Nachahmungen, Mikroverfilmungen und die Einspeicherung und Verarbeitung in
elektronischen Systemen.

Original 5th English Edition
© Automobile Association Developments Limited
Kartografie: Automobile Association Developments Limited

Maps in this title produced from material
based upon Crown Copyright and is reproduced
with the permission of Land and Property
Services under delegated authority from the
Controller of Her Majesty's Stationery Office
© Crown copyright and database rights LA 59. (Permit No. 80131).

Republic of Ireland mapping based on
Ordnance Survey Ireland Permit No. 8430.
© Ordnance Survey Ireland and Government of Ireland

Covergestaltung und Art der Bindung
mit freundlicher Genehmigung von AA Publishing

Herausgegeben von AA Publishing, einem Unternehmen
der Automobile Association Developments Limited, Fanum House,
Basing View, Basingstoke, Hampshire, RG21 4EA, UK.
Handelsregister Nr. 1878835.

Farbauszug: Keenes, Andover
Druck und Bindung: Leo Paper Products, China

A04008

Das Magazin

Zu einem tollen Urlaub gehört mehr als genüssliches Faulenzen am Strand oder Shoppen bis zum Umfallen – damit die Reise sich wirklich lohnt, muss man das Besondere seines Zieles kennen und schätzen. Das Magazin gibt einen Überblick über die gesellschaftliche, kulturelle und geografische Situation, die das Besondere an Irland ausmacht.

6 Das Magazin

IRLAND HEUTE

Wenn Sie in Irland an jeder Ecke Kobolde und weise sinnierende Landsleute an Gartentoren erwarten, werden Sie einige Überraschungen erleben. Irland hat in den letzten Jahren einen riesigen Sprung nach vorne gemacht.

Dublin, Cork, Galway und Belfast gehören heute zu den lebendigsten und progressivsten Städten Europas. Und doch ist das traditionelle, beschauliche und charmante Landleben noch zu finden. Sie brauchen nur die Hauptrouten zu verlassen und fünf Minuten einer Landstraße zu folgen, um hinter dem gepflegten und blühenden Gesicht des neuen Irlands die sagenumwobene, vitale Grüne Insel zu entdecken.

STADT...
Der als »keltischer Tiger« bezeichnete Wirtschaftsaufschwung der letzten zwei Dekaden brachte Geld, Dynamik und ein neues Selbstbewusstsein in die vorher stagnierende Gesellschaft. Der Tiger brüllte am lautesten im ruhigen, am Fluss Liffey gelegenen Dublin, das heute eine aufstrebende, moderne Stadt mit einer stetig wachsenden Skyline ist.

Das Magazin

...UND LAND

Die Verbesserung der Infrastruktur und die zunehmende Bebauung haben das irische Landschaftsbild nicht immer positiv verändert. So hat sich neben allen Innovationen ein kritisches Umweltbewusstsein in Irland entwickelt. Die neue Gaspipeline in das entlegene County Mayo, die Autobahn in unmittelbarer Nähe der frühgeschichtlichen Monumente von Tara und Windfarmen in der zauberhaften Küstenlandschaft Westirlands stießen auf öffentliche Proteste und Gegner, die für die Erhaltung dieser unvergleichlich schönen, grünen Landschaften der Insel kämpfen.

BLICK NACH VORN

Um Arbeit zu finden, müssen junge Menschen heute nicht mehr auswandern, sie können in Irland bleiben. Auch im Norden hat sich endlich eine politische Stabilität durchgesetzt, die für optimistische Stimmung und Tatendrang sorgt.

Unten: Fußgänger genießen einen Spaziergang über den Millennium Walk am Liffey
Ganz unten: Belfast durchläuft eine rasante Entwicklung zu einer hellen, modernen Metropole

AUF DEM GRÜNEN RASEN

Wenn man den Charakter eines Landes an seinen Sportarten erkennen kann, ist Irland romantisch, herzlich, irrsinnig optimistisch und erfolgreich.

DIE PROFIS SEHEN

In ganz Irland gibt es Profisportveranstaltungen, oft mit internationalen Partnern. Im Golf beispielsweise bieten der Ryder Cup und der Solheim Cup zahlreiche Turniere auf der ganzen Insel an, viele davon in herrlichen Anlagen an der Küste. Die republikanische Nationalelf hat bei Fußballweltmeisterschaften zweimal das Achtelfinale (1994 und 2002) und einmal auch das Viertelfinale (1990) erreicht. Nordirlands Vorstoß (ins Viertelfinale) bei der Weltmeisterschaft von 1958 wurde dadurch in den Schatten gestellt. Das Spiel Rugby Union wird immer populärer und es ist zu erwarten, dass in dieser Sportart in den kommenden Jahren viel geleistet wird.

»Die Begeisterung der Iren für Pferde ist tausende von Jahren alt«

Die Liebe der Iren zu ihren Pferden währt seit Tausenden von Jahren. The Curragh in Kildare, eine der bekanntesten Pferderennbahnen der Welt, lockt Kenner in Scharen an, die sich mit Wetteinsätzen gegenseitig übertreffen.

MITMACHEN

Die Profisportler kommen in die Schlagzeilen, aber auch privat und unter Freunden spielt sportliche Konkurrenz eine große Rolle: gespielt wird hart, aber mit Humor, einfach aus Spaß, ehrlich und mit einem gesunden Ehrgeiz. Unter den Strandsportarten sind die Favoriten Kitesurfen in Cork, Kiteboarden in Clare, Surfen in Donegal, Kitebuggying und Landboarding in Derry. Wandern und Klettern sind durch die Kennzeichnung von rund 40 Wegen sehr viel einfacher geworden. Das Angeln ist nach wie vor eines der beliebtesten Urlaubsvergnügen. Außerdem gibt es informelle Trabrennen und das ausgefallene Road Bowling (Bosseln) bei Süd-Armagh und West-Cork. Bei diesem Geschicklichkeitsspiel müssen die Spieler eine Eisenkugel über mehrere Kilometer auf Spazierwegen mit möglichst wenigen Stößen vorwärts treiben.

GÄLISCHE SPIELE

Die traditionellen gälischen Spiele stiften ein irisches Zusammengehörigkeitsgefühl im Sport. Besonders unterhaltsam sind der gälische Fußball (bei dem der Ball gekickt und geschlagen werden darf) und das Hurling. Selbst unter den begeisterten Fans im Publikum zu sein, wenn die Spieler hinter einem Wurf her rennen und mit ihren keulenförmigen Hurley-Schlägern auf den sliotar, oder einen Lederpuck schlagen, ist ein echtes Erlebnis, egal, ob Sie beim Irland-Finale unter 80 000 Zuschauern in Dublins Croke Park sind, oder auf dem Gelände eines Ortsvereins am Ende der Welt.

Jubel nach dem Sieg beim Curragh

DER *CRAIC*
"GUTE LAUNE"

Das Wort wird wie *crack* ausgesprochen und die Briten schreiben es auch so – doch diese kurze, scharfe und schroffe Form ist irreführend. Die Iren sind da besser: Sie schreiben es *craic*, das ist freundlicher.

DIE MACHT DES *CRAIC*

Sie begegnen ihm vielleicht, wenn Sie mit anderen Reisenden im Schatten einer Hecke in County Kerry rasten. Mit Sicherheit aber stoßen Sie auf ihn, wenn Sie zum Cat Laughs Comedy Festival gehen. Sein Rumoren kann Sie auch in irgendeiner Küche eines x-beliebigen Bungalows in einem Vorort von Belfast oder Dublin überraschen. Sehr wahrscheinlich begegnen Sie ihm bei den Zockern der Pferderennen von Curragh in Kildare, bei den jubelnden Fans eines Hurling-Matches oder bei den partyversessenen Studenten des Trinity Colleges. Unter Garantie finden Sie den *craic* da, wo sich Musiker, Geschichtenerzähler, Bauern vom Lande oder junge Menschen aus der Stadt bei ein paar Gläsern Starkbier treffen.

EIN BUNTER EINTOPF

Der *craic* ist wie eine Laune, die von irgendwoher hereingeschneit kommt. Er ist riesiger Topf, in den jeder irgendetwas hineinwerfen kann. Allerdings gibt es ein paar Zutaten, die in diesem starken Gebräu nie fehlen: Musik, angeregte Gespräche und Diskussionen, eine Prise Alberei, ein Tropfen Hochprozentiges oder ein Schlückchen Tee, etwas Essbares und vor allem

Geplant (rechts) oder ungeplant (links) – mit Musik hat jeder Spaß

12 Das Magazin

Eine weitere Entschuldigung, um gemeinsam Spaß zu haben

viel Gelächter. Je nachdem, was los ist und wer mitmacht, bekommt der *craic* einen anderen Geschmack. Es kann großartig sein, wenn Sie dem *craic* der Einheimischen in einer Dorfkneipe lauschen, mit ihren vertrauten Späßen, Liedern und Märchen. Oder wenn Sie in einem Metallcontainer, mit ein paar Straßenarbeitern vor einem Regenguss Schutz suchen. Oder wenn Sie sich bei einem Dorf-*céilidh* beim Lernen der Tanzschritte von einem wildfremden Tanzpartner herumwirbeln lassen. Vielleicht beeindruckt Sie der derbe Humor des *craic* in einer überfüllten Kneipe mitten in Belfast, oder der am Tisch einer Gruppe eleganter junger Frauen in Dublins trendigem Temple Bar Viertel, noch mehr.

> Irgendetwas in der Luft, das von irgendwoher hereingeschneit kommt

Manchmal werden Sie grinsend weitergehen, ein anderes Mal wird Sie etwas berühren und in den Bann ziehen. Die Iren sehen in einem Reisenden weniger den Fremden, der stören könnte, sondern viel eher die Möglichkeit, dass er den *craic* durch seine Geschichten, Lieder oder den neusten Tratsch bereichert. Wenn Sie eine Bar oder einen Laden betreten, wird man Sie mustern und mit Fragen in ein Gespräch verwickeln. Es ist nichts Grobes oder Seltsames dabei, sondern es ist einfach wohlwollende Neugier und gastfreundliches Entgegenkommen.

CRAIC FÜR ALLE

Manche Leute halten den *craic* für etwas, das über organisierte Touristenveranstaltungen, wie mittelalterliche Festessen in Bunratty Castle, oder

Das Magazin

Grün ist die Hauptfarbe bei der Parade zum St. Patrick's Day

DIE MACHT DES *CRAIC*

Gepackt vom *Craic*

„… Die Tür fliegt auf, ein Mann kommt herein, geht auf die Tanzfläche und beginnt den *jig*. Eine Fiedel setzt ein und der ganze Raum fängt an zu tanzen … wild und schön! Ah, der *craic* war packend, richtig gut…"
Musiker aus Kerry im Gespräch.

Busladungen von Besuchern, die kommen, um den Blarney Stein küssen, erhaben ist. Aber der *craic* kann, was er tut. Er ermutigt eine Frau, die eben noch Stein und Bein schwor, dass sie nicht singen könnte, einen Song zum Besten zu geben, sein Humor besänftigt einen Betrunkenen, der eben noch aggressiv war und beflügelt die Phantasie so manchen Abenteurers beim Geschichtenerzählen.

MITMACHEN UND GENIESSEN

Wesentlich für den *craic* ist die positive Einstellung zu den Anderen, ganz gleich wie ausgelassen die Runde wird und wie viel getrunken wird.

Wenn Sie mitmachen, brauchen Sie nichts zu befürchten. Bringen Sie ein Lied oder eine Geschichte mit ein, das freut die Anderen und wird auch Ihnen Spaß machen. Auch wenn jeder hofft, dass Sie etwas beisteuern, erwartet oder verlangt es niemand. Machen Sie sich locker und genießen Sie den Augenblick… das ist alles, worum es beim *craic* geht.

Macher und
ANFÜHRER

Eine ganze Reihe charismatischer Persönlichkeiten taucht in der irischen Geschichte auf, vom mythischen Helden bis hin zum echten Tyrannen, politischen Größen und umjubelten Sängern.

SAINT PATRICK

Als die Römer auf dem Rückzug aus Großbritannien waren, wurde der spätere Schutzheilige Irlands als 16-Jähriger von irischen Piraten aus seiner Heimat Wales entführt. Nach sechs Jahren Sklaverei als Hirte gelang ihm die Flucht auf einem Schiff, das Windhunde nach Großbritannien transportierte. Über sein Leben auf Wanderschaft und über seine Studienzeit in Gallien ist wenig bekannt. Er wurde Priester und empfing 432 die Bischofsweihe mit dem Auftrag, in Irland zu missionieren. Dort ging er in County Down an Land und begann, die Insel zum Christentum zu bekehren. Als er um etwa 461 starb, hatte sich seine Botschaft bereits auf der ganzen Insel verbreitet. Die Auseinandersetzung mit den Stammesführern und Druiden, die ihn wohl den Kopf gekostet hätte, hatte er geschickt vermieden. Stattdessen hatte er die vorhandenen heiligen Stätten der Heiden genutzt, um durch die Einführung neuer Bräuche das Interesse auf das Christentum zu lenken.

FIONN MACCUMHAILL (FINN MCCOOL)

Hat etwa jemand behauptet, Fionn MacCumhaill habe es nie gegeben?! Dabei sind die Beweise seiner Heldentaten in ganz Irland zu finden: Der Felsen bei Sligo, den er mit einem einzigen zornigen Schwerthieb spaltete, der Deckel eines Hünengrabs, den er aus Spaß vom Allen Moor 100 km weit nach Howth Head warf. Ein jeder aus seiner Ritterbande Fianna Éireann konnte Gedichte schreiben, beherrschte die Wildschweinjagd, konnte neun Lanzen gleichzeitig abwehren und sich beim Rennen einen Dorn aus dem Fuß ziehen. Wie viele junge Iren faszinierten wohl schon die Legenden um diesen unbesiegbaren Fionn MacCumhaill, einem echten Macher?

OLIVER CROMWELL

Der englische Lordprotektor übernahm die Aufgabe, 1649 nach Irland zu reisen. Dort drohten sich katholische Aufständische gegen die protestanti-

Das Magazin

schen Siedler durchzusetzen, denen seit der Herrschaft des Hauses Tudor irisches Land übereignet wurde. Cromwell landete mit seiner Armee von über 20 000 Mann in Dublin und kämpfte die Rebellen in einem unerbittlichen, dreijährigen Krieg nieder, in dem Hunderttausende ihr Leben ließen. Katholische Grundbesitzer verloren ihre Bürgerrechte, wurden enteignet und in die westliche Einöde von Connacht vertrieben. Diese grobe Erniedrigung des katholischen und keltischen Erbes Irlands sollte nicht die letzte bleiben.

MICHAEL COLLINS (1890–1922) UND ÉAMON DE VALERA (1882–1975)

Die beiden Wegbereiter eines unabhängigen Irlands polarisierten die Meinungen und werden bis heute von ihren heftig zerstrittenen Anhängern als Ikonen verehrt. Während des Unabhängigkeitskriegs agierte Collins aus dem Untergrund gegen England, sah aber schließlich in Verhandlungen mit dem Feind den einzig richtigen Schritt im Sinne der irischen Nationalisten. Die Fundamente des unabhängigen Irlands

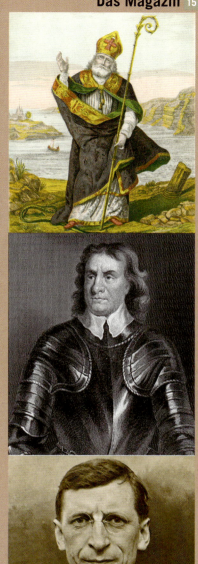

Oben: St. Patrick konnte die Blüte des Christentums in Irland miterleben.
Mitte: Oliver Cromwell schlug den Widerstand der Katholiken im 17. Jahrhundert brutal nieder.
Unten: Éamon de Valera sicherte sich die Unterstützung der Republikaner bei leidenschaftlichen öffentlichen Versammlungen

16 Das Magazin

wurden sowohl von Collins als auch von Éamon de Valera, einem Anführer der radikalen Irish Republican Army (IRA), gelegt.

Auch Valera musste nach der Niederlage der IRA im Bürgerkrieg von 1922-23 untertauchen, führte sein Land aber nach seiner Rückkehr auf parlamentarischem Weg zur Unabhängigkeit.

DERMOT MACMURROUGH UND STRONGBOW

Der Lauf der irischen Geschichte kam durch Dermont MacMurrough, dem König von Leinster ins Straucheln. Er hatte im Jahr 1152 eine Affäre mit Dervorgilla, der Frau seines Rivalen, dem Fürsten von Sligo, Tiernán O'Rourke aus Breifne. Wegen dieses Fehltritts wurde er verbannt, legte aber beim normannischen Graf von Pembroke, Richard de Clare, der den Spitznamen Strongbow hatte, Berufung ein. Die Normannen hatten nur auf einen Vorwand gewartet, um im reichen Irland einen Fuß in die Tür zu bekommen. 1170 kam Strongbow nach Irland und half MacMurrough, seine Titel zurückzugewinnen und seine eigene Belohnung zu kassieren – große Ländereien, die Hand der Tochter MacMurroghs und das Erbrecht auf das gesamte Vermögen und Land seines Schwiegervaters. Es folgte eine groß angelegte normannische Invasion, mit der das jahrhundertelange Zerwürfnis zwischen England und Irland begann.

ARTHUR GUINNESS

Irland ist international für das dunkle Bier bekannt, das in der Brauerei am St. James Gate in Dublin gebraut wird. Arthur Guinness kaufte sie im Jahr 1759 Mark Rainsford ab. Er hat Dublin den kräftigen Geruch von Malz und Hopfen in der Luft vermacht und weltweit täglich 2,5 Millionen Mündern in 120 Ländern einen fröhlichen weißen Schnurrbart.

BONO & BOB

Die beiden in Dublin geborenen Sänger Bob Geldof und Bono (bürgerlich: Paul Hewson) unterscheiden sich nicht nur in ihren Persönlichkeiten, sondern auch darin, wie sie ihre Botschaften verpacken, die auch in der Welt jenseits der Popmusik beachtet werden. Der als aufbrausend bekannte Geldof, früher Frontmann bei den Boomtown Rats, ersann 1985 das internationale Live Aid Concert für die Hungerhilfe in Äthiopien. 2005 war er Mitgründer des internationalen Live 8 Concert zur weltweiten Armutsbekämpfung und für die Entschuldung zahlreicher Entwicklungsländer. Der U2-Sänger Bono ist die diplomatische Stimme des Gewissens in der Rockmusik. Mit Benefizkonzerten bekämpft er die Not in Afrika, AIDS und die Schulden der Dritten Welt und trifft sich regelmäßig mit Größen der Weltpolitik. Er gründete etliche Stiftungen und Vertriebsgesellschaften mit

Das Magazin

dem Ziel, humanitäre Hilfe durch Fairen Handel mit der Dritten Welt zu ersetzen. Als Anerkennung für ihre humanitäre Arbeit zeichnete die englische Krone Bob Geldof und Bono mit Adelstiteln aus.

DIE BEIDEN MARYS

Mary Robinsons Wahl zur Präsidentin der Republik Irland 1990 ist symbolisch für den umfassenden Gesellschaftswandel im Land. Während ihrer siebenjährigen Amtszeit bis 1997 gab sie dem Präsidentschaftsamt ein neues, dynamisches und progressives Gesicht, indem sie auf Menschen zuging, Interviews gab, den nördlichen Unionisten verständnisvoll zuhörte und Irlands Modernisierungs- und Entwicklungsschub nach Kräften förderte. Ihre Nachfolgerin Mary McAleese, eine römisch-katholische Rechtsanwältin aus Belfast, hat sich als ebenso tatkräftig erwiesen, wenn auch in anderer Art und Weise. Ihr Motto lautet »Brücken bauen« und sie hat damit weit über die konfessionellen Auseinandersetzungen ihrer nordirischen Heimat hinaus als Repräsentantin ihres Landes internationale Anerkennung erworben.

Oben: Bob Geldof erhält im Jahr 2006 eine Auszeichnung der Irish Recorded Music Association.
Mitte: Mary McAleese ist die erste weibliche Amtsnachfolgerin einer Frau als Staatsoberhaupt.
Unten: Arthur Guinness verkaufte sein erstes Porter 1778

18 Das Magazin

HUNGER, *HOME RULE* UND HOFFNUNG

Im 20. Jh. erkämpfte Südirland seine autonome Selbstverwaltung (Home Rule) als Republik, aber Bürgerkrieg, der Nordirlandkonflikt und Terror konfessioneller paramilitärischer Verbände forderten zahlreiche Opfer unter Politikern und Zivilisten. Heute hat Nordirland eine dezentralisierte Regierung und neue Hoffnung.

HUNGERSNOT

Hunger war schon immer ein Thema im Lebensalltag armer römischkatholischer Iren. Im Laufe des 18. Jh. vervierfachte sich die Bevölkerung und erreichte um 1840 neun Millionen – die Kartoffel war das Hauptnahrungsmittel. Um 1845 wurde die Pilzkrankheit der Kraut- und Braunfäule nach Irland eingeschleppt und zerstörte fast die gesamte Kartoffelernte.

Anfangs leistete die britische Regierung direkte Lebensmittelhilfe, ging dann aber dazu über, teils sinnlos erscheinende Hilfsprojekte z. B. im

Die große Hungersnot führte zu einer massiven Auswanderungswelle aus Irland

Straßenbau anzuordnen, bei denen Männer, Frauen und Kinder ihre Getreidemahlzeiten durch ihre Mitarbeit verdienen sollten. Viele Menschen starben an Hunger und Krankheiten – Cholera, Typhus, Rückfallfieber und Kinderdurchfall. Die Pilzkrankheit wütete 1845, 1846, 1848 und 1849 und verwandelte die Kartoffelknollen in stinkenden dunklen Schleim.

Die große Hungersnot von 1845-50 war eine völlige Katastrophe. Etwa eine Million Menschen starben, weitere anderthalb Millionen wanderten in die USA, nach Kanada und England aus und setzten eine Landflucht aus verarmten Gebieten in Gang, die noch bis vor kurzem andauerte. Auch heute noch spürt man auf dem Land, vor allem im äußersten Westen, die Erfahrung der Not. Außerdem verstärkte die Hungersnot die Zunahme antienglischer Ressentiments und ließ den Nationalismus wieder aufflammen.

REBELLION

Das 19. Jh. ist von Aufständen gegen die Briten geprägt: 1848 durch das Young Ireland, 1858 gleichzeitig in Dublin und New York durch die Irish Republican Brotherhood (IRB) – bekannt auch als Geheimbund der Fenier, der nach den missglückten Aufständen von 1865 und 1867 in Irland an Bedeutung verlor. In den 1870er und 1880er Jahren bewirkten parteiinterne Reformen von Charles Steward Parnell, der als irischer Abgeordneter im Parlament von Westminster saß, dass die irische Home Rule Bewegung und ihr Kampf für ein selbstbestimmtes irisches Parlament in Dublin als Gesetzesvorschlag eingebracht wurde. Das Home Rule Gesetz passierte jedoch erst 1914 das britische Parlament, trat aber für die Dauer des Ersten Weltkriegs außer Kraft.

Ein beim Osteraufstand 1916 in Dublin zerstörtes Haus

DER OSTERAUFSTAND

Daraufhin rief die IRB 1916 zum Osteraufstand auf. Die kaum 2000 Aufständler besetzten eine Reihe öffentlicher Gebäude in Dublin und riefen von den Stufen des Hauptpostamts die unabhängige Republik Irlands aus. Der Aufstand wurde nach einer Woche niedergeschlagen. Als im Folgemonat 15 Anführer des Aufstands in Dublins Gefängnis Kilmainham Gaol (▶ 58f) erschossen wurden, begann sich die öffentliche Meinung gegen die Engländer zu wenden. Der Meinungswandel führte bei den Wahlen 1918 zum Erfolg der republikanischen Partei Sinn Féin, deren militärischer Flügel IRA anfing, für einen Krieg gegen England zu rüsten.

DER UNABHÄNGIGKEITSKRIEG

Im grausamen Anglo-Irischen Krieg (1919-21) arbeitete die IRA mit terroristischen Mitteln gegen die britischen Truppen. 1921 kam es zum Waffenstillstand und schließlich zum Anglo-Irischen Vertrag. Er sah vor, dass sechs Countys von Ulster (Down, Derry, Armagh, Antrim, Tyrone und Fermanagh) Teil des Vereinigten Königreichs Großbritannien und Nordirland blieben, während aus den 26 übrigen Countys die unabhängige Republik Irland wurde. Radikale Elemente in der IRA erkannten diesen Vertrag nicht an und zettelten einen blutigen Bürgerkrieg an, in dem sie 1923 scheiterten.

Während der letzten 30 Jahre des 20. Jhs. führte der paramilitärische republikanische Flügel, die Provisional IRA, in Nordirland einen Gueril-

Kerry war einer der Countys, die 1921 den geteilten Staat bildeten

Das Magazin 21

lakrieg gegen paramilitärische Loyalisten und die britischen Streitkräfte. Zwei bekannte Gesichter werden mit dem politischen Konflikt konfessioneller Spaltung und Unnachgiebigkeit in Verbindung gebracht: Gerry Adams, Vorsitzender des republikanischen IRA-Flügels Sinn Féin und Ian Paisley, dem Gründer der Democratic Unionist Party.

Paisleys Nachfolger als Parteivorsitzender ist heute Peter Robinson. Er führt die dezentralisierte Regierung Nordirlands als Ministerpräsident zusammen mit seinem Stellvertreter Martin McGuinness,

> Diese zuvor unvorstellbare Konstellation wurde erst 1998 in Folge des Karfreitagsabkommens möglich.

Adams' früherem Stellvertreter. Diese zuvor unvorstellbare Konstellation wurde erst 1998 in Folge des Karfreitagsabkommens möglich. Darin wurde vereinbart, dass die Republik Irland offiziell auf ihre Forderung nach einer Wiedervereinigung mit dem Norden verzichtet, dass Nordirland ein eigenes Parlament wählt, die inhaftierten Untergrundkämpfer freigelassen werden, die Provisional IRA und Loyalisten ihre Aktivitäten beenden und die IRA – zur größten, positiven Überraschung – ihre Waffen abgibt. Nach vielem Hin und Her scheint Nordirland auch auf dem Weg zu Frieden und Fortschritt zu sein.

Ian Paisley (links) und Martin McGuinness (rechts) in Stormont im Juli 2007

22 Das Magazin

HIGHLIGHTS
AUF EINEN BLICK
EINSAM ABER REIZVOLL

Es gibt so viele Sehenswürdigkeiten und Angebote auf Ihrer Reise, verpassen Sie auf keinen Fall die besten.

UNBERÜHRTE LANDSCHAFTEN
- Das große Moor von Bellacorick im nordwestlichen County Mayo ist ein einsamer, stiller Landstrich – 260 km² Deckenmoor, gesäumt von den Nephin Beg Mountains. Bei Regen kann beides kahl und trüb wirken, aber bei Sonnenschein entfaltet sich ein magischer Glanz.
- Die Sperrin Mountains, County Tyrone – hohes und wildes Gebirge mit schönen Tälern.
- Slieve Bloom Mountains im County Laois – ein Rundwanderweg führt über die Höhen der einsamen Hügelkette, die wie ein perfekter Kreis im Zentrum Irlands liegt.
- Gorumna (Garumna), Lettermore (Leitir Moir) und Lettermullan (Leitir Mealláin), County Galway – granitbedeckte, über Dämme miteinander verbundene Inseln mit riedgedeckten Häusern inmitten winziger, steiniger Felder.
- Halbinsel Sheep's Head, County Cork – die verschwiegenste der südwestlichen Halbinseln mit einer herrlicher Küste und Schafherden in den Hügeln.

Das Magazin 23

EINSAME SPITZE
- Sonnenuntergang über zwei inselreichen Buchten: Clew Bay, County Mayo und Roaringwater Bay, County Cork.
- Sonnenaufgang am 21. Dezember in der inneren Grabkammer des frühgeschichtlichen Ganggrabes von Newgrange, County Meath (▶ 81f) – Vorsicht: frühzeitige Reservierung erforderlich!
- Die Aussicht vom Rundturm des Klosters Clonmacnoise, County Offaly.
- Pilgerweg zur Kapelle auf dem Gipfel des Croagh Patrick, County Mayo.
- Nach Mitternacht im Pub McGann's in Doolin, County Clare (Tel. 065 707 4133), wenn gerade ein neuer Fiedler zu spielen beginnt.

DREI HERRLICHE INSELN
- Clare Island, County Mayo: Die beiden Pubs öffnen erst in der Geisterstunde.
- Clear Island (Oileán Cléire), County Cork: Hier rasten seltene Vogelarten und die Einwohner sind besonders gastfreundlich.
- Inishmaan (Inis Meáin), County Galway: Hier spricht man die irische Sprache (gaeilge) und webt seine Kleidung selbst.

DREI UNVERGESSLICHE AUSSICHTEN
- Macgillycuddy's Reeks von der Dingle Bay bei Ebbe.
- Die Moorkultur des südlichen Connemara mit ihren Maumturk Mountains und den Twelve Bens.
- Die große Klippe von Slieve League (Sliabh Liag), Südwest-Donegal, bei Carrigan Head.

Sonnenuntergang über den Bergen nahe Clew Bay

Das Magazin

FESTE & EVENTS

Was Sie wissen müssen, um ihre Wahl zu treffen

JANUAR
Leopardstown Races Galopprennen der Spitzenklasse.
Connemara Four Seasons Walking Festival in Clifden, County Galway: Erleben Sie eine der romantischsten Landschaften Irlands.

FEBRUAR
Jameson Dublin International Film Festival – Internationales Spiel- und Dokumentarfilmfestival.

MÄRZ
St Patrick's Festival (17. März) – Umzüge, Musik, Spaß.

MÄRZ / APRIL
World Championships in Irish Dancing – internationale *jigs* und *reels* im Riverdance-Stil.

Irish Grand National Steeplechase, Hindernisreiten am Ostermontag in Fairyhouse, County Meath.

MAI
Belfast Civic Festival und Lord Mayor's Show – Musik, Tanz, Theater und Umzüge.
Celt Festival – Kunst und Musik, Cork.
Irish 2000 and 1000 Guineas races Galopprennen in The Curragh, County Kildare.
Belfast Festival of Fools – Clowns, Zauberer und andere Flunkerer.

JUNI
Music in Great Irish Houses – Kammermusik in historischen irischen Häusern.
Bloomsday (16. Juni): Traditionelle Veranstaltung zu Ehren von James Joyces Roman *Ulysses*.
Irish Derby in The Curragh – tragen Sie Ihr elegantestes Outfit.

Les Doherty als Leopold Bloom beim Bloomsday-Festival

Das Magazin

The Cat Laughs Festival in Kilkenny – lachen garantiert.

JUNI / JULI
Castlebar International Walks, County Mayo – Vier Tage Wandern in den Hügeln von Mayo, nachts wird in den Bars gefeiert.

JULI
Ballybunion International Bachelor Festival, County Kerry – Spaß haben und dabei sein!

Willie Clancy Week, Milltown Malbay, County Clare – Bläserfestival (irischer Dudelsack).

Orangeman's Day (12. Juli) in Nordirland – Paradenmärsche zur Erinnerung an die Schlacht am Boyne.

Oxegen Music Festival, Rockfestival, das über ein Wochenende auf der Punchestown Pferderennbahn, County Kildare, stattfindet.

JULI / AUGUST
Galway Races – hier sind nicht nur Pferderennen geboten.

Galway Arts Festival – Literatur, Musik, Filme, Theater.

AUGUST
Connemara Pony Show, Clifden, County Galway – Markt für »wilde« Ponys. Eine Gelegenheit, den echten irischen Westen zu erleben.

Puck Fair, Killorglin, County Kerry – Lassen Sie auf sich zukommen, was geschieht, wenn man einen Ziegenbock krönt.

Rose of Tralee International Festival, County Kerry – medial durch-

organisierter Karneval, trotzdem mitreißend.

Dingle Regatta und Dingle Show, Dingle, County Kerry.

All Ireland Fleadh Cheoil – großes irisches Folkfestival.

Oul' Lammas Fair, Ballycastle, County Antrim (am letzten Mo/Di) – Seafood und Genuss.

Kilkenny Arts Festival – Zehntägiges Straßenfest mit Musik, Literatur, Bildender Kunst.

SEPTEMBER
Matchmaking, Lisdoonvarna, County Clare – größtes Single-Treffen Europas mit 150-jähriger Tradition.

Irlandweite Finale in Hurling und Gaelic Football Croke Park, Dublin – heiß umkämpft von Spielern und Fans.

SEPTEMBER / OKTOBER
Dublin Theatre Festival – Highlights des internationalen Theaters.

OKTOBER
Gourmet Festival, Kinsale, County Cork. Genießen Sie herrliche Meeresfrüchte, Musik und Gastfreundschaft.

Guinness Jazz Festival, Cork, County Cork. Irlands größtes und renommiertestes Jazzfestival.

NOVEMBER
Belfast Festival, Queen's University – Kunst und Bier.

DEZEMBER
Dingle Wren, County Kerry (26. Dez.): Im tiefsten Winter wird hier einen Tag lang bunter Unsinn getrieben.

Das Magazin

DIE FEDER UND DIE FLÖTE

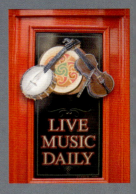

Irland ist berühmt für den *craic*, Guinness, seine Pferde, Nieselregen und gute Partys... aber allem vorweg sticht die Genialität seiner Dichter und Musiker ins Auge. Wie durch ein Wunder zaubert dieses kleine Volk mit Feder und Flöte Werke von Weltklasse hervor.

DIE FEDER...

Selbst wenn Sie vielleicht noch nie in Irland waren, haben Sie mit Sicherheit schon über die Literatur mit Irland Bekanntschaft gemacht. So klein es ist, hat Irland dennoch enorm viele wunderbare Schriftsteller hervorgebracht, was niemandem entgeht, der gute Geschichten und scharfsinnige Erzählungen schätzt.

Allen voran ist James Joyce (➤ 65) zu nennen, dessen *Ulysses* (1922) zu den größten Romanen der Weltliteratur zählt. Beim Lesen dieses über 700 Seiten starken und weitschweifenden Buchs, fühlt man sich wie in einem Meer von Worten und Gedanken. »Ein Buch, dem wir alle zu Dank verpflichtet sind«, sagte T. S. Eliot, »und an dem keiner vorbei kommt.« Dieses Werk wurde in über 30 Sprachen übersetzt, in manchen Fällen sogar mehrmals.

Die durch zahlreiche Dichter vertretene irische Literatur ist wie die gesprochene Sprache voller Poesie. Berühmt für seine scharfzüngigen Satiren war Jonathan Swift (1667-1745), der Dekan der St Patrick's Cathedral (➤ 57) in Dublin, und Autor von *Gullivers Reisen* und *Ein Tonnenmärchen*. W. B. Yeats (➤ 178) ist der bekannteste Dichter der »alten Schule«, sein Werk ist durch die irische Folklore und die Landschaft von Sligo inspiriert. Der aus County Monaghan stammende Dichter Patrick Kavanagh wird für

Das Magazin

seine flüssige und schöne Sprache gerühmt. Seamus Heaney aus Derry erhielt die höchsten Literaturpreise: den Literaturnobelpreis 1995 sowie 2008 die Cunningham Medal, die höchste Auszeichnung der Royal Irish Academy. Sein scheinbar unkomplizierter Stil entwickelt eine durchdringende und innovative Kraft. Das Genre der Kurzgeschichte ist das ideale Medium für die fesselnde irische Erzähltradition – sie ist meisterhaft vertreten durch Autoren wie den Wirt John B. Keane aus Kerry mit seinen Lokalhel-

> **ZWÖLF IRISCHE BESTSELLER**
>
> **Last Night's Fun** von Ciaran Carson
> **Ulysses** von James Joyce
> **Belfaster Auferstehung** von Eoin McNamee
> **Twenty Years A-Growing** von Maurice O'Sullivan
> **Die Fünfzehnjährigen, Das Mädchen mit den grünen Augen, Mädchen im Eheglück** von Edna O'Brien
> **Amongst Women** von John McGahern
> **Guests of the Nation** von Frank O'Connor
> **Barrytown Trilogy: The Snapper, The Van, The Commitments** von Roddy Doyle

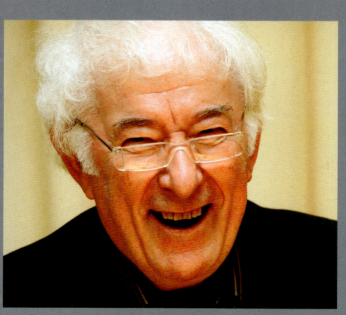

Seamus Heaney erhielt 1995 den Nobelpreis für Literatur

Die erste Riverdance-Aufführung fand 1994 während des Eurovision Song Contests statt

den, Frank O'Connor mit seinen bissigen Fabeln über den Unabhängigkeitskrieg und Sean O'Faolain aus Cork, oder Edna O'Brien, der gefeierten Autorin (auch von Romanen) aus Clare.

Fabulieren und Geschichtenerzählen hat in Irland eine lange Tradition. Lange bevor man in Irland Papier und Tinte kannte, schmückten die Barden ihre Heldengeschichten über Fionn MacCumhaill und Cuchulainn aus und erklärten den Viehraub von Clooney mit den Ränken einer machtgierigen Königin Mebh. Die Kultivierung der Erzählkunst ist vielleicht der Grund dafür, dass so viele große Dramatiker von hier stammen: Denken Sie nur an Oscar Wilde, Richard Sheridan, J. M. Synge, Sean O'Casey, George Bernard Shaw und Samuel Beckett. Das von Synge, Yeats und Lady Gregory gegründete Abbey Theatre ist immer noch in Betrieb und es gibt viele andere Bühnen in Irland, die sowohl etablierte Autoren als auch Newcomer präsentieren (▶ 30).

…DIE FLÖTE

Irische Folkmusik besteht im Wesentlichen aus Volkstänzen. Beliebte Grundformen sind der *jig* und der *reel*, daneben gibt es langsamere Gesangsmelodien. Die irische Rahmentrommel *bodhrán* gibt Takt und Rhythmus und wird von Gitarre, *bouzouki* oder Banjo begleitet. Akkordeon, Melodion, Metallflöte und Flöte tragen die Melodie, die Fiedel und der irische Dudelsack geben den Ton an. Die traditionelle Musik wird in Irland geschätzt und gepflegt, aber es werden auch Experimente mit Jazz und Rock gewagt, oder klassische Arrangements für Klavier und Orchester. Die Musik hat genug eigene Kraft und Elastizität, um diese Auslegungen zu bestehen.

Seit Jahren erfährt die irische traditionelle Musik durch Tanzspektakel wie *Riverdance* einen enormen Aufwind, aber auch durch U2 und Van Morrison, bis hin zu The Pogues, die in ihr ihre musikalischen Wurzeln wiederentdeckt haben. Die Bühnenshow der US-amerikanischen Hardcore-Band Dropkick Murphys ist voller *jigs* und *reels*.

Diese vielseitige Musik war immer lebendig. Unbeeindruckt von den schwankenden Trends der Popmusik ist das große Repertoire der Folkmusik irlandweit stets mit Liebe und Respekt gespielt worden. Sie ist zeitlos, ohne eingerostet zu sein. Vorbilder wie Turlough O'Carolan, der blinde Harfenist des 18. Jhs., der Geiger Michael Coleman und der Melodionspieler Joe Cooley im 20. Jh. haben die heutige Generation der Musiker direkt beeinflusst. Die Melodien, die sie weitergegeben haben, sind zum Teil sehr alt und werden bei jeder Vorführung auf einzigartige Weise zu neuem Leben erweckt. Und ständig werden neue Melodien geschöpft. Wenn Sie zuhören oder sogar den Mut haben mitzumachen, beginnen Sie eine wunderbare Entdeckungsreise.

LIVEMUSIK

Testen Sie diese bekannten Session-Pubs:
Furey's, Sligo, wird von der Folkband Dervish geleitet.
Matt Molloy's, Westport, County Mayo, Geschäftsführer ist Molloy, der Flötist von Chieftains, der auch oft selbst spielt.
O'Connor's, Doolin, County Clare: Alle Großen sind hier schon aufgetreten...
O'Donoghue's, Dublin ...und hier auch(▶ 70).

Das Magazin

ABC
der Symbole und Meilensteine

Ein Alphabet der Maßstäbe, mit denen das heute unabhängige Irland seine konfliktreiche Vergangenheit, aber auch kostbare Überlieferungen bewertet.

Abbey Theatre in Dublin, 1904 von Lady Augusta Gregory und ihrem Schützling, dem Dichter W. B. Yeats eröffnet. Nach einem Brand neu errichtet, ist es bis heute Irlands Staatstheater.

Bodhrán, Trommel aus Ziegenleder, deren teuflischer Rhythmus bei Sessions in Pubs und Clubs Stimmung macht.

Croagh Patrick, Heiliger Berg im County Mayo (➤ 176f).

1990 verhinderten weltweite Proteste die Errichtung von Goldminen.

Drumcree, nordirische Stadt und Zentrum des Konflikts von Ulster. Gegen die Proteste katholischer Nationalisten beharren Protestantische Orangemen hier auf ihre Versammlungsfreiheit.

Ennistymon, die beste Stadt in County Clare für Folkmusik.

Famine, die katastrophale Hungersnot. Sie entvölkerte den Westen und traumatisierte die Iren.

General Post Office (GPO) Hauptpostamt und Nationaldenkmal in der O'Connell Street in Dublin. 1916 riefen hier Rebellen die Republik Irland aus.

Hill of Tara, riesiger Hügel in der Meath Ebene und der Legende nach tausendjähriges Machtzentrum der frühzeitlichen High Kings (➤ 88).

Irische Sprache: *Gaeilge*, wird in Schulen unterrichtet, im westlichen Gaeltacht noch gesprochen und ist weltweit in Dichtung und Folksongs zu hören.

Juli (12.): Der Orangeman's Day in Nordirland mit Gedenken an den Sieg des protestantischen Wilhelm von Oranien über den katholischen James II. am 12.07.1690 am Boyne führt regelmäßig zu Ausschreitungen.

Knock, Wallfahrtsort und bedeutendes Marienheiligtum im County Mayo.

Lazybeds, Reste früherer Kartoffeläcker mit tiefen Furchen erinnern an die Anbaumethode vor der Braunfäule.

Music, wild, lieblich, ansteckend, zornig, gespielt, gesungen und allgegenwärtig.

National anthem, »Amhrán na bhFíann« (Soldatenlied), wird oft am Schluss einer Session gesun-

Der alte königliche Hafen Tara ist schon seit der späten Steinzeit ein wichtiger Ort

gen. Erschrecken Sie nicht, alle stehen dabei auf.

Oranien, Wilhelm von: Auch »King Billy« genannt. Er gewann die Schlacht am Fluss Boyne am 12.07.1690. Er ist mit seinem Schimmel auf den Fahnen der Unionisten abgebildet.

Poteen, »Bergtau«, »klarer Tropfen«, »der Becher« – farbloser, schwarz gebrannter Schnaps, meist aus Kartoffeln.

Queenstown, heute Cobh: Südlich von Cork gelegener Hafen und Ablegestelle zahlloser irischer Auswanderer (➤ 98f).

Reels, unvergessliche Grundmelodien zum irischen Springtanz.

Stout, tiefschwarzes, samtig mildes Starkbier, das man unbedingt probieren sollte.

Torf, Die irische Torfbehörde verkauft ihn in großem Stil, aber hier ist der Torf gemeint, den man für den Hausgebrauch selbst mit dem Spaten sticht und wegen seiner langen Glut und seines Aromas im Kamin verbrennt.

U2, Dublins Kult-Rockband mit politischer Botschaft, und direkt danach...

Van Morrison, Rock-Veteran aus dem Osten von Belfast mit Blues-Soul/Soul-Blues-Songs. Einer der beliebtesten Vertreter zeitgenössischer Musik.

Wunderbrunnen – heilige und heilende Brunnen, die übers ganze Land verstreut sind.

Xavier, Brigid, Patrick, Aloysius und Dutzende anderer christlicher Namen aus dem Heiligenkalender. Die Auswahl ist groß!

Yeats-Brüder, William Butler, der Dichter und Jack, der Maler, widmeten sich in ihrer Arbeit den abgeflachten Bergkämmen und den rauen Küstenfelsen von Sligo.

Zip-Codes, Das Fehlen von Postleitzahlen zeigt, wie klein die Bevölkerung ist und wie gut sich irische Postboten auskennen.

APROPOS IRLAND

Irland scheint Anlass für lautstarke Behauptungen und scharfzüngige Spitzen zu geben, jeder weiß etwas…

» Schwupps!
Wir haben sie nur eine Sekunde aus den Augen gelassen und siehe da, beide sind weg! Der Mann aus Dublin und sein Bier sind verschwunden. Das Glas steht noch da, stoisch, mit feinen Schaumrinnsalen, die langsam nach unten abfließen.
Suche, erkläre, zeige diesen Mann? Das ist unmöglich. Sag' ich dir.«
Myles na Gopaleen (Brian O'Nolan)
'Der Dubliner'

»**Die Iren sind fair, sie sprechen nie gut übereinander.**«
Dr. Samuel Johnson,
Essayist, Journalist und
Lexikograf des 18. Jhs.

»Mir sind besonders die mächtigen, bunten und grotesken Mauern in Erinnerung geblieben, die zur Geschichte Belfasts und seiner Einwohner gehören.«
Brian Keenan,
An Evil Cradling

»In Irland können Sie nicht ins Fettnäpfchen treten, tun Sie was Sie wollen.«
Evelyn Waugh, Auf der schiefen Ebene

»Connemara – der Name erinnert mich an die vorbeiziehenden Schatten von Wolken an Bergflanken, oder an die sich ausdehnenden Kreise in einem See, nachdem eine Forelle auftaucht – wie könnte ich dieses Connemara anders beschreiben als mit den hellen Flecken, die den Wolkenschatten an den Bergflanken folgen, oder als die Stille des Sees, bevor die Forelle auftaucht?«
Tim Robinson, Connemara

»**Irland zu regieren ist verdammt schwierig… und bedeutet das Ende für jeden guten Ruf.**«
Benjamin Disraeli, britischer
Politiker im 19. Jh.

»Da die großen Gälen Irlands von Gott verwirrte Menschen sind, sind ihre Kriege heiter, und traurig ihre Lieder.«
G. K. Chesterton, Die Ballade des weißen Pferdes

Erster Überblick

Ankunft

Republik Irland

Die meisten Flugreisenden kommen über die Flughäfen Dublin und Shannon ins Land. Schiffsreisende landen in der Regel im Hafen von Dublin oder Dun Laoghaire südlich von Dublin; in Rosslare, County Wexford, gibt es gute Fährverbindungen nach Großbritannien und Frankreich. Alle Häfen und Flughäfen verfügen über Geldwechselstellen, Vertretungen der größeren Autoverleihfirmen und Taxistände (Fahrpreise etwa das Fünffache des Buspreises). Die Fahrzeit zum Stadtzentrum beträgt jeweils zwischen 30 und 60 Minuten je nach Verkehrslage.

Dublin Airport ✚ 201 D5
- Mit dem **Auto** vom Flughafen ins Zentrum von Dublin über M 1 South.
- Ein **Airlink-Bus** (mittlerer Fahrpreis) verkehrt mindestens alle 20 Minuten vom Flughafen zum Stadtzentrum – über Hauptbusbahnhof (Busarus) und Connolly zum Heuston-Bahnhof.
- **Taxis** stehen vor dem Ankunftsbereich. Fahrpreise können hoch sein.

Dun Laoghaire ✚ 201 E5
- Mit dem **Auto** folgt man einfach den Schildern zum Zentrum Dublins.
- **Dublin Bus** verkehrt häufig ins Zentrum Dublins.
- Der Preis für **Taxis** variiert zwischen mittel und teuer (je nach Verkehr).
- Ein preiswerter **DART-Service** (► 35) verbindet halbstündlich (manchmal häufiger) Dun Laoghaire mit Dublin.

Shannon Airport ✚ 199 D4
- Mit dem **Auto** vom Flughafen Shannon nach Limerick über N 18 East.
- **Bus Éireann** bietet häufige Verbindungen vom Flughafen nach Limerick/Ennis.
- **Taxipreise** vom Flughafen Shannon nach Limerick sind mittel bis hoch.

Nordirland

Flugreisende landen auf dem Belfast International oder dem George Best City Airport. Schiffsreisende kommen über die Fährhäfen von Belfast und Larne. Alle Häfen und Flughäfen haben Geldwechselstellen, Filialen der größeren Autoverleihfirmen und Taxistände (Fahrpreise etwa das Fünffache des Buspreises).

Belfast International Airport ✚ 197 E4
- Die Fahrt zur Innenstadt dauert 30 bis 60 Minuten je nach Verkehrslage.
- Mit dem **Auto** ins Zentrum von Belfast über M2 Motorway.
- **Airport Express 300 Service** (mittlerer Preis, Kinder gratis) verkehrt halbstündlich zwischen Flughafen und dem Zentrum von Belfast (sonntags manchmal nur stündlich).
- **Taxipreise** für Fahrten vom Flughafen ins Zentrum sind meist hoch.

George Best Belfast City Airport und Belfast Ferryport ✚ 197 E4
- Die Fahrt nach Belfast dauert 10 bis 15 Minuten je nach Verkehrslage.
- **Taxipreise** für Fahrten ins Zentrum Belfasts sind mäßig.

Larne Ferryport ✚ 197 E4
- Die Fahrt ins Zentrum dauert 30 bis 60 Minuten je nach Verkehrslage.
- Mit dem **Auto** vom Fährhafen ins Stadtzentrum von Belfast über A 8 South.
- Häufige Verbindung mit **Ulsterbus** zum Stadtzentrum.
- **Taxipreise** für Fahrten ins Zentrum von Belfast sind recht hoch.
- Häufige **Bahnverbindungen** zum Bahnhof Belfast Central.

Ankunft / Unterwegs in der Republik Irland

Touristeninformation

Die zentralen Büros in Dublin und Belfast helfen bei Reservierungen und informieren über das aktuelle Veranstaltungsangebot.

■ **Dublin Tourism** Suffolk Street, Tel. 1850 230 330 oder 01 605 7700 (innerhalb Irlands); 0800 039 7000 (von Großbritannien); 353 605 7700 (von allen anderen Ländern); E-Mail: information@dublintourism.ie; www.visitdublin.com
■ **Belfast Welcome Centre** 47 Donegal Place, Belfast, Tel. 028 9024 6609; E-Mail: info@belfastvisitor.com; www.discovernorthireland.com oder www.gotobelfast.com.

Eintritt

Die Eintrittspreise für die im Text erwähnten Museen und Sehenswürdigkeiten werden in Preiskategorien angegeben: Pfund für Nordirland, Euro für Irland (➤ 189).
Preiswert: unter 4£/5€ **Mittel:** 4£–8£/5€–10€ **Teuer:** über 8£/10€

Unterwegs in der Republik Irland

Die Gesellschaft CIE betreibt über ihre Tochterfirmen Irish Rail (Iarnród Éireann; www.irishrail.ie), Irish Bus (Bus Éireann; www.buseireann.ie) und Dublin Bus (Bus Átha Cliath; www.dublinbus.ie) das Bus- und Bahnnetz der Republik Irland.

Dublin

Mit **LUAS**, der Stadtbahn von Dublin, sind Sie in der Innenstadt mobil (Tel. 1800 300 604; www.luas.ie). Das schnelle und effiziente Bahnnetz **DART** (Dublin Area Rapid Transit) verbindet die nördlichen und südlichen Außenbezirke Dublins mit dem Stadtzentrum. **Dublin Bus** (Tel. 01 873 4222) betreibt Busverbindungen in Groß-Dublin und hinein in die Randgebiete der Countys Meath, Kildare und Wicklow.

Busdienste

■ Fahrscheine kann man im Bus kaufen, billiger erwirbt man sie jedoch *en bloc* im Voraus bei der CIE im Dubliner Flughafen, bei Dublin Bus (59 Upper O'Connell Street) oder an einer der Fahrkartenstellen in der Stadt.

DART (Dublin Area Rapid Transit)

■ Insgesamt gibt es 30 DART-Stationen, die drei zentralsten sind **Connolly** (nördlich des Flusses, 10 Minuten zu Fuß von O'Connell Street), **Tara Street** und **Pearse Street** (beide südlich des Flusses, 5 Minuten ab Trinity College).
■ Die Züge fahren zur Rushhour im 5-Minuten-Takt, sonst alle 10 bis 15 Minuten.
■ Einzelfahrkarten gibt es an jeder DART-Station, doch kauft man **Fahrscheine** günstiger *en bloc* bei Dublin Bus (59 Upper O'Connell Street), bei einigen Zeitungshändlern in der Stadt oder in den Bahnhöfen.

Taxis

■ In Dublin können Sie Taxis nicht einfach auf der Straße anhalten: Telefonieren Sie (Nummern in den *Golden Pages*) oder gehen Sie zu einem Taxistand.
■ Die wichtigsten **Taxistände** im Stadtzentrum befinden sich am St Stephen's Green, College Green, an der O'Connell Street und der Westland Row östlich vom Gelände des Trinity College.

Erster Überblick

■ Dubliner Taxis sind meist mit Taxametern ausgerüstet; andernfalls vereinbart man den Preis mit dem Fahrer vorab.

Öffentliche Verkehrsmittel

Alle größeren Orte und Städte der Republik sind durch Bahnlinien verbunden. Buslinien bedienen alle Städte und viele Dörfer auf dem Lande. Das öffentliche Transportwesen in der Republik ist effizienter, als es die Folklore manchmal glauben machen will. Allerdings sind vor allem die Eisenbahnfahrpreise umso fantasievoller zu interpretieren, je weiter man von Dublin entfernt ist.

Bahndienste

■ **Irish Rail** (Tel. 01 836 6222) ist für den Eisenbahnverkehr der Republik zuständig. Nördlich und südlich von Dublin sind die Bahnlinien in guter Verfassung, weiter westlich jedoch investitionsbedürftig.

■ Der **Dublin–Belfast Express** (acht Züge pro Tag) braucht zwei Stunden für die Strecke: Buchen Sie in der Hauptsaison im Voraus, ebenso für die stark frequentierten letzten Züge freitag- und sonntagabends.

Busdienste

■ **Bus Éireann** (Tel. 01 836 6111), mit seinem auffälligen roten Setter als Logo, bedient alle kleineren und größeren Städte sowie viele ländliche Gemeinden.

■ Die täglich verkehrenden **Express Coaches** zwischen Dublin und Belfast sind preisgünstig und oft schneller als der Zug, wenn es die Verkehrslage erlaubt.

Fahrscheine

■ Fahrscheine gibt es an jeder Bahn- oder Bushaltestelle oder online unter www.buseireann.ie.

■ Ermäßigungen für unter 16-Jährige und andere Berechtigte können bis zu 50 Prozent ausmachen.

■ **Irish Explorer**-Fahrkarten sind gültig für Bus Eireann Expressway, Bus Éireann City Services in Cork, Limerick, Galway und Waterford, Larnrod Éireann Intercity, DART und Vorstadtbahnen. Für grenzüberschreitende Reisen haben sie keine Gültigkeit. Die **Emerald Card** gilt als Irish Explorer-Fahrkarte und außerdem für Ulsterbus und Northern Ireland Railways. Der **Open-Road-Pass** ist eine flexible Fahrkarte für den Bus Éireann Expressway sowie lokale und innerstädtische Verkehrsmittel.

Ermäßigungen für Studenten

■ Die **International Student Identity Card** gewährt – zum Preis eines Taschenbuchs – gute Rabatte auf Hauptbahnstrecken, Überlandbus- und Fährlinien. Man erhält sie bei **USIT** (19/21 Aston Quay, O'Connell Bridge, Dublin 2, Tel. 01 602 1904). Nachweis erforderlich.

Inlandsflüge

Aer Lingus, die nationale Fluggesellschaft (UK 0870 876 5000; Irland 0818 365 000; www.airlingus.com), fliegt von Dublin nach Shannon. **Aer Arann** (Tel. 01 844 7700; www.aerarann.ie) fliegt von Dublin nach Donegal, Sligo, Knock, Galway, Kerry und Cork.

Autofähren

■ Über den Shannon (20 Minuten Überfahrt, stündlich, täglich (außer 25. Dezember) zwischen Killimer, County Clare, und Tarbert, County Kerry (Tel. 065 9053124; www.shannonferries.com).

■ Über Waterford Harbour (10 Minuten Überfahrt, durchgehend) zwischen Ballyhack, County Wexford, und Passage East, County Waterford (Tel. 051 382480).

Unterwegs in der Republik Irland / Nordirland

Autofahren

Das Autofahren in der Republik Irland macht im Allgemeinen Spaß. Außerhalb der großen Städte sind die Straßen frei und die meisten Fahrer höflich. Je weiter Sie nach Westen kommen, desto enger, steiler und kurvenreicher werden die Straßen. Grün-weiße Straßenschilder geben die Entfernung in Kilometern, schwarz-weiße in Meilen an.

Wichtige Hinweise
- Fahren Sie auf der **linken Straßenseite**.
- Das Anlegen der **Sicherheitsgurte** ist vorgeschrieben.
- In der Republik beträgt das **Tempolimit** 50 km/h innerhalb von Ortschaften, 80 km/h auf den übrigen Straßen (Weiß), 100 km/h auf Nationalstraßen (Grün) und 120 km/h auf Autobahnen (Blau).
- Die gesetzliche Promillegrenze liegt bei 0,8.

Unterwegs mit einem Mietwagen
- **Fly-and-Drive** oder **Rail/Sail-and-Drive** sind die besten Angebote. Buchen Sie für Mitte Juli bis Mitte August unbedingt im Voraus.
- In der Hauptsaison sind die **Mietpreise** deutlich höher als sonst; sie versichern gewöhnlich gegen Haftpflicht, Brand, Diebstahl sowie Insassenunfall und erlauben unbegrenzte Kilometer. Eine Anzahlung ist erforderlich.
- Sie benötigen einen **Führerschein** Ihres Heimatlandes, der seit mindestens zwei Jahren gültig ist. Die Altersgrenze liegt zwischen 25 und 70 Jahren.

Wenn Sie mit Ihrem eigenen Wagen einreisen
- Sie brauchen einen **Fahrzeugschein** oder **-brief** (mit Beglaubigungsschreiben, wenn der Wagen nicht auf Ihren Namen zugelassen ist), einen gültigen **Führerschein** oder internationalen Führerschein sowie eine Grüne Karte oder entsprechenden **Versicherungsnachweis**, gültig für die Republik Irland.
- Kein irischer Bürger ist berechtigt, Ihren Wagen zu fahren.

Wie man aus Dublin hinauskommt
- M1/N1 nach Dublin Airport, Drogheda, Dundalk und Belfast
- N2 nach Ashbourne, Slane und Derry
- N3 nach Navan, Cavan, Enniskillen und Sligo
- N4 nach Kinnegad, Longford und Sligo
- N7 in Richtung Cork, Limerick und Killarney
- N11 nach Bray, Wicklow, Wexford und zur Autofähre nach Rosslare

Unterwegs in Nordirland

Belfast
Busdienste
- **Metro** (Tel. 028 9066 6630; www.translink.co.uk) betreibt Busse innerhalb der Stadt Belfast.
- Kaufen Sie Busfahrscheine im **Europa Bus Centre** (Glengall Street) oder **Laganside Bus Centre**, nahe Central Railway Station (Oxford Street), oder im Bus selbst. Es gibt Ermäßigungen.

38 Erster Überblick

■ Es besteht eine **kostenlose Busverbindung** zwischen der Central Railway Station und den beiden Haupt-Busbahnhöfen sowie der Internationalen Jugendherberge (gültiges Bus- oder Bahnticket notwendig); **Rail-Link Bus** verbindet die Bahnhöfe Central und Yorkgate.

Taxis
Telefonnummern in den *Yellow Pages*. Schwarze Taxis mit gelben Kennscheiben haben Taxameter, die übrigen nicht immer. Taxistände an den Bahnhöfen Yorkgate und Central.

Öffentliche Verkehrsmittel
Das öffentliche Transportwesen in Nordirland ist preisgünstig und gut ausgebaut. Auskunft über Fahrscheintypen und Studentenermäßigung ➤ 36.

Bahndienste
■ Northern Ireland Railways (Tel. 028 9066 6630; www.translink.co.uk) bieten gute Verbindungen von Belfast nach Larne (Yorkgate Station, Tel. 028 9074 1700) sowie Derry, Bangor und Dublin (Central Station, Tel. 028 9089 9400).
■ Erkundigen Sie sich bei Northern Ireland Railways nach Preisermäßigungen.

Busdienste
■ Ulsterbus (Tel. 028 9066 6630; www.translink.co.uk) bietet Verbindungen in alle Städte und die meisten Dörfer in ganz Nordirland.
■ **Fahrscheine** sind in den Busbahnhöfen oder an Bord der Busse erhältlich. Auskunft über Sondertarife etc. erteilt Ulsterbus.

Autofahren
Der Straßenzustand ist in der Regel besser als in der Republik Irland. Es gelten die gleichen Regeln und Gesetze wie in der Republik, die Promillegrenze liegt bei 0,8.

Unterwegs mit einem Mietwagen
■ Es gelten **Bedingungen** wie für die Republik (➤ 37), außer dass Ihr Führerschein nur seit einem Jahr gültig sein muss. Wenn Sie auch in der Republik fahren wollen, sollte Ihre Versicherung beides abdecken.

Wenn Sie mit Ihrem eigenen Wagen einreisen
■ Außer dem **Führerschein** sind keine Dokumente erforderlich, wenn Sie mit dem Wagen per Autofähre aus dem UK oder per Straße aus der Republik Irland einreisen.

Wie man aus Belfast herauskommt
■ A 2 – nach Norden die Küste hinauf nach Antrim und dem Giant's Causeway, nach Osten durch Bangor und um die Halbinsel Ards herum
■ M 1 nach Dunngamon/A 4 nach Enniskillen
■ M 1 zum Kreuz 7/A 1 nach Dundalk und Dublin

Übernachten

Dieser Führer gibt Empfehlungen für sorgfältig ausgewählte Unterkünfte vom Fünf-Sterne-Hotel bis zum Bauernhof. Die Qualität ist meist hoch, sowohl in der Republik als auch in Nordirland, bei vergleichbaren Preisen. Jedoch ist die Auswahl an gut geführten, interessanten Quartieren in Nordirland geringer.

Unterwegs in Nordirland / Übernachten

Pension und Bed and Breakfast

Selbst preisgünstige **Bed-and-Breakfasts** (B&Bs) haben gewöhnlich einfache Gemeinschaftseinrichtungen, und wenn Sie Iren treffen und sich unter die Einheimischen mischen wollen, kann dies die erste Wahl sein. Die meisten (aber nicht alle) B&Bs und **Pensionen** befinden sich im **Haus der Familie**, und die Gastgeber sind meist gerne bereit, Ihnen bei der Planung Ihres Besuches zu helfen.

In letzter Zeit wurden viele **Häuser speziell zu diesem Zweck** erbaut, ihre Ausstattung entspricht der kleiner Hotels. Sie sind komfortabel genug, aber da die **Gastgeber gewöhnlich nicht darin wohnen**, könnten Gäste, die auf irische Gastfreundschaft im besten Stil hoffen, enttäuscht sein.

Es wird meist nur **Frühstück** serviert und in ländlichen Gebieten manchmal der **High Tea** anstelle eines Abendessens. Viele Betreiber von B&Bs, Pensionen und Bauernhäusern geben sich mit dem Frühstück besondere Mühe: Neben dem traditionellen **Irish Breakfast** (Speck, Ei, *sausages*, Tomate, oft *black* oder *white pudding*, mitunter auch Pilze und Kartoffelbrot, neben normalem Brot) bieten viele Häuser heute mehr Auswahl, darunter **frisches Obst**, **Fisch** (wie Räucherlachs) und **Bauernkäse**. **Frisch gebackenes Brot** oder *scones* sowie Spezialitäten wie Kartoffelbrot werden auch des Öfteren zum High Tea gereicht.

Hotels

Da die besten Pensionen mit hotelähnlichem Komfort ausgestattet sind, erscheinen die Preise mancher Hotels als kaum gerechtfertigt – bis man die **Lage**, die **Annehmlichkeiten** und vor allem den **Service** berücksichtigt. Die Ausstattung der Hotels hat sich enorm verbessert, und viele verfügen nun über ausgezeichnete **Freizeitmöglichkeiten**. Es lohnt sich immer, im Hotel nach **Sonderangeboten** oder Preisnachlässen zu fragen – und wenn der genannte Preis Ihr Budget überschreiten sollte, scheuen Sie sich nicht, mit dem Hotelier zu handeln.

Wie Sie Unterkunft buchen

Es ist immer klug, im Voraus zu buchen. In den **Städten**, vor allem in Dublin, ist das ganze Jahr Betrieb. Außer in den sehr abgelegenen, landschaftlich schönen Feriengebieten, wo die meisten Häuser im Winter geschlossen sind, beginnt die **Saison** heute früher und endet später, als es bislang der Fall war. Der Sommer lockt Menschenmengen in die Seebäder, besonders nach West Cork, Kerry und Galway; daher mag ein Aufenthalt dort in der **Nebensaison** angenehmer sein.

Da Zimmer in **Dublin** ganzjährig gefragt sind, sind diese sehr **teuer** und Sonderangebote rar. Eine preisgünstige Alternative sind Hotels wie **Jurys Inns** (eine Kette, die in der Republik wie in Nordirland vertreten ist), die Komfort ohne Service anbieten und einen **Einheitspreis** pro Zimmer ohne Frühstück berechnen. Weitere Hotelinformationen gibt es in allen Touristenbüros oder über diese Quellen:

■ Eine Liste der irischen Hotels und B&Bs sind auf der **Internet-Seite der AA** unter www.theaa.com zu finden und zu buchen.

■ Die **Irish Hotels Federation** (13 Northbrook Road, Dublin 6, Tel. 01 808 4419; www.irelandhotels.com) veröffentlicht mit *Be Our Guest* ein komplettes Verzeichnis von Hotels und Pensionen (einschließlich Nordirland).

■ **Town & Country Homes Association** (Belleek Road, Ballyshannon, Co Donegal, Tel. 071 982 2222; www.townandcountry.ie) bieten ein Verzeichnis von B&Bs (€ 10).

■ Ebenso halten **Touristenbüros** eine Reihe spezieller Kataloge bereit, auch zu Ferienwohnungen und Bauernhöfen.

■ Das **Northern Ireland Tourist Board** (www.discovernorthernireland.com) gibt

40 Erster Überblick

jährlich seinen Katalog *Where to Stay in Northern Ireland* heraus, der neben Hotels, Pensionen und B&Bs auch Ferienwohnungen, Campingplätze und Wohnwagenparks enthält.

■ Die **Irish Farmhouse Holiday Association** (Tel. 061 400 700; www.irishfarmholidays.com) bietet traditionelle Gastfreundlichkeit.

Essen und Trinken

Gutes Essen kann einen Höhepunkt einer Irland-Reise bedeuten. Erlesene örtliche Spezialitäten wie Galway-Austern, Dublin-Bay-Garnelen, Atlantik-Lachs, Connemara-Lamm und biologisch angebaute Gemüse und Kräuter sind zu Markenzeichen geworden, und an begabten irischen Köchen fehlt es auch nicht. Ob gepflegtes Dinner oder einfacher Imbiss im Pub, Essengehen ist in Irland eine vergnügliche Verbindung von Gastlichkeit, Qualität und soliden Preisen.

Internationale Küche

Zunehmend werden heimische Traditionen von internationalen Rezepten verdrängt. Diese »kosmopolitische« Küche kann abwechslungsreich und schmackhaft sein, aber oft ist sie nur ein heilloses Durcheinander.

■ Durch die Beschäftigung erstklassiger Küchenchefs mausern sich **Hotelrestaurants** zu hochkarätigen Anbietern im gastronomischen Geschäft. Das sieht man an den Empfehlungen zur Unterkunft wie dem Clarence- und Merrion-Hotel in Dublin (➤ 68-69) oder vielen Beispielen im ganzen Land.

■ Es besteht ein Trend zu flotten, legeren **Cafés und Bars**, die bunte, kosmopolitische Gerichte servieren. Lebhafte Bistros und Brasserien mit flinkem Service wie Isaacs in Cork (➤ 113) und Excise Bistro (➤ 67) bieten was fürs Geld, ebenso das Café en Seine in Dublin (➤ 66), wo das Getränk (oft eher Kaffee als Alkohol) die Haupt- und das Essen Nebensache ist.

Irische Küche

Bis in die Neunzigerjahre hinein waren traditionelle Gerichte wie *colcannon* (Kartoffelpüree und Grünkohl, gewürzt mit Schnittlauch), *boxty* (gefüllte Kartoffelpfannkuchen), *Dublin coddle* (Eintopf aus Wurst, Speck, Zwiebeln und Kartoffeln), *Irish Stew* und Corned Beef mit Knödeln und Kohl gewöhnlich nur in Pubs zu haben. Mit tatkräftiger Unterstützung der **Restaurants Association of Ireland** (11 Bridge Court, City Gate, St Augustine Street, Dublin 8, Tel. 01 677 9901; E-Mail: info@rai.ie; www.rai.ie) und des **Bord Bia** (der irischen Lebensmittelbehörde) entwickeln viele irische Spitzenköche heute das Konzept einer **New Irish Cuisine**. Obwohl leicht und modern, stützt sich diese auf traditionelle Themen und Zutaten, darunter Bauernkäse und Atlantik-Lachs.

■ **Bord Bia** hat ein **Rezeptheft** zur Neuen Irischen Küche herausgebracht (Näheres unter Tel. 01 668 5155).

■ So manches der besten Lebensmittel im Lande wird von den Eigentümern selbst in **Familienbetrieben** und Country Houses erzeugt.

■ **Kinsale** (County Cork) lancierte den ersten »Good Food Circle« in den frühen 1970ern, und seitdem sind viele andere gediehen. Jährlich findet ein Gourmet-Festival mit einem bestimmten Thema statt.

■ **Kenmare** (County Kerry) besitzt zwei der feinsten Hotels des Landes: Sheen Falls Lodge (Tel. 064 41600; www.sheenfallslodge.ie) und Park Hotel Kenmare (Tel. 064 41200; www.parkkenmare.com), des Weiteren Irlands größte Ballung von feinen Restaurants, gediegenen Unterkünften und guten Pubs.

Essen und Trinken / Einkaufen

Dank gemeinsamer Bemühungen bieten sie außerordentlich hohe Qualität – quer durch Branchen und Preiskategorien.

■ Weitere kulinarische Brennpunkte im Lande sind **Dingle/An Daingean** (County Kerry), **Clifden** (an der Küste Connemaras), **Carlingford** (am Fuße der Mourne-Berge), **Athlone** (genau in der Mitte der Republik) und **Moycullen** (etwas außerhalb Galways), und alle haben Aufregendes zu bieten.

Praktischer Führer für »Eating out«

Im Folgenden erhalten Sie einige praktische Hinweise, wie man in Irland genussvoll und problemlos auswärts speist.

■ Die Essenszeiten sind: Frühstück von etwa 7.30/8 bis 10/10.30 Uhr; Lunch von 12/12.30 bis 14.15/14.30 Uhr; frühes Dinner (oft besonders preiswert) 17.30/18 und eigentliches Dinner von etwa 19.30 bis 21.30/22.30 Uhr.

■ Es gibt kein festes Bedienungsgeld: Es kann 10 bis 15 Prozent betragen, oder man gibt nach eigenem Ermessen.

■ Viele Restaurants bieten ein frühes Abendessen (meist bis 19 Uhr) zu sehr günstigen Preisen; wo ein Spitzenrestaurant Lunch serviert, kann man sich getrost niederlassen.

■ Die Kleiderregeln lockern sich zunehmend (ganz wenige Restaurants werden Sakko und Schlips verlangen), trotzdem mögen viele Leute die Festlichkeit eines Abends unterstreichen, indem sie sich fein anziehen, wenn sie ausgehen.

■ Die vorwiegende Sprache der Speisekarten im Lande ist Englisch, wobei manchmal eine irische Fassung beiliegt. Ein paar findige Restaurants (besonders in Nähe des Shannon, der Urlauber und Angler aus Europa anzieht) legen Speisekarten in mehreren europäischen Sprachen vor.

■ Weitere Informationen finden Sie im **Restaurantführer** *A Flavour of Ireland* der irischen Tourismusbehörde. Informationen über Nordirland finden Sie im Reiseführer *Taste of Ulster* (www.tasteofulster.org).

Einkaufen

Die traditionellen Artikel, für die das Land berühmt ist, sind in der Hauptsache hochwertige »Klassiker«, die jahrelang Freude machen. Etliche sind in letzter Zeit sogar in Mode gekommen.

Irische Klassiker

In dem Maße, wie Naturfasern und ländlicher Stil beliebter werden, geraten irische **Tweeds**, **Leinen** und **handgestrickte Pullover** plötzlich zu Wunschobjekten kritischer Käufer aus der ganzen Welt. Dieser Trend hat zu einer neuen Generation von allerlei Waren mit Schwung und Stil geführt; zum Beispiel haben irische Hersteller von **Kristallwaren** Designer wie John Rocha beauftragt, hochmodische, zeitgenössische Objekte zu kreieren, die eine jüngere, stilbewusstere Kundschaft ansprechen. Das Gleiche gilt für andere Bereiche: Louise Kennedy zum Beispiel entwirft **Kleider** für den internationalen Markt, aber ihre Inspiration wurzelt fest in der irischen Tradition.

Wo kauft man irische Klassiker?

Dublin hat die größte Auswahl an Einkaufsmöglichkeiten im ganzen Land, besonders was irische Mode, Antiquitäten, Bücher, Kunsthandwerk, Lebensmittel und Getränke betrifft. **Cork** ist kleiner und selektiver, aber ein gutes Pflaster für den Einkauf oder fürs Bummeln. **Galway** besitzt eine gute Auswahl kleiner Galerien, Boutiquen und Fachgeschäfte – und Buchläden!

Erster Überblick

- **Kunsthandwerk** von hoher Qualität ist im ganzen Land zu haben, und oft werden Sie in einer der vielen Werkstätten etwas Besonderes finden.
- **Antiquitäten** gibt es in Irland immer noch gut zu kaufen, obwohl die Tage der schnellen »Schnäppchen« vorbei sind. Belfast, Dublin, Cork, Galway und Limerick sind alles gute Jagdgründe, und es lohnt sich, in den Zeitungen nach Hinweisen auf Auktionen zu suchen, die oft außerhalb der Städte stattfinden.
- **Schmuck** ist eine Überlegung wert. Schauen Sie in Antiquitätenläden hinein, aber beachten Sie auch den modernen Designerschmuck (siehe Kilkenny ➤ 92 und Belfast ➤ 170) sowie die traditionellen irischen Eheringe namens *Claddagh rings* (siehe Galway ➤ 143).
- Geschliffener irischer **Bleikristall** wird seit dem 18. Jahrhundert hergestellt und ist weltberühmt. Den bekanntesten, *Waterford Crystal*, gibt es überall im Land in Kaufhäusern und Geschenkeläden zu kaufen, aber auch beim Hersteller selbst (➤ 79). Andere handgeschliffene Kristallgegenstände – aus Dublin, Cork, Kinsale, Tipperary, Galway und Tyrone – sind billiger, daneben ist auch moderner, ungeschliffener Kristall wie *Jerpoint* interessant (➤ 92).
- **Traditionelle irische Lebensmittel** sind sehr gefragt. Zu den Produkten, die man gut mitnehmen kann, gehört Räucherlachs; achten Sie darauf, dass es wilder **Atlantik-Lachs** ist und kein Zuchtlachs, und kaufen Sie ihn vakuumverpackt. **Bauernkäse** wie Gubbeen, Durrus und Cashel Blue ist auch zu empfehlen; es gibt ihn überall in Delikatessenläden, Käsegeschäften, Supermärkten und ebenfalls in Flughäfen (wo Sie viel mehr bezahlen).
- **Irischer Whiskey** ist sehr angesehen. Zur Besichtigung einer der Brennereien (Old Jameson Distillery, Dublin; Old Midleton Distillery, County Cork – ➤ 108 – und Bushmills Distillery, County Antrim – ➤ 163) gehört eine Whiskeyprobe; ungewöhnliche Kompositionen können Sie dann vor Ort kaufen. Marken wie Jameson, Paddy's, Powers und Bushmills sind weit verbreitet. **Baileys** verdankt seine Schöpfung dem Bestreben, die in Irland reichlich vorhandenen Grundstoffe Sahne und Whiskey bestmöglich zu nutzen. Genau wie **Irish Mist**, ein recht süßer Likör aus Whiskey und Honig, ist er überall zu haben.
- **Strickwaren** stehen hoch im Kurs – vom derben Aran-Pullover bis hin zum raffinierten Strickmodell. Jeder Kunstgewerbeladen im Land hat etwas Interessantes zu bieten.
- **Leinen** ist ein großer Luxus, aber seinen Preis wert – schon allein wegen seiner Strapazierfähigkeit. Hauptlieferant ist Nordirland (➤ 170). Neben klassischen Tisch- und Bettlinnen kommen auch hochmodische Kreationen in Frage, wie sie von Läden wie Kilkenny in Dublin angeboten werden (➤ 69).
- **Tweeds** sind ebenfalls zeitlos. Am besten kauft man Klassiker wie Herrensakkos, auch modernere Artikel werden stetig beliebter. Viele Kunsthandwerksbetriebe führen Tweedsachen, daneben Fachgeschäfte, die übers Land verstreut liegen (Magee's ➤ 144) und in den größeren Städten zu finden sind.

Geschäftszeiten

Normalerweise sind die Geschäfte Montag bis Samstag von 9/10 bis 17/18.30 Uhr geöffnet, mit begrenzten Zeiten am Sonntag sowie – in Städten – donnerstagabends bis 20.30/21 Uhr. In ländlichen Gebieten schließen manche Läden noch halbtags (meist Mittwoch oder Samstag); in Feriengebieten sind Kunsthandwerksgeschäfte variabel geöffnet. Es ist in Ordnung, sich nur umzusehen; das Personal bietet zwar Hilfe an, ist aber ansonsten unaufdringlich.

Einkaufen / Ausgehen 43

Zahlungsweise
Kreditkarten werden weithin akzeptiert, außer in kleinen Kunstgewerbeläden.

Ausgehen

Vergnügungen präsentieren sich in Irland meist in Gestalt von Festen (zu fast allen Anlässen), Sportveranstaltungen und Musik. Manchmal sind sie ein Mix von allen dreien. Bord Fáilte (die irische Tourismusbehörde) und das Northern Ireland Tourist Board geben gemeinsam einen Veranstaltungskalender heraus. Der wäre wichtig, wenn Sie einige Zeit in Irland verbringen. Bord Fáilte publiziert auch Broschüren über Golf, Radfahren, Wandern, Angeln (Süß- und Salzwasser), Segeln, Ahnenforschung, das literarische Irland, die heimische Tierwelt und vieles mehr. Es gibt ähnliche Publikationen zu Nordirland. Detaillierte Hinweise zum Sport- und Freizeitleben finden sich täglich in der Lokalpresse, daneben wird für die Planung das Internet immer wichtiger.

Zuschauersportarten
■ **Pferderennen** sind ein zentraler Bestandteil des irischen Sportlebens; es gibt 27 Rennbahnen und fast täglich Rennen. Größere Veranstaltungen werden entsprechend angekündigt; Sie erfahren Näheres bei der **Horse Racing Ireland** (Tel. 045 455 455; www.goracing.ie).

■ **Windhundrennen**, die des Abends durchgeführt werden, erfreuen sich wachsender Beliebtheit; nähere Auskünfte vor Ort.

■ Erkundigen Sie sich nach **gälischem Fußball** und **Hurling**, beides sind schnelle und spannende Spiele.

Aktivitäten im Freien
■ **Golf** lockt viele Besucher ins Land. Es gibt in Irland über 400 Golfplätze, darunter etliche von Weltklasse, sowie neue Anlagen, die in den späten Neunzigern eröffnet wurden. Die **Golfing Union of Ireland** (Unit 8, Block G, Maynooth Business Campus, Maynooth, County Kildare; Tel. 01 505 400; www.gui.ie), der Golfverband der Republik Irland, erteilt Auskunft.

■ **Wandern** wird immer populärer; Fernwanderwege sind markiert und ausgeschildert. Deren längster im Süden ist der Kerry Way (214 km); der 800 Kilometer lange Ulster Way im Norden, der Nordirland und County Donegal umrundet, ist eine noch größere Herausforderung. In den nächsten Jahren wird er durch 16 einfachere Fernwanderwege ersetzt, die eine Länge zwischen 32 km und 52 km aufweisen.

Pubs und Clubs
■ Verschärfte Promille-Gesetze haben Pubs zum Umdenken gezwungen, daher bieten viele von ihnen heute **Speisen** an, zumindest zur Lunchzeit. Für alle Gebäude gilt Rauchverbot, auch für Pubs und Clubs.
■ **Musik in Pubs** ist für gewöhnlich gratis; sie kostet aber Eintritt, wenn sie mit Verstärkern ertönt und/oder wenn in einem separaten Raum getanzt wird.
■ Improvisierte Treffs gibt es nur noch selten; zum Kummer vieler Musikfreunde lassen auch kleine Pubs Bands zunehmend mit Verstärkern auftreten.

44 Erster Überblick

Feste

Konsultieren Sie Zeitungen, Hotelinformationen und das Touristenbüro, um zu erfahren, was vor Ort geboten ist.

Dublin

■ Die Festivalsaison in Dublin beginnt mit dem **Jameson Dublin International Film Festival** (Mitte Feb.), dem **St Patrick's Day Festival and Parade** (um den 17. März), gefolgt vom **Bloomsday** (16. Juni), **Kerrygold Dublin Horse Show** (Anfang Aug.), **Dublin Theatre Festival** (Anfang Okt.) und **Dublin City Marathon** (Ende Okt.).

Cork

■ Das **Cork Film Festival** (Oktober) und das **Cork Jazz Festival** (Ende Oktober) sind die herausragenden Ereignisse.

Galway

■ Kinvarra veranstaltet Anfang August ein traditionelles Bootstreffen, **Cruinniu na mBad** (Galway Tourist Office, Tel. 091 537 700). Ebenfalls in Kinvarra finden **literarische Bankette** im mittelalterlichen Dunguaire Castle (Tel. 091 061 360 788; www.shannonheritage.com) statt, die Dichtern wie W. B. Yeats und Sean O'Casey gewidmet sind. Zu Galways vielen Festen gehören das **Galway Arts Festival** (Tel. 091 509 7000) in der zweiten Julihälfte, gefolgt von **Galway Races** (Ballybrit, Tel. 091 753 870) sowie mehreren **Austern-Festen** im September. Im August erweist sich die **Connemara Pony Show** in Clifden als große Attraktion.

Belfast

■ Veranstaltungen gibt es in Waterfront Hall, dem Grand Opera House, King's Hall, Ulster Hall und zahlreichen Theatern sowie im Odyssey Wissenschafts- und Unterhaltungszentrum (eröffnet 2001/2002).

■ Der kulturelle Höhepunkt des Jahres in Nordirland ist das dreiwöchige **Belfast Festival** an der Queens University, das von Ende Oktober bis Anfang November Film, Theater, Musik und Tanz vereint.

Gay Scene

Für Dublin finden sich Informationen bei **Outhouse** (105 Capel Street, Tel. 01 873 4932; E-Mail: info@outhouse.ie; www.outhouse.ie). **Queerspace** (64 Donegall Street, Belfast; E-Mail: info@queerspace.co.uk; www.queerspace.org.uk) bietet Informationen für Nordirland.

Aussprachefführer

á ist offenes o. Also wird *bodhrán* wie bo-rohn gesprochen.
ane ist ein kurzer »an«-Laut. Also wird Cloghane wie Clogh-*an* gesprochen.
bh ist ein »v«-Laut. Also wird Cobh wie Co*v*e gesprochen.
ch wird wie »ch« im schottischen Wort *loch* gesprochen.
dh ist stumm in der Mitte eines Wortes. Siehe *bodhrán* oben.
eagh oder **eigh** ist ein »ay«-Laut. Also wird Glenveagh wie Glen-*vay* gesprochen.
gh ist am Ende eines Wortes stumm; es ist etwas weicher als der »ch«-Laut in *loch* in der Mitte eines Wortes.
h ist etwas kehliger als »h«, etwas weniger kehlig als *loch*.

Dublin

Erste Orientierung	46
An einem Tag	48
Nicht verpassen!	50
Nach Lust und Laune!	60
Wohin zum …	66

Dublin

Erste Orientierung

»In der schönen Stadt Dublin, wo die Mädchen so hübsch sind …« Ist es jene Zeile aus einem alten, romantischen Lied, die so viele Menschen nach Dublin lockt? Oder ist es Dublins Ruf, eine der pulsierendsten und vergnüglichsten Metropolen Europas zu sein, wo die Menschen noch Zeit haben, sich um Fremde zu kümmern? Was immer die Ursache, die Wirkung war dramatisch. Während der letzten zwei Dekaden des 20. Jahrhunderts hat sich Dublin vom zähen Image des Armseligen, Merkwürdigen und Rückständigen befreit und zu einer zielstrebigen, modernen Stadt entwickelt – laut, fröhlich, wohlhabend.

Dublin liegt tief und schön. Nur wenige Hochhausblocks überragen die historischen Gebäude – Trinity College, das Custom House, St Patrick's Cathedral. Und: Die Stadt ist kompakt, man kann sie leicht an einem Tag durchwandern, den Rest besorgt Dublin Area Rapid Transit, mit dem Sie das Ufer der Dublin Bay erkunden können. Oder Sie nutzen das neue Luas Rail System, um die Außenbezirke zu erkunden.

Südlich des River Liffey erwarten Sie die schicken Straßencafés und Modelokale von Temple Bar, einst ein heruntergekommenes Viertel, heute Dublins heißestes Pflaster, das rund um Cow's Lane weiter wächst. Nur einen Steinwurf weit stehen an Straßen und Plätzen um St Stephen's Green Irlands schönste georgianische Häuser. Nördlich des Flusses hat man den Baulöwen der Sechziger- und Siebzigerjahre zu viel freie Hand gelassen, aber die breite O'Connell Street und das Gebiet dahinter in der Henry Street wurde in den letzten Jahren

Seite 45:
Blick über die
Skyline von Dublin
Links: Die Ha'penny
Bridge

Erste Orientierung 47

★ Nicht verpassen!

- **1** Trinity College und das *Book of Kells* ➤ 50
- **2** National Museum of Ireland ➤ 54
- **3** St Patrick's Cathedral ➤ 57
- **4** Kilmainham Gaol ➤ 58

Nach Lust und Laune!

- **5** Casino at Marino ➤ 60
- **6** Custom House ➤ 60
- **7** Dublin Writers' Museum ➤ 60
- **8** General Post Office ➤ 60
- **9** Temple Bar ➤ 61
- **10** Dublin Castle ➤ 62
- **11** Chester Beatty Library and Gallery ➤ 62
- **12** Christ Church Cathedral ➤ 63
- **13** Guinness Storehouse ➤ 64
- **14** Phoenix Park ➤ 64

verschönert, das Smithfield Village erlebt einen kulturellen Aufschwung. Westlich davon gibt es Straßenmärkte und versteckte Pubs zu entdecken. Und weiter im Nordosten dominieren grüne, ruhige Wohnviertel.

Dublin hat eine Menge zu bieten. Die literarischen Bezüge reichen von alten Meistern wie James Joyce und Sean O'Casey zu jungen Wilden wie Emma Donoghue. Musik klingt durch das Herz der Stadt, vom schrillen Rock-Sound von Bands wie U2 bis zur heiter-gemütlichen Kneipen-Folklore von Gruppen wie den Dubliners und dem dynamischen, fröhlichen Sound der jungen The Delorentos.

Diese Stadt ist freundlich. Und ihre Freundlichkeit ist echt, nicht Teil irgendeiner PR-Kampagne. Genießen Sie sie bis zum Grund, und mehr …

An einem Tag

Wenn Sie sich nicht sicher sind, wo Sie Ihre Reise beginnen möchten, empfiehlt diese Route einen praktischen eintägigen Besuch von Dublin mit den wichtigsten Sehenswürdigkeiten. Sie können dazu die Karte auf der vorangegangenen Seite verwenden. Weitere Informationen finden Sie unter den Haupteinträgen.

9.30 Uhr

Besuchen Sie ❶ **Trinity College** (rechts, ► 50ff) – früh und ausgeruht, damit Sie dem Gedränge um die Ausstellung »Turning Darkness into Light« entgehen und einen freien Blick auf das *Book of Kells* erwischen. Verlassen Sie Trinity durch den Ausgang Nassau Street und gehen Sie die Kildare Street hinunter.

10.30 Uhr

Schauen Sie ins ❷ **National Museum of Ireland** (► 54f) und lassen Sie sich von Gold und Juwelen des alten Irland blenden. Gehen Sie die Molesworth Street hinunter und dann quer durch zur Grafton Street, Dublins vitaler Einkaufsachse. Erholen Sie sich bei einem Kaffee und einem Rosinenbrötchen in Bewley's Café und schauen Sie den Leuten beim Einkaufsbummel zu.

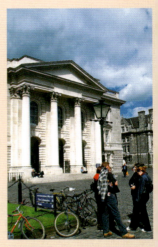

An einem Tag

12 Uhr
Schlendern Sie die Westseite von St Stephen's Green hinunter und werfen Sie einen Blick in die Harcourt Street mit ihren prächtigen Häusern aus georgianischer Zeit und deren typisch geschwungenen Türeingängen. Folgen Sie Cuffe Street und Kevin Street zur ❽ **St Patrick's Cathedral** (links und unten links, ➤ 57) und erweisen Sie dem Grab von Jonathan Swift, Schriftsteller und Dekan der Kathedrale, die Ehre. Von hier sind es 10 Minuten zu Fuß über die Golden Lane zur South Great George's Street.

13.30 Uhr
Rasten Sie und genießen Sie dabei die delikate Suppe und Sandwiches von **The Globe** in der South Great George's Street. Lenken Sie Ihre Schritte nach dem Lunch nordwärts durch das schicke ❾ **Temple-Bar**-Viertel (➤ 61) zum River Liffey und von dort rechts zum Aston Quay.

15 Uhr
Am Aston Quay nehmen Sie einen Bus der Linie 79 und fahren 10 bis 15 Minuten zum ❹ **Kilmainham Gaol** (➤ 58f), einer Ikone der irischen Geschichte. Hat Sie der Rundgang nachdenklich gestimmt? Dann folgen Sie der South Circular Road hinauf zum Islandbridge Gate und begeben sich in den ⓮ **Phoenix Park** (➤ 64f).

17 Uhr
Ein Bummel durch den weitläufigen Phoenix Park wird die Spinnweben von Ihrer Stirn wehen! Dabei können Sie auf alles Mögliche stoßen, von einem Rudel Rehe bis zu einem Hurling-Match. Nehmen Sie die Buslinie 10 (vom NCR Gate) zurück ins Stadtzentrum.

18.30 Uhr
Die Nacht gehört Ihnen! Starten Sie in Temple Bar, zum Beispiel mit einem Drink bei St John Gogarty, gefolgt von einem Abendessen, etwa im lebhaften Market Bar and Tapas oder **The Mermaid Café** in der Dame Street (➤ 67). Gehen Sie weiter zum Brazen Head oder zum Long Hall oder Doherty & Nesbitt's oder …

50 Dublin

Trinity College und das *Book of Kells*

Als schönstes Buch der Welt gerühmt, ist das *Book of Kells* der unangefochtene Star der Ausstellung im Trinity College. Von Mönchen in lateinischer Schrift verfasst, sind diese 680 Seiten Schrift und Malerei virtuoser Ausdruck einer überreichen Fantasie, geistvollen Humors und genauer Naturbeobachtung, alles mit zartesten Strichen aufs Papier gebannt. Die Mönche, die die vier Evangelien um das Jahr 800 im Kloster Kells in County Meath kopierten und illustrierten, mögen ihre Kunst im berühmten Kloster des hl. Kolumban auf der schottischen Insel Iona gelernt haben; gewiss gehörten sie zu den besten Buchillustratoren ihrer Zeit.

Trinity College

Das *Book of Kells* ist im Trinity College ausgestellt, selber eine ehrwürdige irische Institution. Wenn Sie von der College Street in den niederen, unscheinbaren Türgang eintreten, schwindet das Dröhnen des Verkehrs allmählich unter dem Klang junger Stimmen. In diesen friedvollen Höfen, umgeben von altersmilder Architektur aus vier Jahrhunderten, erleben Sie ein Dublin aus einer ruhigeren Zeit.

Nicht dass Trinity, Irlands führende Universität, heute ein verstaubter und verstockter Ort wäre. Das College wurde 1592 von Königin Elisabeth I. gegründet, »um Irland durch Gelehrsamkeit und die protestantische Religion zu zivilisieren … zwecks Besserung dieses barbarischen und groben Volkes«. Bis 1966 wurden Katholiken nur in Ausnahmefällen zum Studium zugelassen; heute ist Trinity völlig gemischt, sowohl in religiöser als auch in geschlechtlicher Hinsicht (Frauen dürfen seit 1903 akademische Grade erwerben).

Sobald Sie aus dem tunnelartigen Eingang in den Kopfsteinhof des Parliament Square getreten sind, zeigt sich Ihnen zu Ihrer Linken

Die herrlich verzierten griechischen Buchstaben *chi* und *rho*, Initialen des Namens Christi, am Anfang eines Verses aus dem Matthäus-Evangelium. Die mikroskopisch feinen Details sind typisch für das *Book of Kells*.

Trinity College und das Book of Kells

Dublin

die **University Chapel**, ein elegantes Oval aus dem Jahre 1798. Ihre Wände sind innen mit warmem, dunklem Holz verkleidet, ihre Decke mit grünem, grauem und pfirsichfarbenem Stuck verziert. Voraus steht ein hoher viktorianischer **Campanile**. Gehen Sie rechts an diesem vorbei zum Eingang der **Old Library** (1733). Drinnen ordnet die hervorragende **Ausstellung »Turning Darkness into Light«** die Handschriften aus dem 9. Jahrhundert historisch ein und bereitet so auf das Book of Kells vor.

Georgianische Pracht im friedlichen Herzen des Trinity College

Das *Book of Kells*

Das Buch liegt hinter Glas, die Schauseiten werden alle drei bis vier Monate gewechselt. Die Mönche, die das Buch illustrierten, gebrauchten Kreide für Weiß, Blei für Rot, Lapislazuli für Blau. Blau gewann man außerdem aus Waid, Schwarz aus Kohle und Grün aus Kupfer-Grünspan. Im Laufe der Jahrhunderte sind die Farben auf den viel bewunderten Bildseiten verblichen, die weniger reich verzierten Manuskriptseiten sind hingegen erstaunlich weiß und gut erhalten. Je länger man hinschaut, desto mehr sieht man: Engel, frevelnde Sünder, reißende Tiere und Dämonen, Blütenranken, wildfantastische und rührend-häusliche Szenen, Rätsel der Geometrie, die sich zu Initialen formen.

Trinitys Schüler Oscar Wilde

Neben dem *Book of Kells* sind abwechselnd weitere kostbare Evangelien-Manuskripte ausgestellt: das **Book of Mulling** und das **Book of Dimma** aus dem 8. Jahrhundert, das **Book of Armagh** von ca. 807 sowie das **Book of Durrow**, das bis auf etwa 675 zurückdatiert wird und damit das älteste erhaltene illustrierte Evangeliar überhaupt ist.

Long Room

Steigen Sie vom Ausstellungsraum des *Book of Kells* die Treppe zum kathedralenhaften Long Room hinauf. Der

BEDEUTENDE SCHÜLER

Zu den berühmten Ehemaligen Trinitys gehören: Jonathan Swift, Dekan der St Patrick's Cathedral und Autor von *Gullivers Reisen* und *Märchen von einer Tonne*; die Dramatiker Oliver Goldsmith, William Congreve, Oscar Wilde und Samuel Beckett; die Patrioten und Politiker Wolfe Tone, Robert Emmet, Edward Carson und Henry Grattan …

Trinity College und das Book of Kells 53

Hohe Bücherregale und ein gewölbtes Dach verleihen dem Long Room ein tunnelförmiges Aussehen

64 Meter lange, wundervoll ausgestattete Saal beherbergt fast eine Viertelmillion alter Bücher unter seinem hölzernen Tonnengewölbe. Es wird hier eine von etwa zwölf erhaltenen Abschriften der ursprünglichen **Proclamation of the Republic of Ireland** gezeigt, deren klangvolle Prosa Pádraic Pearse am Ostermontag 1916 von den Stufen des Hauptpostamtes verlas: »Wir rufen hiermit die Irische Republik als souveränen, unabhängigen Staat aus und verpfänden unser Leben und das unserer Waffenbrüder für die Sache ihrer Freiheit, ihres Wohles und der Erhöhung ihres Ansehens unter den Nationen.«

Bei Ihrem Gang durch den Long Room finden Sie in der Nähe rechts eine **Harfe**, wunderschön aus dunklem Weidenholz geschnitzt. Sie fällt nicht ins Auge, weil ihr altes Holz in den Brauntönen der Bücher ringsum verschwimmt. Radiokarbon-Datierung besagt, dass sie um 1400 gebaut wurde. Der Sage nach gehörte das Instrument einst Brian Boru, dem mächtigsten Hochkönig Irlands, der am Karfreitag 1014 im Moment des Sieges über die Dänen in der Schlacht von Clontarf fiel.

KLEINE PAUSE

Schlendern Sie vom Trinity College zum Temple Bar hinüber, dem Viertel voller lebhafter Cafés und Bars. Das quirlige **Kilkenny** ist ein guter Platz für einen leichten Imbiss.

KUNDIGE WÄRTER

Sie sollten nicht versäumen, mit den Aufsehern der Ausstellung »Turning Darkness into Light« zu plaudern. Diese sind nicht nur höflich und freundlich, sondern auch äußerst sachkundig. Sie werden Sie gern auf kleine Details hinweisen, die sich in den raffinierten Illustrationen verbergen.

- 202 C3
- College Street, Dublin 2
- 01 896 2320 (Book of Kells); 01 896 1661 (Library); www.tcd.ie/library/
- Old Library und Book of Kells Exhibition: Okt.–Mai Mo–Sa 9.30–17, So 12.30–16.30 Uhr; Juni–Sept. Mo–Sa 9.30–17, So 9.30–16.30 Uhr. Geschl. 10 Tage über Weihnachten und Neujahr.
- alle stadtdurchquerenden Busse
- mittel

BOOK OF KELLS: INSIDER-INFO

Top-Tipp: An einem Ferienwochenende im Sommer kann es voll werden um die Vitrine mit dem *Book of Kells* – das heißt, Sie könnten vielleicht nur einen frustrierend kurzen Blick auf das Buch werfen, bevor man Sie weiterwinkt. Legen Sie Ihren Besuch daher möglichst auf einen Wochentag außerhalb der Saison; so haben Sie Platz zum Schauen und Ihre Augen Zeit, sich einzustellen.

2 National Museum of Ireland

Das Nationalmuseum von Irland besteht aus vier Museen. Drei davon befinden sich in Dublin und eins im County Mayo (▶ 133). Für die meisten Besucher steht der Name allerdings für das Haus im Zentrum von Dublin, das die wichtigsten historischen Sammlungen beherbergt. Offiziell ist es das Museum für Archäologie und Geschichte und bewahrt das historische Herz und die Seele Irlands. Diese hervorragende Sammlung umfasst einige der schönsten antiken Goldschmiedearbeiten Europas; reich verzierte Kreuze und Becher aus frühchristlicher Zeit sowie Wikingerbögen.

Ein Großteil dieser Schätze – vieles wurde per Zufall aus einem Torfmoor oder Kartoffelacker gezogen – wird in der **Treasury** in der Great Hall des Museums gezeigt. Doch gibt es dort zu viele Exponate zu bestaunen; konzentrieren Sie sich daher wenigstens auf den Ardagh-Kelch, das Kreuz von Cong und die »Ireland-Gold«-Objekte.

Der **Ardagh Chalice**, ein üppig verzierter, zweihenkeliger Silberkelch aus dem 8. Jahrhundert, wurde von einem Arbeiter namens Quinn beim Ausgraben von Kartoffeln gefunden, die er in der Ringfeste von Reerasta (nahe Ardagh, County Limerick) gepflanzt hatte. Quinn, der keine Ahnung vom Wert seines Fundes hatte, verkaufte den Kelch nebst einigen Spangen, einer Schale und anderen Objekten für ein paar Pfund einem Arzt des Ortes. Das **Cross of Cong** ist ein Prozessionskreuz, das 1123 für Turlough O'Conor, König von Connacht, geschaffen wurde; es ist mit Tier-

köpfen, perlenbesetztem Golddraht und eingelegtem Email verziert. Die wunderbare Brosche von Tara (**Tara Brooch**), die von Bernstein und farbigem Glas nur so funkelt und mit feinsten Lineaturen überzogen ist, dürfte das schönste Beispiel irischer Juwelierkunst überhaupt sein.

Der **Broighter Hoard**, ausgegraben in County Derry in den 1890ern, ist die größte Sammlung von Goldobjekten der Treasury. Sie umfasst ein wundervolles Miniaturboot, kunstvoll gearbeitete Kolliers und eine Kette aus hohlen

Die Brosche von Tara (Tara Brooch) aus dem 8. Jahrhundert ist Vorbild für irische Juweliere

National Museum of Ireland 55

Viktorianische Eisenkonstruktionen rahmen das Dach des Nationalmuseums von Irland

Goldkugeln, die ein Halsband bilden – alles im 1. Jahrhundert v. Chr. aus papierdünn geschlagenem Goldblech geformt. Bemerkenswert sind auch die Schreine aus bearbeitetem Metall und Holz zur Aufbewahrung sakraler Objekte, darunter der Schrein der **St Patrick's Bell**, mitsamt der großen eisernen Glocke aus der Zeit des Heiligen, dem frühen 5. Jahrhundert. Der Legende nach tat die Glocke des hl. Patrick einst gute Dienste, als ihr Besitzer den nach ihm benannten Berg bestieg. Von Dämonen angegriffen, warf Patrick die Glocke nach ihnen, worauf sie prompt verschwanden.

Weitere Sehenswürdigkeiten im Nationalmuseum sind der große **Einbaum von Lurgan**, um 2400 v. Chr. geschaffen und lang genug, um die Bevölkerung eines ganzen Dorfes zu befördern; die **Viking Gallery** mit ihren Schwertern, Nadeln, Broschen und prächtigen Langbögen aus Eibenholz; und die drei Gallerien des **Mittelalterlichen Irlands**, die das bäuerliche Leben und das des Adels von 1150 bis 1550 dokumentieren.

KLEINE PAUSE

Mischen Sie sich unter das flotte Völkchen im nahen **Café en Seine** (▶ 66), dem richtigen Ort für einen Kaffee und einen Snack. Oder gönnen Sie sich eine ruhige Tasse Kaffee in einem Lieblingslokal der Dubliner, **Bewley's Café** (78 Grafton Street), und lassen Sie die Leute an sich vorbeiflanieren.

Dublin

National Museum of Ireland
- 202 C2
- Kildare Street, Dublin 2
- 01 677 7444; www.museum.ie
- Di–Sa 10–17, So 14–17 Uhr; geschl. Mo, Karfreitag und 25. Dez.
- 7, 7A, 10, 11, 13; 172 (Museum Link)
- Pearse Station, DART frei

Museum of Decorative Arts and History
- 202, außerhalb A3
- Benburb Street, Dublin 7
- 01 677 7444; www.museum.ie
- Di–Sa 10–17, So 14–17 Uhr; geschl. Mo, Karfreitag und 25. Dez.
- 25, 25A, 66, 67, 90, 172
- Heuston Station (Hauptstrecke); Museum (Luas) frei

Hervorragende Handwerkskunst des 8. Jahrhunderts macht den Ardagh Chalice zu einer der schönsten Silberarbeiten Irlands

NATIONAL MUSEUM OF IRELAND: INSIDER-INFO

Top-Tipps: Nehmen Sie sich, wenn möglich, Zeit für die **Collins Barracks** (2 km vom Stadtzentrum), beheimatet in einem hübschen Gebäude aus dem frühen 18. Jahrhundert, einer ehemaligen Kaserne, in dem Sie nun das **Museum of Decorative Arts and History** finden. Die abwechslungsreiche und oft kuriose Sammlung erzählt die Sozialgeschichte Irlands anhand von Objekten, die von Wohnmöbeln und Kleidung zu Relikten der vielen politischen Märtyrer Irlands reichen – neben Gemälden und Skulpturen.

Geheimtipp: Im Nationalmuseum von Irland versteckt und nicht direkt zugänglich ist eine Sammlung von *sheela-na-gigs*, Steinschnitzereien von Damen, die recht offen ihre Reize zeigen. Um die zu sehen, müssen Sie sich beim Kurator anmelden.

Muss nicht sein! Die **Sammlung ägyptischer Exponate** im Obergeschoss des Nationalmuseums von Irland können Sie sich sparen; in der irischen Abteilung gibt es genug zu sehen, um Sie über Stunden zu beschäftigen.

St Patrick's Cathedral

3 St Patrick's Cathedral

Die Kathedrale des hl. Patrick, ab 1190 erbaut, mit Turm und Spitze 68 Meter hoch, ist eine große, würdevolle und schöne Kirche.

Innen finden Sie die **Grabmale** für **Dekan Jonathan Swift** (1667–1745), den leidenschaftlichen Sozialreformer und Autor von *Gullivers Reisen* (▶ 26), und seiner Gefährtin »Stella«; mit ihr, die eigentlich Esther Johnson (1681–1728) hieß, verband ihn eine lange, anscheinend platonische Beziehung. Gleich hinter dem Eingangsspalt nahe der zweiten Säule liegen sie, Seite an Seite, unter Messingplatten, die in den Boden eingelassen sind. An der Wand steht Swifts selbst verfasster Grabspruch: »Er ruht, wo ihm wilde Empörung nicht länger das Herz zerreißen kann. Geht, Reisende, und ahmt ihn nach, wenn ihr könnt, diesen aufrechten und eifrigen Verfechter der Freiheit.«

Die Kathedrale birgt eine Reihe weiterer prachtvoller Grabstätten, besonders diejenige der Familie Boyle (zu der auch der Wissenschaftler Robert Boyle gehörte) aus dem 17. Jahrhundert, sowie Gedenktafeln irischer Soldaten, die in Kriegen für das britische Empire fielen. Im Nordschiff versteckt sich das ziemlich triste Grabmal des hochverehrten blinden Harfenisten Turlough O'Carolan (1670–1738), er hätte Größeres und Besseres verdient.

St Patrick's ist am ruhigsten am frühen Morgen oder späten Nachmittag.

KLEINE PAUSE

The Globe in der South Great George's Street, 10 Gehminuten von der Kathedrale, ist der richtige Ort für einen leichten Imbiss.

✚ 202 A2
✉ St Patrick's Close, Dublin 8
☎ 01 475 4817; www.stpatrickscathedral.ie
🕓 März–Okt. Mo–Sa 9–18, So 9–11, 12.45–15, 16.15–18 Uhr; Nov.–Feb. Mo–Fr 9–18, Sa 9–17, So 10–11, 12.45–15 Uhr
🚌 49, 49A, 50, 54A, 56A (Eden Quay), 65, 77, 77A
🚉 Pearse Station
💶 mittel

SWIFTS SCHÄDEL

Die kleine Ausstellung zu Swift im nördlichen Querschiff zeigt einen Gipsabdruck vom Schädel des großen Mannes, Zeugnis der Vorliebe des 19. Jahrhunderts für das Makabre. Der Schädel war nämlich in den 1830ern ausgegraben und »in den Salons von Dublin herumgereicht« worden. 1920 wurde er wieder beigesetzt.

Der Hochaltar

58 Ddublin

4 Kilmainham Gaol

Das düstere Gefängnis ist ein nationales Monument, das den Schlüssel zu manchem Ereignis in der bewegten Geschichte Irlands birgt. Hier erlitten die *Home-Rule*-Rebellen – Wolfe Tones Anhänger von 1798, die »Young Irishmen« 50 Jahre später, *Fenians* und die Führer des Osteraufstandes – Kerker, Bestrafung und Tod.

Der Eingang von Kilmainham schlägt den Ton an: eine massive, mit einer Gucklucke versehene Tür in einem Rahmen aus massivem Stein.

Die (obligatorische) **geführte Besichtigung** konfrontiert Sie im Museum zunächst mit den elenden Lebensverhältnissen im Dublin von einst, Grund für Schulden und Kleinkriminalität, derentwegen die meisten Häftlinge hier einsaßen. Wie Sie hören werden, galt Kilmainham Gaol zur Zeit seiner Eröffnung 1796 als Mustergefängnis. Durch dunkle Korridore geht es zu Treppen aus Granit, ausgehöhlt vom Tritt unzähliger Füße. Schuldner, Mörder, Schafdiebe, Vergewaltiger, Prostituierte büßten hier ihre Strafen ab. Opfer der Hungersnot ebenfalls, denn in den 1840ern und 1850ern war das Gefängnis mit Leuten überfüllt, denen nach geringfügigen Vergehen der »Genuss« der dünnen Gefängnissuppe zuteil wurde.

Sie werden die Zellen besichtigen, in denen Pádraic Pearse, Thomas Clarke, Joseph Plunkett, James Connolly und andere Führer des Osteraufstandes von 1916 (► 20) gefangen gehalten wurden; die Kapelle, in der man Plunkett und seine Braut Grace Gifford vermählte, und den mit einer hohen Mauer umgebenen Hof, wo die Anführer wegen Verrats erschossen wurden. Der letzte Häftling, den man entließ, bevor Kilmainham 1924 geschlossen wurde, war der republikanische Führer Éamon de Valera – später Regierungschef und Präsident von Irland.

Was immer Ihre Ansichten sein mögen, Sie werden von den Schilderungen und der Atmosphäre dieses kalten, hallenden, schaurigen Ortes berührt sein. Wer die neuere Geschichte Irlands verstehen will, muss Kilmainham gesehen haben.

Treppen und Zellen im Gefängnisinnere

✚ 202, außerhalb A3
✉ Inchicore Road, Dublin 8
☎ 01 453 5984; www.heritageireland.ie
🕐 April–Sept. täglich 9.30–18; Okt.–März Mo–Sa 9.30–17.30 (letzter Einlass um 16 Uhr), So 10–18 Uhr (letzter Einlass um 17 Uhr)
🚌 51B, 78A, 79 (Aston Quay)
🚉 Heuston Station; Suir Road; Luas
💶 mittel

Kilmainham Gaol 59

KILMAINHAM GAOL: INSIDER-INFO

Top-Tipp: Lassen Sie sich vom Führer in eine der Zellen sperren, um die **grimmige Realität** von vier engen, weißen Wänden zu erleben.

Geheimtipp: Übersehen Sie nicht die »**Fünf Teufel von Kilmainham**«, fünf in Stein geschnittene Schlangen über der Eingangstür; mit der Kette am Hals winden sie sich vergeblich – Symbol der Bändigung des Bösen.

Muss nicht sein! Die **audiovisuelle Vorführung** schrumpft zur Bedeutungslosigkeit, gemessen am Rest der Führung. Lassen Sie sie aus, wenn die Zeit knapp ist.

Nach Lust und Laune!

Die Dubliner widersetzten sich dem Bau des Custom House im 18. Jahrhundert; sie fürchteten, es würde die Gegend verschandeln

5 Casino at Marino

Das zwischen 1758 und 1776 vom Earl of Charlemont erbaute Haus ist ein dreistöckiger Lustpalast mit klug gestalteten, genial beleuchteten Zimmern, der von außen wie ein einfacher, einzelliger Tempel aussieht. Trotz seines Namens birgt das Casino keine Roulette- oder Blackjack-Tische, nur einige zeitgenössische Möbel.

- 202, außerhalb C5
- Am Casino Park, Malahide Road
- 01 833 1618; www.heritageireland.ie
- Juni–Sept. tägl. 10–18; Mai, Okt. tägl. 10–17; April Sa, So 12–16, Feb.–März Sa, So 12–16 Uhr; geschl. im Dez. und Jan.
- 20, 20A, 27, 27B, 42C, 123
- Clontarf, DART preiswert

6 Custom House

Dies ist der pompöseste Bau von Dublin, ein georgianisches Meisterwerk des englischen Architekten James Gandon (1743–1823), begonnen 1781 zu dem Zweck, das alte Zollhaus weiter oben am Liffey zu ersetzen. Sein Portikus und die langen Flügel erstrecken sich entlang dem Nordufer des Flusses, östlich von O'Connell Bridge. Republikaner zündeten es 1921 an; heute erklärt ein Besucherzentrum die Geschichte des Gebäudes. Den besten Blick auf das Custom House hat man vom George's Quay am gegenüberliegenden Ufer.

- 202 C4
- Custom House Quay, Dublin 2
- 01 888 2538
- Mitte März–Okt. Mo–Fr 10–17, Sa, So 14–17; Nov.–Mitte März Mi–Fr 10–17, Sa, So 14–17 Uhr
- stadtquerende Busse
- Tara Street Station, DART preiswert

7 Dublin Writers' Museum

Ein wundervoll restauriertes Haus, 10 Minuten zu Fuß von der O'Connell Bridge nach Norden! Es ist den größten Schriftstellern Irlands gewidmet und gibt mit Fotos, Erstausgaben, persönlichen Gegenständen, Briefen, seltenen Büchern und Mengen von Erinnerungsstücken Einblick in die Werke literarischer Größen.

- 202 B5
- 18 Parnell Square North, Dublin 1
- 01 872 2077; www.writersmuseum.com
- Mo–Sa 10–17, So 11–17 (Juni–Aug. auch Mo–Fr 17–18) Uhr
- 10, 11, 11A, 11 B, 13, 13A, 16, 16A, 19, 19A, 22, 22A, 36
- Connolly Station, DART mittel

8 General Post Office (GPO)

Dieses prachtvolle Gebäude, 1814 bis 1818 im Stil Palladios erbaut, ist fast alles, was von Dublins spätgeorgianischer Architektur im Stadtzentrum übrig geblieben ist. Das GPO war Hauptquartier

Nach Lust und Laune! 61

der »Irish Volunteers« während des Osteraufstandes von 1916 (► 19): Von seinen Stufen verlas Pádraic Pearse die Proklamation der Irischen Republik. Infolge des Beschusses (Sie können die Granateneinschläge noch an den Säulen sehen) brannte das GPO aus. Nach seinem Wiederaufbau wurde es zu einem Symbol der irischen Unabhängigkeit.

🕂 202 B4
✉ O'Connell Street, Dublin 1
☎ 01 705 7000
🕐 Mo–Sa 8–20 Uhr
🚌 stadtquerende Busse
🚉 Tara Street Station, DART; Connolly, Luas
💶 frei

❾ Temple Bar

In den Achtzigern war Temple Bar ein heruntergekommener Stadtteil, der abgerissen werden sollte. Heute ist es Dublins lebendigstes und interessantestes Viertel.

Schlendern Sie ohne Hast über das alte Kopfsteinpflaster. Junge Dubliner Architekten haben die Dachhöhen verändert, Metallpaneele eingefügt und reichlich Glas und Keramik verwendet. Straßenlokale und schicke Restaurants liegen dicht beieinander, Straßenmusiker und Künstler gibt es die Menge.

Das Herz von Temple Bar ist Meeting House Square, häufig Schauplatz von Open-Air-Veranstaltungen. Um den Platz gruppieren sich das **Irish Film Institute** (Tel. 01 679 5744; www.irishfilm.ie) und das Filmarchiv, ein Kunstzentrum, die **Gallery of Photography** (Tel. 01 671 4654; www.galleryofphotography.ie) und das **Ark** – mit Workshops und einem Programm für Kinder (Tel. 01 670 7788; www.ark.ie; Vorausbuchung empfohlen). Besuchen Sie den Markt samstagvormittags, wenn die Dubliner dort im Freien frühstücken.

Wenn Sie auf der Suche sind nach Livemusik-Gigs, dann versuchen Sie es in der Button Factory in der Curved Street (Tel. 01 670 9202; www.buttonfactory.ie). Cow's Lane Market ist der ideale Ort für irische Designermode und Accessoires – von Kleidung über Taschen bis hin zu Schmuck und Wäsche.

🕂 202 B3
✉ südlich von Wellington und Aston Quay, am Südufer des Liffey; Temple Bar Cultural Information Centre: 12 East Essex Street, Dublin 2
☎ 01 677 2255; www.temple-bar.ie
🕐 Mo–Fr 9–17.30 Uhr
🚌 stadtquerende Busse
🚉 Tara Street Station, DART

Dublin

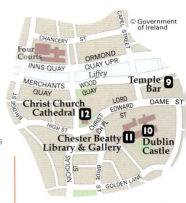

❿ Dublin Castle
Für große Ereignisse, wie die Amtseinführung des Präsidenten, dienen die prächtigen Staatsgemächer des Schlosses. Teile der ursprünglichen normannischen Burg sind noch da, doch vieles stammt aus dem 18. Jahrhundert. Sie können all dies besichtigen, auch die Royal Chapel aus dem 19. Jahrhundert, die innen feine Holz- und Stuckarbeiten zeigt.

✚ 202 A3 ✉ Dame Street, Dublin 2
☎ 01 677 7129; www.dublincastle.ie
🕓 Mo–Fr 10–16.45, Sa, So, Feiertage 14–16.45 Uhr; geschl. 1. Jan., Karfreitag und 25./26. Dez.
🚌 49, 56A, 77, 77A, 77B, 123
🚉 Tara Street, DART 💶 preiswert

⓫ Chester Beatty Library & Gallery
Es ist dies eine der größten privaten Kunstsammlungen der Welt, ausgezeichnet nicht nur durch ihre Größe (sie birgt über 22 000 Manuskripte, seltene Bücher und Miniaturen), sondern auch durch ihre Qualität. Sir Alfred Chester Beatty (1875–1968), ein kanadischer Millionär, der sein Vermögen im Bergbau erlangt hatte und ab 1953 in Dublin lebte, trug seine Sammlung im Laufe seines langen Lebens zusammen.

Der üppig ausgestattete State Drawing Room im Dublin Castle

Die japanischen Rollen aus dem frühen 17. bis späten 19. Jahrhundert sind besonders wertvoll. Diese Rollen aus Papier und Seide, die bis 25 Meter lang sind, tragen überaus feine Darstellungen religiöser Mythen, romantischer Sagen und Schlachtenszenen. Andere exotische Kuriositäten sind Riechfläschchen aus Perlmutt, Jade oder Porzellan aus China sowie ein ägyptisches Liebesgedicht von 1160 v. Chr. – der Welt wichtigstes erhaltenes Beispiel antiker ägyptischer Dichtung. Der Ehrenplatz gebührt aber der Manuskriptsammlung. Sie enthält etliche sehr alte und seltene Objekte, wie reich vergoldete und gepunzte antike Abschriften des Koran und eine mittelalterliche irakische Schrift über Ingenieurwesen, Artillerie und Astronomie. Außerdem gibt es einige sehr frühe Bibelfragmente, so ein Lukas-Evangelium und ein Buch der Offenbarungen, beide aus dem 3. Jahrhundert; ferner die Paulus-Briefe, niedergeschrieben im 2. Jahrhundert, kaum mehr als hundert Jahre nach dem Tod des Heiligen; sowie Teile aus dem Vierten und Fünften Buch Mose, die sich etwa auf das Jahr 150 n. Chr. datieren lassen.

✚ 202 A3
✉ The Clock Tower, Dublin Castle, Dublin 2
☎ 01 407 0750; www.cbl.ie
🕓 Mai–Sept. Mo bis Fr 10–17; Okt.–April Di–Fr 10–17 Uhr; ganzjährig Sa 11–17, So 13–17 Uhr; geschl. 1. Jan., Karfreitag und 24.–26. Dez.
🚌 49, 56A, 77, 77A, 77B, 123
🚉 Tara Street, DART 💶 frei

⓬ Christ Church Cathedral
Der nordische König Sigtryggr Silkenbeard hat sie im 11. Jahrhundert

Nach Lust und Laune! 63

aus Holz erbaut, der Normanne Earl Strongbow errichtete sie ca. 150 Jahre später neu aus Stein: Damit ist sie der älteste Steinbau in Dublin. Sie wurde im 19. Jahrhundert mehr als gründlich restauriert, innen ist jedoch normannische Steinkunst erhalten geblieben.

»Strongbow's Tomb« befindet sich im Südschiff, aber der normannische Graf liegt vermutlich woanders begraben. Die ursprüngliche Krypta ist so lang wie die Kirche: Statuen, Gebeine von Monarchen und ein berühmt-makabres Schaustück, »Die Katze und die Ratte«, deren mumifizierte Reste man in einer Orgelpfeife fand.

✝ 202 A3
✉ Christ Church Place, Dublin 8
☎ 01 677 8099; www.cccdub.ie
🕓 Juni–Aug. tägl. 9–18, Sept.–Mai 9.45– 17 Uhr (oder 9–18 Uhr)
🚌 50 (Eden Quay); 78A (Aston Quay)
🚉 Tara Street, DART
💶 mittel

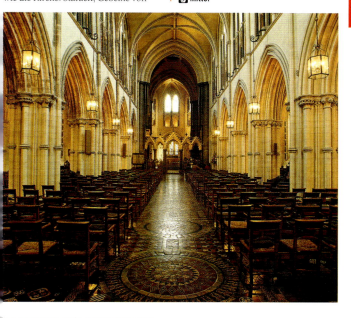

Das Innere von Christ Church Cathedral

ABSEITS DER MASSEN

Jeder sonnt sich gern in St Stephen's Green gleich südlich des Trinity College, doch wandern Sie einmal die Harcourt Street ein Stück nach Süden hinunter und entdecken Sie die weit weniger bekannten, ruhigeren und einsameren **Iveagh Gardens**. Der hübsche Park mit seinen Brunnen und alten Bäumen ist eine wunderbare grüne Zuflucht vor den Unbilden städtischer Hektik.

FÜR KINDER

Dublin Zoo (Tel. 01 474 8900; www. dublinzoo.ie, geöffnet im Sommer Mo–Sa 9.30–18, So 10.30–18 Uhr, im Winter Mo–Sa 9.30–16 Uhr, So 10.30– 16 Uhr; Eintritt: teuer) im Phoenix Park ist ein respektabler Tiergarten inmitten weiter, offener Flächen des Parks. Die Neueröffnung vom **The National Wax Museum** soll zu dem Zeitpunkt stattfinden, an dem dieser Reiseführer in Druck geht (Tel. 01 872 6340 für weitere Informationen).

64 Dublin

🔳 Guinness Storehouse

Irlands beliebtestes Gebräu ist bis heute in mehr Gegenden auf der Welt vorgedrungen als die Iren selbst. Dies sagt einiges über dieses Bier aus und so verwundert es nicht, dass viele Besucher Irlands unbedingt ein Guinness in dessen Heimat probieren wollen. Der Besuch dieser Ausstellung in der Brauerei zeigt auf, was die Anziehungskraft dieses »schwarzen Stoffes« ausmacht. Das Storehouse, das sich im Gebäude der ehemaligen Gärungsanlage befindet, erzählt die Geschichte von Arthur Guinness und seiner Brauerei. Es zeigt die Herstellung, die weltweiten Transportwege und die unterhaltsamen Werbekampagnen. Am Ende der Führung erhalten Sie in der Gravity Bar ein Glas Freibier. Dank der Panoramafenster bieten sich von hier spektakuläre Blicke über Dublin.

✚ 202, außerhalb A3 ✉ St James's Gate, Dublin 8 ☎ 01 408 4800; www.guinness-storehouse.com
🕐 tägl. 9.30–17 (Juli und Aug. bis 19 Uhr); geschl. Karfreitag und 24–26. Dez.
🚌 51B, 78A (Aston Quay), 90 (Connolly Station), 123 (O'Connell and Dame Street)
🚉 Heuston 💶 teuer

🔳 Phoenix Park

Das fast 800 Hektar große Gelände (Haupteingang etwa 1,5 Kilometer westlich des Stadtzentrums) ist der größte eingefriedete Stadtpark Europas. Dieses riesige Areal, das Mitte des 18. Jahrhunderts angelegt wurde, umfasst Wälder, Seen, Hügel, Bäche und Gärten – alles vor der Kulisse der Wicklow Mountains. Hier wohnt der irische Präsident in einem Herrenhaus, Áras an Uachtaráin. Ferner befinden sich hier: Ashtown Castle (17. Jh.) mit dem Besucherzentrum des Phoenix Park (Tel. 01 677 009); die US-Botschaft; St Mary's Hospital und

Der Phoenix Park ist ein perfekter Ort, um dem hektischen Stadtleben zu entfliehen

Nach Lust und Laune! 65

NÖRDLICH DES LIFFEY

Besuchen Sie doch mal das trendige Smithfield oder die prächtigen Märkte in der Moore Street (Obst, Gemüse und freche Sprüche) und Mary's Lane (Samstagmorgen; Pferde und Pferdehändler); oder Blessington Street Basin Gardens zu einem hübschen Spaziergang in einem alten Kanalbett; oder lassen Sie sich von den Mumien in der Krypta von St Michan's Church in der Church Street das Gruseln lehren.

der Zoo von Dublin. Ein prima Platz für ein Picknick!

🗺 202, außerhalb A3
✉ Haupteingang in der Parkgate Street, gegenüber Heuston Station; www.heritageireland.ie
☎ Visitor Centre 01 677 0095
🕐 Visitor Centre: tägl. 10–18 Uhr; letzter Einlass um 17.15 Uhr
🚌 37, 38, 39 nach Ashdown Gate; 10 nach NCR Gate, 70
🚉 Heuston, Luas
✋ Park: frei. Visitor Centre: preiswert

Außerhalb Dublins

Am besten fährt man mit DART (➤ 35), um die vielen Schönheiten der Umgebung von Dublin zu erkunden.

St Anne's Park

Dieser stille Park, 8 Kilometer vom Zentrum entfernt, ist eine grüne Lunge für den Nordosten der Stadt. Eine Anzahl hübscher Fußwege quert ihn – der schönste durchläuft das ausgedehnte Waldland des Parks, vorbei an Figuren und Tempeln, und taucht dann an der Küstenstraße wieder auf.

🗺 201 E5
🚉 Killester oder Harmonstown, DART

James Joyce Tower

Der Martello-Turm, der bei Sandycove über das Meer schaut, spielt am Anfang von James Joyces *Ulysses* eine Rolle. Der Autor wohnte 1904 einen Monat lang in dem Gemäuer. Heute ist darin eine Sammlung von Joyce-Kuriosa und -Andenken nebst Fotos, Büchern und einer Auswahl Briefen verwahrt. Vom Dach des Turmes, im frühen 19. Jahrhundert

zum Schutz vor einer möglichen Invasion Napoleons erbaut, bietet sich ein schönes Panorama.

🗺 201 E5
✉ Sandycove Point, Sandycove
☎ 01 280 9265
🕐 März–Okt. Mo–Sa 10–13, 14–17, So und Feiertags 14–18 Uhr; geschl. Nov.–Feb.
🚉 Sandycove, DART
✋ mittel

Dalkey

Diese ruhige, kleine Stadt am Meer, 14,5 Kilometer von Dublin-Mitte entfernt, ist nicht so sehr ein Seebad wie eine Zuflucht für betuchte Pendler. Denen dürfte das Gewirr enger Gassen ein angenehmes Gefühl des »Aus-der-Welt-Seins« bescheren.

🗺 201 E5 🚉 Dalkey, DART

Killiney

Killiney ist heute ein exklusiver Ort, »Refugium an der Küste« für Rockstars, Künstler und andere arrivierte Dubliner Aussteiger. Wenn Sie genügend Berühmtheiten erspäht haben, klettern Sie am besten auf den Killiney Hill und genießen die prächtige Aussicht über Dublin Bay zum Howth Head.

🗺 201 E5 🚉 Killiney, DART

Bray

Bray ist ein abgetakeltes, verblichenes Seebad, 24 Kilometer vom Zentrum entfernt, mit guten Stränden und einer Unzahl billiger und lauter Vergnügungen. Möglicherweise werden Sie einem Spaziergang durch die schöne, windgezauste Küstenlandschaft um Bray Head den Vorzug geben.

🗺 201 E5 🚉 Bray, DART

ST VALENTINE'S SHRINE

Haben Sie sich je gefragt, ob der hl. Valentin wirklich gelebt hat? Er hat, und er starb in Rom am 14. Februar 269 den Märtyrertod. Aus irgendeinem Grund befinden sich seine Überreste in Dublin, wo sie in einer schönen, schwarz-goldenen Truhe unter einem Altar der Whitefriar Street Church (56 Aungier Street) besichtigt werden können.

Wohin zum ... Essen und Trinken?

Preise

Sie zahlen pro Person und Mahlzeit, ohne Getränke und Bedienungsgeld, ca.

€ unter 15 Euro   €€ 15–30 Euro   €€€ über 30 Euro

Il Baccaro €€

Dieses gemütliche, informelle Restaurant liegt an der Ecke zum Meeting House Square in einem Keller aus dem 17. Jahrhundert. Sie treten in einen fassförmigen Raum mit unverputzten Ziegelwänden, wo das italienische Personal verführerische Gerichte, wie zum Beispiel Bresaola Grana e Rucola (gepökeltes Rindfleisch aus Norditalien mit Grana-Käse und Rucola) zubereitet. Zu den Hauptspeisen zählen Fleisch-, Fisch- und vegetarische Gerichte. Außerdem gibt es leckere Pasta.

➕ 202 B3 ◻ Diceman's Corner, Meeting House Square, Dublin 2 ☎ 01 671 4597
◷ Lunch So 12 Uhr, Dinner tägl. 18–23 Uhr

Butler's Chocolate Café €

An alle Schokoholiker, Schokoladenjunkies, Liebhaber von Schokoüberraschungen und riesigen Schokoleckereien – hier ist das Schokoladenparadies. Sie können die himmlische Schokolade heiß oder als Milchshake mit Sahne genießen, sie als Fondant auf der Zunge zergehen lassen oder an traumhaften Schokokuchen und Croissants knabbern. Zum Teufel mit der Waage – Butler's ist die Funky Town der Schokolade.

➕ 202 B2 ◻ Chatham Street, Dublin 2 ☎ 01 672 6333; www.butlerschocolates.com
◷ Mo–Mi 9–18, Fr 8–19, Do 8–21, Sa 9–19, So 11–19 Uhr

Cornucopia €–€€

Das vegetarische Restaurant nahe der Grafton Street besteht schon lange und ist wegen seiner Atmosphäre und der einfallsreichen Küche (Champignons gefüllt mit Walnüßen und Käse, Karottensuppe nach marokkanischer Art, gerösteten Gemüsetaschen) noch immer beliebt. Brote und Kuchen sind selbst gebacken. Die Speisekarte wechselt täglich und berücksichtigt Schonkost.

➕ 202 B3 ◻ 19 Wicklow Street, Dublin 2 ☎ 01 677 7563 ◷ Mo–Sa 8.30–20 (Do bis 21 Uhr), So 12–18 Uhr; geschl. 1.Jan., Ostersonntag und 3 Tage an Weihnachten

Excise Bistro €€

Eine aufregende Ergänzung von Dublins Restaurantszene. Das Restaurant liegt im Herzen des Finanzdistrikts und ironischerweise in einem umgebauten Lagerhaus, in dem früher Waren bis zu ihrer Verzollung gelagert wurden. Das Interieur ist eine Fusion aus Alt und Neu, und das Ambiente kombiniert Gemütlichkeit mit Chic. Auf der Speisekarte stehen mediterrane Fischund Fleischgerichte, Pasta und Risotti die mit viel Flair serviert werden.

➕ 202 C3 ◻ Lower Mayor Street, IFSC, Dublin 1 ☎ 01 672 1874; www.excisebar.ie
◷ Mo–Fr 12–14.30, 17–22, Sa–So 17–22 Uhr

Jacobs Ladder €€€

Dieses coole Etagenrestaurant, nahe beim Trinity College, bildet einen hübschen Rahmen für die gute Küche im modern irischen Stil mit internationaler Färbung. Zu ausgewogenen Menüs der Saison zählen immer mehrere einfallsreiche vegetarische Gerichte sowie irische Spezialitäten wie carragen (essbarer Seetang).

➕ 202 C2 ◻ 4 Nassau Street, Dublin 2 ☎ 01 670 3865; www.jacobsladder.ie
◷ Lunch und Dinner Di–Fr., Dinner Sa; geschl. 3 Wochen um Weihnachten

Mao €€

Dieses 1997 gegründete Café schenkte Dublin eine neue Form von Esskultur in minimalistischem Setting und peppiger Atmosphäre. Die asiatische »Fusionküche« wurde mit Gerichten

Wohin zum ...

wie Chili-Tintenfisch schnell beliebt. Thailändische Fischkuchen und Pfannengerichte, die einem das Wasser im Munde zusammen laufen lassen, werden auf Bestellung frisch zubereitet. Keine Reservierungen.

+ 202 B2 ⊠ 2–3 Chatham Row, Dublin 2
☎ 01 670 4899; www.cafemao.com
◑ tägl. 12–23 Uhr

The Mermaid Café €–€€

Der Stil dieses gastlichen Hauses am Rande von Temple Bar ist entschieden modern, aber nicht minimalistisch. Probieren Sie die verschiedenen irischen Käsesorten und exzellente sowie ungewöhnliche Weine.

+ 202 A3
⊠ 69/70 Dame Street, Dublin 2
☎ 01 670 8236; www.mermaid.ie
◑ Lunch und Dinner Mo–Sa, So Brunch 12–15.30 Uhr; geschl. Weihnachtswoche

M J O'Neill's Public House €

O'Neill's ist ein künstlerisch angehauchter Ort mit einer berühmten dreigesichtigen Uhr und die Art traditioneller Eckkneipe, die als »Warenhaus« gestaltet wurde. Gebratenes Fleisch ist hier das Hauptangebot: Heißer Braten mit Kartoffeln und leckerem Gemüse gefolgt von einem köstlichen, kalorienhaltigen Pudding und einigen der besten pints Guiness in Dublin.

⊠ Suffolk Street, Dublin 2 ☎ 01 679 3656
◑ Mo–Sa 12–22.15, So 12.30–22.15 Uhr

O'Connell's €€

Wenn Sie auf der Suche nach hervorragendem, phantasievoll zubereitetem Essen aus ausgewählten Zutaten sind, dann sind Sie hier genau richtig und herzlich willkommen. Auf der Speisekarte finden Sie Angaben zu Hersteller und Herkunft – ein sehr angenehmer Vertrauensbonus.

+ 202, bei C1 ⊠ Bewley's Hotel, Merrion Road, Ballsbridge, Dublin 4 ☎ 01 668 1111; www.oconnellsballsbridge.com ◑ Lunch Mo–Fr 17.30–22, Sa, So 17.30–21.30

Old Jameson Distillery €

Im anziehend hellen, caféähnlichen Room Restaurant sind Selbst- und Tischbedienung richtig gemischt. Es gibt leichte Speisen und die Einheimischen stehen zum Lunch an, um sich gelungene irische Spezialitäten wie Speck und Kohlsuppe oder John-Jameson-Kasserolle nicht entgehen zu lassen.

+ 202, außerhalb A3 ⊠ Smithfield, Dublin 8 ☎ 01 807 2715 ◑ tägl. 12–17 Uhr; geschl. Karfreitag und 25. Dez

Queen of Tarts €

Der ultimative kleine Teeladen mit viel Herz. Die freundlichen Inhaber sorgen für ein gesundes Frühstück, eine willkommene Kaffeepause, fabelhaftes Mittagessen oder einen genussvollen Nachmittagstee. Zu den Spezialitäten gehören schmackhafte Pasteten und riesige Sandwiches, gesunde Salate und leckere Kuchen und Gebäcke, alles hausgemacht. Es gibt nur wenige Tische, aber quetschen Sie sich rein – es lohnt sich.

+ 202 A3 ⊠ 3 Cork Hill, Dame Street, Dublin 2 ☎ 01 670 7499
◑ Mo–Fr 7.30–19, Sa 9–18, So 10–18 Uhr

23 €€€

In modernem, aber gemütlichem Ambiente werden hauptsächlich Gerichte aus lokalen Erzeugnisse serviert. Beginnen Sie zum Beispiel mit getrockneten Jakobsmuscheln als Vorspeise, gefolgt von einem Filet aus irischem Rindfleisch und runden Sie das Ganze mit einer Nachspeise aus Erdbeersuppe, Passionsfrüchten und Mousse aus weißer Schokolade ab.

+ 202 B4 ⊠ The Gresham, 23 Upper O'Connell Street, Dublin 1
☎ 01 817 6116; www.gresham-hotels.com
◑ Mo–Sa 17.30–22.30 Uhr

Ukiyo Bar €€€

Dublins erste und einzige Sake Bar mit Karaoke-Anlage. Im ersten Stock gibt es auch ein gutes Restaurant. Schlichtheit und Qualität sowie eine Küche mit japanischem und koreanischem Einfluss. Hier sitzen Sie an niedrigen Tischen und können die Teller tauschen und mit verschiedenen Geschmacksrichtungen experimentieren.

+ 202 B4
⊠ 7–9 Exchequer Street, Dublin 2
☎ 01 633 4071; www.ukiyobar.com
◑ Lunch Mo–Sa 12–16, Dinner tägl. 17–23 Uhr

Wohin zum ... Übernachten?

Preise

Sie zahlen pro Person für ein Doppelzimmer ohne Steuern ca.

€ unter 70 Euro   €€ 70–130 Euro   €€€ über 130 Euro

Aberdeen Lodge €€

Dieses restaurierte edwardianische Haus im Botschaftsviertel Dublins ist ein reizendes Privathotel. Die Zimmer sind groß und komfortabel eingerichtet, zwei sind Suiten mit Whirlpool.

🚇 202, außerhalb C3
✉ 53–55 Park Avenue, Ballsbridge, Dublin 4
☎ 01 283 8155;
www.halpinsprivatehotels.com
🕐 ganzjährig geöffnet

The Clarence €€€

Dieses am Liffey gelegene Hotel aus der Mitte des 19. Jahrhunderts, im Besitz von U2, bietet den Luxus und die Annehmlichkeiten, die die vielen Stars, die hier absteigen, erwarten.

Das schicke Hotelrestaurant **The Tea Room** steht in Dublin hoch im Kurs, und die eichengetäfelte Octagon Bar ist der Treffpunkt in Temple Bar.

🚇 202 A3
✉ 6–8 Wellington Quay, Dublin 2
☎ 01 407 0800; www.theclarence.ie
🕐 ganzjährig geöffnet

Harding €

Dieses Hotel ist definitiv eine Perle im unteren Preissegment. Sie blicken auf die Christ Church Cathedral und sind schnell bei allen wichtigen Sehenswürdigkeiten Dublins. Auch Temple Bar liegt nur einen Steinwurf entfernt. Dieses zweckmäßig gebaute Hotel verfügt über 53 Zimmer, ist attraktiv gestaltet und nett eingerichtet.

🚇 202 A3
✉ Copper Alley, Fishamble, Dublin 2
☎ 01 679 6500;
www.hardinghotel.ie
🕐 geschl. 3 Tage an Weihnachten

Jurys Inn Christchurch €€

Dieses moderne Hotel in zentraler Lage nahe Temple Bar bietet Übernachtungen zum festen Zimmerpreis. Die geräumigen, gut möblierten Zimmer für drei Erwachsene (oder zwei Erwachsene und zwei Kinder) werden Sie angenehm überraschen, ebenso Telefon mit Direktwahl und die kleinen, schlichten Badezimmer mit Wanne und Dusche. Es gibt keinen Zimmerservice, doch Pub und Restaurant sind vorhanden.

🚇 202 A3
✉ Christchurch Place, Dublin 8
☎ 01 454 0000; www.jurysdoyle.com
🕐 geschl. 24.–26. Dez.

Kilronan House €€

Dieses Haus im Georgianischen Stil bietet ein friedliches Ambiente. Von hier aus können Sie St. Stephen's Green und die National Concert Hall zu Fuß erreichen. Die Einrichtung ist sehr elegant und originell. Die Kronleuchter sind von Waterford Crystal. Die Zimmer bieten duftige Bettwäsche und orthopädische Betten, Fernseher, Getränke und kleine Körbchen mit Toilettenartikeln. Das Frühstücksangebot mit geräuchertem Lachs, Plankuchen, frischem Obst und traditionellem irischen Frühstück ist etwas Besonderes auf dem Speiseplan

🚇 202, B1
✉ 70 Adelaide Road, Dublin 2
☎ 01 475 5266; www.dublinn.com
🕐 ganzjährig geöffnet

Merrion €€€

Das Merrion, der Inbegriff von entspanntem Luxus, besteht aus vier Georgianischen Stadthäusern und bietet wunderschöne Zimmer und Suiten im Stil des 18. Jahrhunderts. Opulente Marmorbäder vollenden das Ganze. Im Erdgeschoss werden Sie im Winter von einladenden Torffeuern begrüßt, und in der

Spa- und Poolanlage können Sie entspannen. Zu den hervorragenden Restaurants und Bars gehört das gefeierte Patrick Guilbaud, das als eines der besten Restaurants in Dublin gilt.

🚇 202, C2
✉ Upper Merrion Street, Dublin 2
☎ 01 603 0600; www.merrionhotel.com
🕐 ganzjährig geöffnet

Raglan Lodge €€

Ruhig gelegen und doch nur einen kurzen Spaziergang vom Stadtzentrum entfernt, bietet diese elegante viktorianische Villa ungewöhnlich komfortable Zimmer mit allen Annehmlichkeiten. Raglan Lodge ist eine der reizvollsten Privatunterkünfte der Stadt, nicht zuletzt wegen seines ausgezeichneten Frühstücks. Zum Service gehören Theaterreservierungen und ein privater Parkplatz.

🚇 202, außerhalb C1
✉ 10 Raglan Road, Dublin 4
☎ 01 660 6697;
🕐 geschl. 2 Wochen um Weihnachten

Wohin zum ... Einkaufen?

Geschäftszeiten

Übliche Geschäftszeiten sind 9.30–17.30 Uhr, donnerstags bis 20 Uhr für den späten Einkauf. Viele Läden haben sonntags geöffnet, meist von 12 bis 17 oder 18 Uhr.

Das Haupteinkaufsviertel der Dubliner Innenstadt umspannt den Liffey von der verjüngten Henry Street und O'Connell Street (am Nordufer) zur exklusiveren Grafton Street (Südufer). Manche der Einkaufstempel gibt es nur in Dublin, darunter Kaufhäuser wie Arnotts (Henry Street), Clery's (O'Connell Street) und das ultraschicke Brown Thomas (Grafton Street). Internationale Marken sind überall vertreten, besonders in Stephen's Green Centre am Anfang der Grafton Street und Jervis Centre an der Mary Street nördlich des Liffey, aber es sind die privaten Fachgeschäfte und Boutiquen, die den Shopping-Spaß in Dublin ausmachen.

IRISCHE PRODUKTE

Südlich des Flusses finden Sie um die Grafton Street feine, kleine Läden mit kosmopolitischem Flair. Entlang **Nassau Street** reihen sich Geschäfte für irische Qualitätswaren wie Tweeds, Wolle, Keramik und Kristall. **Kilkenny** ist bekannt für neuzeitliche irische Mode in Naturstoffen (für Herren und Damen) sowie Silberschmuck, Töpferwaren und Kunsthandwerk. Kilkenny ist auch für eine Mahlzeit gut, da es seine eigenen Spezialitäten offeriert. Das nahe **Blarney Woollen Mills** ist auf Tweeds und Pullover spezialisiert. **Kevin & Howlin** ist der richtige Ort für herkömmliche, handgewebte Tweed-Sakkos, Anzüge und Hüte für Herren, während das **House of Ireland** als Eldorado für Geschenke in Frage kommt, das eine breite Auswahl typisch irischer Produkte wie Kristall, Tweeds und Wollsachen führt.

BÜCHER UND ANTIQUITÄTEN

Bei **Cathach Books** (Duke Street) gibt es antiquarische Bücher, **Books Upstairs** (College Green) ist klein aber exzellent, während **Hodges & Figgis** in der Dawson Street, die größte Buchhandlung der Stadt, gegenüber einem **Waterstones** liegt.

Dublins lange handwerkliche Tradition macht es zu einem guten Revier für Antiquitäten. Der Handel konzentriert sich auf Dublins ältestes Viertel, The Liberties, Francis Street ist ein besonderer Schwerpunkt. Das

Wohin zum ... Ausgehen?

Powerscourt Townhouse Centre (South William Street), Stadtpalais aus dem 18. Jahrhundert und heute elegantes Einkaufszentrum, hat eine Antiquitätengalerie, die vor allem Silber und Porzellan verkauft. Auch die HQ Gallery des Crafts Council of Ireland ist hier untergebracht. Wunderschöne Tücher und Webwaren von der **Avoca Handweavers Mill** (County Wicklow) finden Sie im Laden in der Suffolk Street.

Märkte

Die besten Lebensmittel aus Eigenbau finden Sie jeden Samstag auf dem **Temple Bar Market** (Meeting House Square). **Mother Redcap's**, eine Markthalle in der Back Lane (Christchurch, geöffnet Fr–So 11–18 Uhr), verkauft alles Mögliche, vieles davon gebraucht. Im **Tower Design Centre** (Pearse Street, Tel. 01 677 5655) können Sie Kunsthandwerker bei der Arbeit zuschauen und z. B. Seidenmalereien, Schmuck, Designer-Strickwaren, Zinngeschirr und Holzartikel erwerben.

Einzelheiten zu Theater, Kino, Musik, Sportveranstaltungen und Festivals finden Sie in den Tageszeitungen (*Irish Times*, siehe www.ireland.com), dem Magazin *In Dublin* (14-tägig) und *Events of the Week*, einem kostenlosen Blatt, das in Pubs und Gästehäusern ausliegt. Auch das Dublin Tourism Centre an der St Andrew's Church, Suffolk Street, Dublin 2 (Tel. 01 605 7700), hilft weiter.

BERÜHMTE PUBS

Spontan-Unterhaltung gibt es in diesen Dubliner Pubs: **Doheny and Nesbitt** (5 Lower Baggot Street, Tel. 01 676 2945) empfiehlt sich mit »Politiker-Derblecken«, während das entzückende **Toner's** (139 Lower Baggot Street) das einzige Pub sein soll, das W. B. Yeats je betreten hat. James Joyce ist nur einer der Literaten, die im **The Duke** (9 Duke Street) zu Gast waren.

NACHTLEBEN

Pub music **O'Donoghue's** (15 Merrion Row, Tel. 01 661 4303) hat einen Namen, und **The Brazen Head** (20 Lower Bridge Street, Tel. 01 679 5186), Dublins ältestes Pub, serviert Ihnen traditionelle Musik und gutes Essen. Das Hotel **Jurys** (Ballsbridge, Tel. 01 660 5000) bietet regelmäßig Kabarett. **Johnnie Fox's** liegt außerhalb (Glencullen, Tel. 01 295 5647) und ist für seine »Hooley Nights« bekannt; **Howth's Abbey Tavern** (Tel. 01 839 0307) bietet traditionelle irische Musik als Bühnenshow. In **Taylors Three Rock Bar** in Rathfarnham (Tel. 01 494 2999) wird in den Räumen getanzt. Irische und internationale Künstler treten in **The Village Bar** (26 Wexford Street, Tel. 01 475 8555) und **Whelan's** (25 Wexford Street, Tel. 01 478 0766) auf.

Nachtclubs Happening bands tun sich im **Sugar Club** hervor (Lower Leeson Street, Tel. 01 678 7188), während im **Traffic** (Middle Abbey Street, Tel. 01 873 4038) Club Swirl und Acid Disco aufgelegt werden. In den Theatern **Gaiety** (South King Street, Tel. 01 677 1717) und **Olympia** (Dame Street) finden am späten Abend Musikveranstaltungen statt. Näheres über diese Shows und das Programm von **National Concert Hall** (Earlsfort Terrace) und **The Point** erfahren Sie aus Zeitungen und Programmheften. Der **Comedy Cellar** (International Bar, Wicklow Street, Tel. 01 677 9250) bietet jeden Mittwoch irische und internationale Comedy im Obergeschoss.

Ostirland

Erste Orientierung	72
In drei Tagen	74
Nicht verpassen!	76
Nach Lust und Laune!	85
Wohin zum …	89

72 Ostirland

Erste Orientierung

Ostirland hat heimliche Reize, mit denen es Ihren Besuch reichlich belohnen wird. Die Wicklow Mountains – Dublins eigenes Minigebirge – beginnen schon an der südlichen Türschwelle der Stadt und erstrecken sich mit schöner Steilküste und langen Sandstränden südwärts. Südlich davon zerschneiden große Flusstrichter (Paradies für Vogelbeobachter) die Südostecke Irlands um Wexford und Waterford. Westlich von Dublin breiten sich die weiten, offenen Flächen von The Curragh im County Kildare (bestes Pferdeland) aus, während nördlich der Stadt grünes Farmland die Szenerie beherrscht.

Überall eingestreut finden sich die bedächtigen Kleinstädte und Dörfer, wie sie für das ländliche Irland typisch sind. Hier läuft das Leben so bedächtig wie sonst nur im Westen, aber mit der halben Menge Touristen, obwohl die Hauptsehenswürdigkeiten Ostirlands zu den bedeutendsten des Landes gehören. Mögen sich die Dubliner zur Erholung in die Wicklow-Berge südlich der Stadt begeben oder in den Shops von Avoca ihre Strickwaren kaufen, viele Touristen suchen ihr Vergnügen weiter westlich – und starten durch zu den dramatischen Landschaften von Galway und Clare. Umso mehr Spielraum für jene also, die sich ein paar Tage in dieser geruhsamen Ecke Irlands gönnen!

Die Hügel von Wicklow sind ideal zum Wandern und noch besser zum Besichtigen, wenn man an die Klosterstätte von Glendalough denkt. Unten in Waterford können Sie bei der Herstellung von Waterford-Kristall zuschauen und sich dann ein Exemplar der weltberühmten Fabrikate kaufen. Kilkenny ist die reizvollste mittelalterliche Stadt Irlands. Es gibt Pferde-Kuriosa bei National Stud und im Pferdemuseum bei Kildare zu besichtigen – neben der Chance, Vollblüter über den Curragh galoppieren zu sehen. Reste

★ Nicht verpassen!

1 Wicklow Mountains, Co. Wicklow ► 76

2 Waterford Crystal, Co. Waterford ► 79

3 Kilkenny, Co. Kilkenny ► 80

4 Newgrange und Brú na Bóinne Irish Heritage Site, Co. Meath ► 81

Seite 71:
Die Kirche und der alte Friedhof von Glendalough

Nach Lust und Laune!

5 Die Küste von Wicklow, Co. Wicklow ► 85

6 Wexford Wildfowl Reserve, Co. Wexford ► 85

7 Irish National Heritage Park, Co. Wexford ► 85

8 Jerpoint Abbey, Co. Kilkenny ► 86

9 Rock of Cashel, Co. Tipperary ► 86

10 Dunmore Cave, Co. Kilkenny ► 86

11 Die Hochkreuze von Moone und Castledermot, Co. Kildare ► 87

12 Irish National Stud, Irish Horse Museum und Japanese Gardens, Co. Kildare ► 87

13 Hill of Tara, Co. Meath ► 88

14 Monasterboice, Co. Louth ► 88

Erste Orientierung 73

einer ruhmreichen Kirchengeschichte spiegeln sich in den uralten Kirchen und Rundtürmen von Monasterboice und Rock of Cashel bis zu den reich verzierten Hochkreuzen von Moone und Castledermot.

Der erste Rang gebührt allerdings dem einzigartigen steinzeitlichen Ganggrab von Newgrange nördlich von Dublin mit seinen rätselhaften, in Stein gravierten Wirbelmustern. Eine der unvergesslichen Erfahrungen in Irland ist es, durch den uralten Steinkorridor zur Kammer im Herzen des Grabhügels zu kriechen, wohin die Sonne zur Wintersonnenwende noch immer ihren Weg findet, so wie sie es 5000 Jahre lang zur Feier von Tod und Wiedergeburt getan hat.

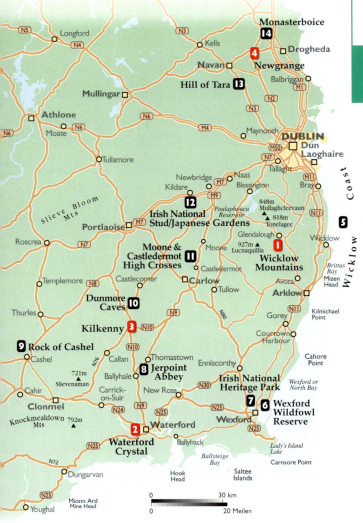

Ostirland

In drei Tagen

Wenn Sie sich nicht sicher sind, wo Sie Ihre Reise beginnen möchten, empfiehlt diese Route eine praktische dreitägige Reise durch den Osten Irlands mit den wichtigsten Sehenswürdigkeiten. Sie können dazu die Karte auf der vorangegangenen Seite verwenden. Weitere Informationen finden Sie unter den Haupteinträgen.

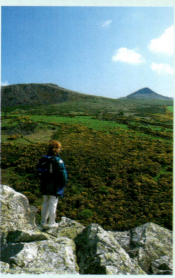

Erster Tag

Vormittags
Verlassen Sie Dublin (N 81 oder N 11) früh genug, um sich am Vormittag in Ruhe durch die ❶ **Wicklow Mountains** (links, ▶ 76f) zu tasten und mindestens eine Stunde Zeit für **Glendalough** (oben) aufzubringen. Steuern Sie rechtzeitig Avoca an, um einen Blick in das **Avoca Handweavers** zu werfen, um dann Ihren Lunch in Fitzgerald's Pub einzunehmen.

Nachmittags
Fahren Sie weiter südwärts über Arklow nach Enniscorthy. Wenn die Zeit reicht, biegen Sie hier nach Süden ab und fahren Sie eine halbe Stunde nach ❻ **Wexford** und zum **Vogelschutzgebiet** der Marschen von North Slob (▶ 85). Ansonsten fahren Sie nach Südwesten und übernachten in Waterford.

In drei Tagen

Zweiter Tag

Vormittags
Nehmen Sie sich etwa eine Stunde Zeit für die Fabrik und das Besucherzentrum von ❷ **Waterford Crystal** (➤ 79). Fahren Sie dann die 50 Kilometer nördlich nach ❸ **Kilkenny** (oben, ➤ 80), das wenigstens zwei Stunden für die Besichtigung und einen Lunch-Stopp verdient.

Nachmittags
Steuern Sie von Kilkenny nordwärts nach Portlaoise; dann nordöstlich über Portarlington und Edenderry durch den Bog of Allen, eines der ausgedehntesten und eindrucksvollsten Torfmoore Irlands. Dieses weite, wilde, flache Land stößt entweder ab oder fasziniert, je nach Stimmung. Fahren Sie weiter nach Trim, mit seiner Normannenburg schön am River Boyne gelegen; dann vorbei an den prächtigen Ruinen von Bective Abbey nach Navan.

Dritter Tag

Vormittags
Fahren Sie nordwestwärts nach ❹ **Brú na Bóinne** und zum Ganggrab von **Newgrange** (➤ 81ff) – die Stätte verdient mindestens einen ganzen Vormittag.

Nachmittags
Genießen Sie Ihren Lunch im historischen Drogheda. Folgen Sie dann der N 1 zur Küste bei Balbriggan, bevor Sie sich nach Süden zur Hauptstadt wenden; oder wählen Sie die ländliche und reizvolle R 108 und rollen Sie gemütlich über Naul und Ballyboghil zurück.

Die Wicklow Mountains

Diese Bergkette, die die Skyline von Dublin überragt, übt an Wochenenden eine unwiderstehliche Anziehungskraft auf tausende Stadtbewohner aus, die Frische und Freiheit des »Gartens von Irland« genießen wollen.

Reizvolle Straßen führen von Dublin in die Wicklow-Berge. So können Sie sanft von Bray an der Nordostküste heranrollen, großartig von Westen her über den Sally Gap oder den Wicklow Gap anreisen oder sich vor Norden her über den Powerscourt Mountain schlängeln. Der Genuss dieser Berge ist am vollkommensten, wenn man Nebenstraßen benutzt und die schönen Pässe, Täler und abgelegenen Naturlandschaften für sich selbst erkundet. Die größte Sehenswürdigkeit ist ohne Zweifel das Tal von Glendalough mit seinen verstreuten Resten eines Klosters im Herzen der Berge.

Die Wicklow-Berge, die die Gegend im Süden der Hauptstadt prägen, erreichen nicht die Höhen der großen Gebirge der Erde; ihr höchster Gipfel, Lugnaquilla, misst 925 Meter, die meisten übrigen sind kaum höher als 850 Meter. Dank örtlicher Wanderrouten und dem Fernwanderweg Wicklow Way, der die Berge von Norden nach Süden quert, sind sie ideal zum Wan-

Der Round Tower in Glendalough liegt inmitten der sanft gewellten Silhouette der Wicklow Mountains

Die Wicklow Mountains

dern. Wicklow ist das am dichtesten bewaldete County Irlands. Ausgezeichnete Waldwanderwege sind im Devil's Glen im östlichen Teil der Berge, bei Djouce Woods nahe Powerscourt, bei Ballinafunshoge in Glenmalure südlich von Glendalough sowie um Glendalough selbst zu finden.

Glendalough

Die Klosterstätte von Glendalough bietet einen **Round Tower** (33 m hoch) aus dem 11. Jahrhundert, die **St Kevin's Kitchen** aus dem 12. Jahrhundert (eigentlich ein schönes, aus Stein gebautes Oratorium) sowie großartige Blicke auf den See und die umgebenden Berge. Möglicherweise schon im 6. Jahrhundert gegründet, erwarb das Kloster europaweit Geltung als Hort der Gelehrsamkeit. Sein berühmtestes Mitglied im 6. Jahrhundert (manche sagen, sein Gründer) war der hl. Kevin aus dem Königshaus von Leinster.

An sonnigen Ferienwochenenden im Sommer wird man vergebens nach dem »Paradies der Stille« suchen, als das es sich während ruhiger Frühlings- oder Herbstabende präsentiert.

KLEINE PAUSE

In den Wicklow Mountains sollten Sie im **Roundwood Inn** (▶ 89) einkehren, wo man Ihnen in zwangloser Umgebung leckere Speisen serviert. In Avoca bieten sich **Fitzgerald's Pub** oder die **Avoca Handweavers** an (▶ 89).

🞣 201 D4
✉ Unmittelbar südlich von Dublin, über N 81, dann R 759 oder R 756. Alternativ dazu N 11, dann R 755 oder R 115.
Touristen-Information
County Wicklow Tourism, Rialto House, Fitzwilliam Square, Wicklow.
☎ 0404 69117; www.wicklow.ie/tourism

AVOCA

Im Dorf Avoca im Süden der Wicklow Mountains befindet sich Irlands ältester Handwebbetrieb; es gibt ausgezeichnete handgewebte Textilien zu kaufen. Anfahrt: Von Glendalough 21 Kilometer nach Süden (R 755 bis Rathdrum; R 752 bis Avoca).

RESERVOIR ROAD

Eine landschaftlich schöne Route, die sich am Ufer des Poulaphouca-Stausees zwischen Blessington und Hollywood entlangschlängelt – gut als Einführung (oder Abschied) in die Wicklow Mountains.

DIE WICKLOW MOUNTAINS: INSIDER-INFO

Top-Tipps: Sie gelangen von **Dublin** zu den Denkmälern und Seen von **Glendalough** über N 81 South in Richtung Wexford; biegen Sie dann in Hollywood (40 km) links auf die R 756 und fahren Sie durch den Wicklow Gap nach Glendalough.

■ Zum **Wandern in den Wicklow-Bergen** sollten Sie eine gute Karte benutzen. Die irischen OS-Blätter 56 und 62 (1:50 000) decken das Gebiet im Detail ab.

Geheimtipp: Die **Nebenstrecke**, die im Osten von Laragh und Glendalough Trooperstown Hill (fast) umgeht, ist ein reizvoller, 14,5 Kilometer langer Mäander, der von eiligen Touristen meist links liegen gelassen wird.

WATERFORD CRYSTAL: INSIDER-INFO

Top-Tipps: Wenn Sie das Gedränge vermeiden wollen (Waterford Crystal ist eine der größten Touristenattraktionen Irlands), wählen Sie die **frühmorgendliche Führung**. In der Hauptferienzeit sollten Sie Ihren Platz im Voraus buchen.

- Wählen Sie die **ruhigere R 733** als Alternative zur Hauptroute N 25 Wexford–Waterford. Sie führt Sie auf die Halbinsel Hook Head östlich von Waterford Harbour. Beachten Sie die alten Burgen von Ballyhack und Slade und das Küstenpanorama.

Geheimtipp: Freitags können Besucher mit etwas Glück Spannendes erleben, wenn schwitzende Arbeiter hinter grimmigen Gesichtsmasken **geschmolzenen Kristall** aus dem grellen Schein eines 1400 °C heißen Ofens ziehen.

Waterford Crystal

2 # Waterford Crystal

Wenn man zuschaut, wie ein Stück Waterford-Kristall allmählich Gestalt annimmt, dann ist das so, als erlebe man einen geschickten Zaubertrick: Man ist in jeder Phase dabei – und am Ende vom Ergebnis doch überrascht.

Waterford Crystal ist sich als kommerzieller Betrieb seines internationalen Rufes durchaus bewusst; so kann es passieren, dass Sie sich bei der Führung durch die Glaswerkstätten ein wenig wie ein Schaf in einer Herde vorkommen.

Die begehrten Glasobjekte werden in derselben Stadt an der Südküste Irlands und annähernd auf die gleiche Art hergestellt wie 1783, als die englischen Brüder William und George Penrose die Firma gründeten. Handwerkliches Können, das Gespür dafür, wann ein Stück vollendet ist, und viele Stunden Praxis sind auch heute noch die notwendigen Voraussetzungen.

Bei Ihrem Gang durch die Fertigung werden Sie sehen, wie Sand (Silizium), *litharge* (Bleimonoxid) und Pottasche – jedes für sich ohne besonderen Reiz – im Ofen vermengt, dann ausgezogen und schließlich zu glühenden Kugeln geschmolzenen Kristalls geblasen werden. Wenn der Kristall in hölzernen oder eisernen Formen geklopft und geglättet wird, nimmt er allmählich eine rauchige Transparenz an.

Der nächste Schritt ist das Schleifen; jeder Handwerker an seiner Scheibe fräst dabei die typischen, tiefen Keil- und Wirbelmuster in den abgekühlten Kristall. Dieser kommt dann in die Gravier- und Skulpturwerkstatt, wo Glaskünstler zarte Muster ins Glas schneiden. In allen Stadien des Prozesses sind die Mitarbeiter gerne bereit, ihr Tun zu erklären und Fragen zu beantworten.

Danach können Sie Kristall im Ausstellungsraum kaufen. Jedes unvollkommene Objekt wird allerdings schon in der Fabrik vernichtet.

KLEINE PAUSE

Genießen Sie eine zwanglose Mahlzeit in **The Wine Vault**, einer Weinbar im ältesten Teil Waterfords.

Jedes Stück Kristall wird sorgfältig geprüft, bevor es die Fabrik verlässt

✚ 200 C3
✉ Kilbarry, Cork Road, Waterford
☎ 051 332 500;
www.waterfordvisitorcentre.com
🕐 Führungen:
März–Okt. tägl. 9–18 (letzte Führung um 16.15 Uhr);
Nov.–Feb. Mo–Fr 9.30–17 Uhr (letzte Führung um 15.15 Uhr).
Besucherzentrum:
März–Okt. tägl. 9.30–18;
Nov.–Feb. tägl. 9–17 Uhr 🖐 mittel

ALTE HANDWERKSKUNST

Die Kunst des Intaglio (Gravur in Glas mit Werkzeugen aus Kupfer), die bei Waterford Crystal praktiziert wird, reicht einige tausend Jahre bis in die Bronzezeit zurück und hat sich seitdem kaum verändert.

80 Ostirland

3 Kilkenny

Krieg und raue Zeiten haben dieses mittelalterliche Juwel regelmäßig heimgesucht – und ihm eine imposante Burg, eine festungsartige Kathedrale und ein Labyrinth von steilen Nebenstraßen mit altertümlichen Häusern beschert. Fragen Sie im Touristenbüro nach Pat Tynans einstündiger Fußgänger-Tour, einer amüsanten Einführung in die historische Stadt.

Kilkenny Castle ist der gelungene viktorianische Nachbau einer normannischen Festung des 12. Jahrhunderts, schön an einer Biegung des River Nore gelegen und von waldigem Parkland umgeben, das zum Spazierengehen einlädt. Am anderen Ende der weitläufigen High Street liegt **St Canice's Cathedral**, ein bulliges Bollwerk aus dem 13. Jahrhundert, gekrönt von einem turmartigen Stummel, der wie ein eingezogener Kopf zwischen den hohen Schultern der Dächer wirkt.

Die Lange Galerie im Kilkenny Castle

Das Schiff ist voll schöner, alter Steinplastiken und Grabplatten – eine Schatzkammer der Steinmetzkunst.

Steigen Sie auf den Rundturm der Kathedrale und gehen Sie dann zu dem kleinen Brunnenhaus in Kenny's Well Road gleich hinter der Kathedrale. **St. Canice's Holy Well**, ein geweihter Brunnen, datiert aus dem 5. Jahrhundert n. Chr., wenn nicht früher.

Touristen-Information

✚ 200 C4 ✉ Shee Alms House, Rose Inn Street, Kilkenny ☎ 056 775 1500;
www.discoverireland.ie/southeast

St Canice's Cathedral

✉ Dean Street, Kilkenny ☎ 056 776 4971
🕐 April, Mai, Sept. Mo–Sa 10–13, 14–17, So 14–17 Uhr;
Juni–Ende Aug. Mo–Sa 9–18, So 14–18 Uhr;
Okt.–Ende März Mo–Sa 10–13, 14 bis 16, So 14–16 Uhr
💵 preiswert

Kilkenny Castle

✉ The Parade, Kilkenny ☎ 056 772 1450
🕐 Juni–Aug. tägl. 9.30–19 Uhr; Sept. 10–18.30 Uhr; Okt bis März 10.30–12.45, 14–17 Uhr; April, Mai tägl. 10.30–17 Uhr; nur Führungen 💵 mittel

DIE HEXE VON KILKENNY

Die älteste Grabplatte in der Kathedrale von Kilkenny ist Jose de Keteller gewidmet, der 1280 starb. Dieser war vermutlich der Vater von Dame Alice Kyteler, die 1324 als Hexe angeklagt wurde; sie entkam, und an ihrer Stelle wurde ihre Magd Petronella auf dem Scheiterhaufen verbrannt.

4 Newgrange und Brú na Bóinne: Stätten irischen Kulturerbes

Brú na Bóinne (»Palast des Boyne«), ein Streifen friedlichen grünen Farmlandes, das dem Fluss Boyne auf 15 Kilometern folgt, birgt die größte Konzentration antiker Kulturdenkmäler Europas – Steinreihen, Forts, Ringwälle, Monolithen und eine einmalige Ansammlung jungsteinzeitlicher Ganggräber: Dowth, Knowth und Newgrange.

Newgrange existierte schon 500 Jahre, als die Ägypter anfingen, Pyramiden zu bauen, und war schon 1000 Jahre lang in Gebrauch, als die Arbeiten an Stonehenge begannen. Ihre Fantasie wird sich mächtig rühren, wenn Sie die gewaltigen Grabstätten aus bearbeiteten Steinplatten besichtigen, in die wunderschöne, geheimnisvolle Muster und Symbole geritzt sind.

Der kreisrunde Steinwall und die grasbedeckte Kuppel des Ganggrabes von Newgrange

Die **Ausstellung** zur Einführung vermittelt eine gute Vorstellung von dem Wenigen, das wir über die Zeit von 4000 bis 3000 v. Chr. wissen, einer Zeit, als große Gräber wie diese in ganz Europa gebaut wurden; auch werden Sie bestens auf die Monumente von Brú na Bóinne, vor allem die beiden großen Ganggräber von Newgrange und Knowth, vorbereitet.

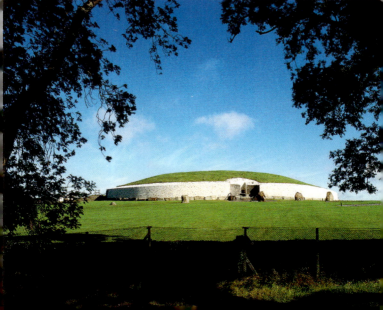

Ostirland

Die Entstehung von Newgrange

Newgrange wurde irgendwann zwischen 3300 und 2900 v. Chr. errichtet – ein mächtiger Hügel von 85 Meter Durchmesser und 15 Meter Höhe, gesäumt von fast 100 riesigen Monolithen. Mindestens 200 000 Tonnen Stein wurden verbaut, eine überwältigende Materialmenge, die transportiert und angeordnet werden musste. Ein 19 Meter langer Gang, gestützt und gedeckt von weiteren riesigen Steinplatten, wurde bis ins Herz des Hügels vorgetrieben, wo er sich kleeblattförmig zu drei Kammern hin weitet. Man schätzt, dass jungsteinzeitliche Bauern 40 bis 80 Jahre gebraucht haben, um Newgrange zu bauen – die doppelte Lebenszeit eines aktiven Mannes in jener Zeit.

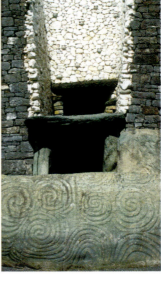

Die Grabstätte liegt hoch über der Straße, ein großer Hügel, der von einem runden Steinwall umgeben und von einer grünen Graskuppel bedeckt ist. Den Eingang (der eingefallen war, als man ihn 1699 wieder entdeckte, und den man erneuert hat) markiert der »Schwellenstein«, ein großer, verwitterter, auf der Seite liegender Brocken, der mit spiral- und karoförmigen Lineaturen verziert ist. Über dem Türgang ist ein Spalt im Stein, ähnlich einem großen Briefkasten. Durch diese Öffnung dringen zur Wintersonnenwende die Strahlen der aufgehenden Sonne ins Innere des Grabes ein.

Der mächtige, verzierte Schwellenstein und die »Dachbox« am Eingang zu Newgrange

Drinnen führt Sie der Guide dann bei Fackellicht durch den dunklen, niedrigen Gang. Spiralmuster bedecken die Wände allenthalben, schön beleuchtet mit elektrischem Licht. Am Ende des Ganges gelangen Sie in die zentrale Grabkammer. Das Gewölbe ist so gekonnt aus ineinander verzahnten Steinplatten gefügt, dass es seit über 5000 Jahren die Feuch-

Der Grabhügel in Knowth ist von anderen Gräbern umgeben

Newgrange und Brú na Bóinne: Stätten irischen Kulturerbes

tigkeit von der Kammer fern gehalten hat. Die drei Nischen, zu denen sich die zentrale Kammer hin öffnet, enthalten große, flache Schalen aus Sandstein: Gefäße, die einst die Asche der Toten bargen.

Die Rätsel des Grabs

Wenn Sie sich flach auf den Boden der hintersten Nische legen und durch den Gang spähen, können Sie an dessen Ende die von Licht überstrahlte »Dachbox« am Eingang sehen. Am 21. Dezember, dem kürzesten Tag des Jahres, und ein paar Tage vorher und nachher, fällt das Licht der Morgendämmerung durch den Spalt, kriecht am Dach entlang und durch die zentrale Kammer, bis es die halbe Höhe der hinteren Wand erreicht hat. Dort verweilt es für ein paar Minuten und zieht sich dann zurück. Alle, die dieses Phänomen sehen möchten, müssen sich bei einer Lotterie registrieren.

In Newgrange fand man die Überreste von lediglich einem halben Dutzend Körpern. Offenbar wurden die sterblichen Überreste in regelmäßigen Abständen aus der Kammer entfernt. Was war der Grund dafür? Warum hat man so lange und schwer an einer Anlage gearbeitet, die für einen Augenblick die Wintersonne einfängt? Haben die Alten einst alljährlich einen mittwinterlichen »Kehraus« der Asche Verstorbener betrieben (weil sie glaubten, der wei-

Typische, 5000 Jahre alte spiralförmige Steingravuren in Newgrange

84 Ostirland

chende Lichtstrahl habe die Geister der Toten mit sich genommen), um so vielleicht die Rückkehr der Frühlingssonne im nächsten Jahr zu sichern? Oder haben Sie eine andere Erklärung?

Knowth

Das Nachbargrab von Newgrange, Knowth, ist von mindestens 17 kleineren Ganggräbern umgeben. Das Grab hat zwei Gänge, die von Osten bzw. Westen hereinführen; es ist reich mit Spiral- und Linienmustern geschmückt. Wirtel, Zickzack- und Parallellinien zieren die großen Steine, was darauf hinweist, dass die Bedeutung des Grabes über die einer Grabstätte hinausging.

KLEINE PAUSE

Daly's of Donore (Donore, Tel. 041 982 3252) ist zu Fuß von Newgrange aus zu erreichen und bietet Frühstück (von 7 bis 10 Uhr) sowie Mittagessen (von 12.30 bis 15 Uhr) an.

Ein geschnitzter Keulenkopf, einer der archäologischen Funde in Knowth

✝ 197 D1
✉ Brú na Bóinne Visitor Centre,
11 km südwestlich von Drogheda, Co. Meath
☎ 041 988 0300; www.heritageireland.ie
🕐 Juni–Mitte Sept. tägl. 9–19; Mai und Mitte–Ende Sept. 9–18.30;
März bis April und Okt. 9.30–17.30;
Nov. bis Feb. 9.30–17 Uhr.
Newgrange ganzjährig geöffnet; Knowth Ostern–Okt. geöffnet, (nur Äußeres);
letzte Führung zu den Monumenten 1½ Stunden vor Schließung;
letzter Einlass zum Besucherzentrum 45 Minuten vor Schließung
💰 mittel

NEWGRANGE UND BRÚ NA BÓINNE: INSIDER-INFO

Top-Tipps: Der Zugang zu Newgrange und Knowth führt durch das Besucherzentrum: Es gibt keinen direkten Eingang. Besucher werden mit dem Shuttle-Bus zu den Monumenten gefahren. Kommen Sie in der Zeit von Juni bis September möglichst am frühen Morgen und buchen Sie Ihre Führung durch Newgrange sofort. Noch besser: Buchen Sie im Voraus. Wer später und ohne Reservierung kommt, riskiert es, nicht mitgenommen zu werden.

Geheimtipp: Schauen Sie sich in der zentralen Kammer von Newgrange die **Wände und Decken der Nische rechts** genauer an: Sie sind reich verziert und mittels elektrischem Licht gut beleuchtet.

Muss nicht sein! Wenn Busladungen von Touristen über Newgrange herfallen – weichen Sie aus auf Knowth: Dort herrscht weniger Andrang, das Ganggrab ist kunstvoller verziert. Während der Ausgrabungen ist das Innere nicht zugänglich.

Nach Lust und Laune!

5 Die Küste von Wicklow

Es lohnt sich gewiss, die Küste von Wicklow im Süden von Bray und Greaystones, der südlichen Endstation des DART (Dublin Area Rapid Transit), über R 761, R 750 und ihre Nebenstraßen zu besuchen. Lange Sandstrände säumen die Küste in Richtung Wicklow, des County-Hauptortes. Weiter südlich folgen Wicklow Head und der Silver Strand um Brittas Bay, ein schöner Streifen heller Sandstrände. Angler fischen dort im flachen Meer nach Kabeljau und Barschen. Arklow ist ein hübscher kleiner Fischerort, bekannt für seinen Bootsbau. Nach einem Tag in den Wicklow-Bergen ist die Küstenstraße ideal für die Rückfahrt nach Dublin.
🞤 201 E4

6 Wexford Wildfowl Reserve

Wexford eignet sich am besten für die Vogelbeobachtung, der schlickreiche Hafen von North Slob – einer Gezeitenmarsch nördlich der Stadt – ist einer der besten Standorte. An die 10 000 grönländische Blässgänse (ein Drittel der Weltpopulation) überwintern hier, neben vielen anderen Gänse- und Entenarten. Auch Schwäne, Rohrsänger, Rohrammern, Grünschenkel und Rotschenkel stellen sich ein. Das Schutzgebiet bietet auf Anfrage Führungen an.

🞤 201 D3 ✉ North Slob, Wexford ☎ 091 912 3129 🕘 tägl. 9–17 Uhr 💶 frei

7 Irish National Heritage Park

Nehmen Sie sich Zeit für einen Spaziergang durch die irische Geschichte in diesem Waldpark am River Slaney, 5 Kilometer nördlich von Wexford. Die Rekonstruktionen reichen von vorchristlichen Rundhäusern mit konischen Reetdächern bis zum kompletten *crannog* (Verteidigungsturm auf einer Insel im See), einer Wikinger-Bootswerft und normannischen Burgen.
🞤 201 D3 ✉ Ferrycarrig, Co. Wexford ☎ 053 912 0733; www.inhp.com 🕘 März–Okt. tägl. 9.30–18.30 Uhr; Nov. bis Feb. tägl. 9.30–17.30 Uhr (letzter Einlass 90 Minuten vor Schließung) 💶 mittel

Eine rekonstruierte Kirche im Irish National Heritage Park

TONELAGEE

Der Berg dieses Namens, mit 818 Metern einer der höchsten der Wicklow Mountains, scheint seinen Hintern in den Wind zu strecken. Daher sein Name – der im Irischen wörtlich »Arsch-in-den-Wind« bedeutet.

Ostirland

8 Jerpoint Abbey
Die Ruinen der Abtei von Jerpoint lohnen den kurzen Umweg südlich von Kilkenny. Sie stammen aus mehreren Jahrhunderten, von der Gründung der Abtei im späten 12. Jahrhundert bis zu ihrer Auflösung etwa 400 Jahre später. Zwischen den Doppelsäulen der schönen Klosterbögen stehen steinerne Statuen. Ein ansehnlicher Zinnenturm überragt das dachlose Kirchenschiff.

200 C3
Thomastown, Co. Kilkenny
056 772 4623; www.heritageireland.ie
Juni–Mitte Sept. tägl. 10–18;
Mitte Sept. bis Okt. und März–Mai tägl. 10–17;
Nov.–Feb. tägl. 10–16 Uhr preiswert

9 Rock of Cashel
Von einer Mauer eingefasst, gruppieren sich auf einem hohen Felssockel historische Kirchengebäude, Kern eines der wichtigsten mittelalterlichen Zentren Irlands, von dem aus das Land fast tausend Jahre regiert wurde.

Auf dem Felsen finden Sie einen Rundturm mit konischer Kappe aus dem frühen 12. Jahrhundert, die hübsche Cormac's Chapel (1127–34) mit ausdrucksstarken Schnitzereien von Menschen und Tieren sowie eine hohe Kathedrale des 13. Jahrhunderts ohne Dach. Besorgen Sie sich eine Fackel, damit Sie die bemerkenswerte Steinskulptur über der Nordtür von Cormac's Chapel betrachten können: ein Kentaur mit Normannenhelm, der einen Pfeil auf einen grinsenden Löwen abschießt, der zwei kleinere Tiere unter seinen Füßen zertritt. Lassen Sie an dieser verwunschenen Stätte Kunst und Witz der Baumeister auf sich wirken.

200 A3
Cashel, Co. Tipperary
062 61437; www.heritageireland.ie
Juni–Mitte Sept. tägl. 9–19;
Mitte März–Mai 9–17.30;
Mitte Sept. bis Mitte Okt. 9–17.30;
Mitte Okt.–Mitte März 9–16.40 Uhr mittel

Der Rock of Cashel im County Tipperary auf seinem Felssockel

10 Dunmore Cave
Eine Besichtigungstour führt Sie über Gehsteige (106 Stufen) durch diese Kette von gut beleuchteten Kalksteinhöhlen. Die Höhlen sind von makabrem Ruhm: Hier sollen im Jahre 928 n. Chr. hunderte Bewohner von den Wikingern massakriert worden sein; man hat Skelette von Frauen und Kindern gefunden (wenn auch ohne Zeichen von Gewalteinwirkung), daneben Wikinger-Münzen. Spüren Sie nach, wie die Höhlen zu ihrem schaurigen Ruf kamen, wenn Sie die bizarr

Nach Lust und Laune! 87

Der japanische Garten nahe Kildare

und grotesk geformten Gruppen von Stalaktiten und Stalagmiten betrachten.
🕀 200 C4
✉ Mothel, nahe Castlecomer, Co. Kilkenny
☎ 056 776 7726
🕓 Mitte März–Mitte Sept. tägl. 9.30–18.30; Mitte Sept.–Okt. 10 bis 17; Nov.–Mitte März Sa, So 10–16.30 Uhr (letzter Einlass 45 Minuten vor Schließung, nur Führungen) 🎟 mittel

⓫ Die Hochkreuze von Moone und Castledermot

Die vornormannischen Steinkreuze der Dörfer Moone und Castledermot in County Kildare sind einen Umweg wert. Das Kreuz von Moone ist über 5 Meter hoch; die beiden in Castledermot stehen nahe einem romanischen Türgang und der Ruine eines Rundturms. Alle drei Kreuze sind aus Granit und reich mit Bibelszenen dekoriert.
🕀 200 C4
✉ Moone und Castledermot liegen an der N 9, südlich von Naas 🎟 frei

⓬ Irish National Stud, Irish Horse Museum und Japanese Gardens

Der reiche, exzentrische schottische Brauereierbe Oberst William Hall-Walker gründete 1902 das Irische Nationalgestüt am südlichen Rande der Stadt Kildare. Der Oberst war stark von der Astrologie und exotischen Religionen geprägt. Die Hengste und Stuten wurden unter dem Gesichtspunkt gepaart, dass ihre Sternzeichen zusammenpassten, die Entwicklung ihrer Fohlen wurde nach dem Horoskop geplant, und die Boxen, in denen sie untergebracht waren, waren mit Oberlichtluken versehen, damit ihre Entwicklung durch Mond und Sterne günstig beeinflusst werden konnte.

Das benachbarte Gelände wurde 1906–10 als japanischer Garten gestaltet, der das Leben des Menschen symbolisch als Reise zum Garten des Friedens und des Glücks darstellt.

88 Ostirland

Nehmen Sie sich mindestens zwei Stunden Zeit, um die Hengste des National Stud zu bewundern, das Irish Horse Museum zu besichtigen und im Japanischen Garten wandeln.
✚ 200 C5
✉ Tully, Co. Kildare
☎ 045 522 963/521 617; www.irish-national-stud.ie
🕐 Mitte Feb.–Weihnachten tägl. 9.30–17 Uhr
💰 teuer

🔟 Hill of Tara

Im ersten Jahrtausend n. Chr. war Tara das wichtigste religiöse und politische Zentrum Irlands, wo sich Könige und Priester alle drei Jahre trafen, um Gesetze zu erlassen und Streit zu schlichten.

Tara spielt in vielen irischen Mythen und Legenden eine Rolle – auch in der jüngeren Geschichte. Daniel O'Connell wählte den Hill of Tara 1843 zum Treffpunkt für ein »Monster Meeting« gegen die diskriminierenden *Corn Laws*. Und die über 100 000 Menschen, die herbeiströmten (oder eine Million?), gaben ihm Recht. Schlendern Sie umher und lassen Sie Ihrer Fantasie freien Lauf.
✚ 197 D1
✉ Ab N 3 südlich von Navan, Co. Meath
☎ 046 902 5903; www.heritageireland.ie
🕐 Mitte Mai–Mitte Sept. tägl. 10–18 Uhr
💰 preiswert

Himmelwärts strebend – Rundturm und Hochkreuz von Monasterboice

🔟 Monasterboice

Auf diesem Klosterareal nördlich von Drogheda ballt sich eine erstaunliche Vielfalt an frühchristlichen Monumenten: ein schiefer, 33 Meter hoher Rundturm aus dem 10. Jahrhundert, antike Grabplatten, die verfallenen Reste zweier Kirchen und – vor allem – drei Hochkreuze. Deren schönstes ist das über 5 Meter hohe South Cross oder Cross of Muiredach. Seine Reliefs zeigen u. a. die Versuchung Adams durch Eva, den Mord Kains an Abel, eine Anbetung der Drei Weisen (hier sind es offenbar vier) und ein Jüngstes Gericht, bei dem der hl. Michael die Seelen wiegt, wobei der Teufel an der Waage zerrt, um mehr zu ergattern, als ihm zusteht.
✚ 197 D1
✉ Nahe der N 1, nördlich von Drogheda, Co. Louth
🕐 täglich 💰 frei

ABSEITS DER MASSEN

Testen Sie den Strand von Curracloe unmittelbar im Norden Wexfords bei einem frühmorgendlichen Spaziergang, begleitet nur von den Seevögeln und Ihrem eigenen Schatten.

Wohin zum ...
Essen und Trinken?

Preise

Sie zahlen pro Person und Mahlzeit, ohne Getränke und Bedienungsgeld, ca.

€ unter 15 Euro €€ 15–30 Euro €€€ über 30 Euro

WICKLOW MOUNTAINS

Avoca Handweavers €

Hier werden Sie mit köstlicher Hausmannskost aus biologischen Lebensmitteln bewirtet. Vegetarier kommen besonders auf ihre Kosten. Zu den Delikatessen gehören Bauernkäse und selbst gebackenes Brot. Ein Schwesterbetrieb befindet sich im Powerscourt House in Enniskerry (Tel. 01 204 6070).

✚ 201 E5
✉ Kilmacanogue, Co. Wicklow
☎ 01 286 7466; www.avoca.ie
🕐 Mo–Sa 9.30–17.30, So 10–18 Uhr; geschl. 25.–26. Dez.

Roundwood Inn €–€€€

Der berühmte Gasthof in den Wicklow-Bergen ist perfekt für eine Einkehr – und bietet alles: lodernde Kaminfeuer, ausgezeichnete Bar-Speisen sowie ein gediegenes Restaurant mit eigener Karte (Reservierung erforderlich). Spezialitäten sind: gehaltvolle Suppen, Galway-Austern, geräucherte Wicklow-Forelle und deftige warme Speisen.

✚ 201 D4
✉ Roundwood, Co. Wicklow
☎ 01 281 8107
🕐 Bar: tägl. 12.30–21.30 Uhr, Restaurant: Lunch So 13 Uhr und Dinner Fr–So 19.30–24 Uhr. Gasthof geschl. Karfreitag und 25. Dez.

WATERFORD

Bodega! €€

Es ist eine wahre Wohltat, ein gutes Restaurant zu finden, in dem Kinder nicht nur toleriert werden, sondern herzlich willkommen sind. Das Bodega ist hell und freundlich und bietet, trotz seines spanischen Namens, eine südfranzösische Atmosphäre, was auch durch die würzigen Fleisch- und Fischgerichte betont wird. Für die Kleinen gibt es eine reichhaltige Auswahl an Pudding und Eis, sodass sie auch ihr Gemüse freiwillig essen – viel Überzeugungsarbeit ist bei diesem Angebot aber ohnehin nicht notwendig.

✚ 200 C3 ✉ John Street, Waterford
☎ 051 844177; www.bodegawaterford.com
🕐 Lunch Mo–Fr, 12–17; Dinner Mo–Do 17–22, Fr, Sa 17–22.30 Uhr. Geschl. an Feiertagen, Mo, 1.Jan., Karfreitag und 25./26. Dez.

WATERFORD AREA

The Tannery €€€

Dieses Restaurant ist etwas ganz besonderes. The Tannery bietet *Boul-labaisse* wie schon Mama sie machte oder Lasagne mit wildem Hasen und Salbei. Außerdem steht eine saftige Steak- und Nierenpastete mit leckerer Kruste zur Auswahl. Lassen Sie noch etwas Platz für eine phantastische Kombination aus süßem Brie mit Truffelhonig und kandierten Mandeln.

✚ 200 B2 ✉ 10, Quay Street, Dungarvan, Co Waterford ☎ 058 45420; www.tannery.ie
🕐 Lunch Fr 12.30–14.30, So 12.30–15; Dinner Di–Sa 18–21.30 Uhr

CASHEL

Cashel Palace Hotel €€

Cashel Palace, 1730 als Bischofsresidenz erbaut, ist ein wohlproportioniertes Haus im Queen-Anne-Stil mitten in Cashel. Es bietet sich als guter Zwischenstopp auf einer Reise an, weil das legere Kellerrestaurant Bishop's Buttery ganztägig geöffnet ist und die Guinness-Bar von 12 Uhr bis in den späten Abend leichte Mahlzeiten serviert.

✚ 200 A3 ✉ Main Street, Cashel
☎ 062 62707; www.cashel-palace.ie
🕐 geschl. 24.–26. Dez.

90 Ostirland

Chez Hans €€–€€€

Diese über 100 Jahre alte umgebaute wesleyanische Kapelle unterhalb des Felsens von Cashel glänzt mit Stil und feinen Speisen: Die saisonalen Menüs sind breit gefächert, wobei die klassisch-französische Küche unter Einbindung heimischer Zutaten stets in hervorragenden Ergebnissen gipfelt. Zu den Spezialitäten des Hauses gehören frischer Fisch und Schalentiere, Entenbraten und Tipperary-Lamm.

✚ 200 A3
✉ Moor Lane, Cashel, Co. Tipperary
☎ 062 61177
⌚ Di–Sa 18.30 bis 22 Uhr; geschl. 3 Wochen Jan., Karfreitag und 25. Dez.

KILKENNY

Lacken House €€–€€€

Ein Ehepaar bewirtschaftet das gut eingerichtete Kellerrestaurant in einem Haus aus viktorianischer Zeit am Rande von Kilkenny. Kosten Sie frische örtliche Produkte in einer Mischung aus traditioneller und neurischer Küche, die Köstliches hervorbringt – wie Lamm

mit Basilikum und Kräuterkruste sowie eine Palette von Bauernkäsesorten. Im mit selbst gemachten Plätzchen gereicht werden. Übernachtungsgäste dürfen sich auf ein erstklassiges Frühstück freuen.

✚ 200 C4
✉ Dublin Road, Kilkenny ☎ 056 776 1085; www.lackenhouse.ie; ⌚ Juni–Sept. Di–Sa 18.30–22, So 19–22 Uhr; Restaurant geschl. 2 Wochen um Weihnachten

New East Restaurant €€

Dieses Restaurant im Langton House Hotel ist eines der besseren Restaurants in Kilkenny. Der großzügige Speiseraum hat eine prachtvolle Decke aus satiniertem Glas und großen Leuchten, wodurch eine helle und luftige Atmosphäre geschaffen wird. Gesunde Küche mit vielen klassischen oder Steak, Ofenlachs und gerösteten Entenküken, zu den Attraktionen zählen einige orientalische Gerichte.

✚ 200 C4
✉ Langton House Hotel, 69 John Street, Kilkenny
☎ 056 776 5133; www.langtons.ie
⌚ Mo–Sa 18–22.30, So 18–21.30

BEI MOONE

Ballymore Inn €€

Dieses bescheidene Country Pub hat ein Kaminfeuer, ungewöhnliche Möbel, interessante Bilder, frische Blumen und dazu noch außerordentlich gutes Essen, so etwa exzellente Pizzas und offene Sandwiches, Salate und Pastagerichte.

✚ 201 D5 ✉ Ballymore Eustace, Co. Kildare
☎ 045 864 585 ⌚ Restaurant Di bis Do 12.30–15 und 18–21, Fr–Sa 12.30 bis 21.30, So 12.30–15 und 18–21, Mo 12.30–15 Uhr, Restaurant geschl. an Feiertagen. Pub geschl. Karfreitag und 25. Dez.

Moone High Cross Inn €

Dieses einladende Country Pub bei Kilkea Castle (▶ 91) bietet offenes Kaminfeuer in beiden Bars. In der Bar werden von 11 bis 21 Uhr traditionelle Speisen wie Irish Stew gereicht. Der Gasthof ist reich an Atmosphäre. Oben gibt es acht Fremdenzimmer mit Bad.

✚ 200 C6 ✉ Bolton Hill, Moone, Co. Kildare
☎ 059 862 4112
⌚ Mo–Do 8–23.30, Fr–Sa 8–12.30, So 8 bis 23 Uhr; geschl. Karfreitag und 25. Dez.

BEI NEWGRANGE

Forge Gallery Restaurant €€–€€€

Dieses zweistöckige Restaurant ist stilvoll eingerichtet und besticht durch exzellentes Essen und Service. Die Speisekarte vereint die französische, neue irische und thailändische Küche, wobei saisonale und lokale Produkte im Mittelpunkt stehen.

✚ 197 D1 ✉ Collon, Co. Louth
☎ 041 982 6272;
www.forgegalleryrestaurant.ie
⌚ Dinner Di–Sa 19–21.30 Uhr; geschl. 1 Woche im Jan. und über Weihnachten

Tides Bistro €€

Dieses elegante Bistro über der coolen Bar serviert interessante europäische Gerichte mit einem leichten orientalischen Touch, sowie traditionelle irische Erzeugnisse verfeinert mit einigen modernen Einflüssen. Sie können aus Fleisch, Fisch und vegetarischen Gerichten wählen.

✚ 197 D1
✉ Wellington Quay, Drogheda, Co. Louth
☎ 041 980 1942; www.tidesbistro.com
⌚ tägl. 17.30–22.30 Uhr

Wohin zum ... Übernachten?

Preise

Sie zahlen pro Person für ein Doppelzimmer ohne Steuern ca.

€ unter 70 Euro €€ 70–130 Euro €€€ über 130 Euro

WICKLOW MOUNTAINS

Ritz Carlton Powerscourt
€€€

Das vor Kurzem im modernen Palladiumstil erbaute Ritz Carlton Powerscourt mit seinen zahlreichen modern angehauchten Arkaden liegt in einem Anwesen, dessen Zentrum eines der prachtvollsten Landhäuser aus dem 18. Jahrhundert und die schönsten Gärten im Umland von Dublin bilden. Wenn Sie einen ganz besonderen Jahrestag feiern möchten, ist dies sicherlich der richtige Ort. Service, Umfeld und Atmosphäre sind überirdisch.

✚ 201 E5 ✉ Enniskerry, Co. Wicklow
☎ 01 274 8888; www.ritzcarlton.com

WATERFORD

Brown's Townhouse €€–€€€

Ein äußerst freundliches Gästehaus unweit des Hafens in Waterford. Die Gastgeber sind stolz auf die entspannte familiäre Atmosphäre. Zum Frühstück gibt es selbstgebackenes Brot mit hausgemachtem Schinken und andere selbstgemachte Speisen.

✚ 200 C3 ✉ South Parade, Waterford, Co. Waterford
☎ 051 870594; www.brownstownhouse.com

Foxmount Country House €€

Dieses Haus aus dem 17. Jahrhundert, Teil einer Milchfarm, liegt nur 15 Autominuten von Waterford entfernt. Es bietet seinen Gästen rustikalen Komfort und gute Hausmannskost. Für Familien gibt es zwei Unterkünfte. Da Entspannung das Ziel ist, gibt es in den Zimmern weder Telefon noch TV.

✚ 201 E4
✉ Passage East Road, ab Dunmore East Road, Waterford, Co. Waterford
☎ 051 874 308;
www.foxmountcountryhouse.com
Ⓖ geschl. Nov.–März

Hanora's Cottage €€–€€€

Oben in den Hügeln Waterfords gelegen, ist dieses Haus in idealer Ausgangspunkt für Wanderungen oder Ausritte. Die Unterbringung ist luxuriös und geräumiger Zimmer und einiger Whirlpools. Das Frühstück ist legendär. Das Restaurant ist legendär. Das Restaurant (für auswärtige Gäste zum Dinner geöffnet) legt Wert auf lokale Produkte.

✚ 200 B3
✉ Nire Valley, Ballymacarbery über Clonmel, Co. Waterford
☎ 052 36134;
www.hanorascottage.com
Ⓖ Restaurant So geschl.

CASTLEDERMOT

Kilkea Castle & Golf Club €€€

Diese Burg aus dem 12. Jahrhundert ist heute ein romantisches Hotel mit vielen Zimmern, die Ausblicke u. a. auf einen 18-Loch-Golfplatz bieten. Die bestausgestatteten Zimmer liegen im Burggebäude, die übrigen gruppieren sich um einen angrenzenden Hof.

✚ 200 C4 ✉ Castledermot, Co. Kildare
☎ 059 914 5156; www.kilkeacastle.ie
Ⓖ geschl. 24.–26. Dez.

GEBIET UM NEWGRANGE

Killyon Guesthouse €

Michael und Sheila Fogarty haben 2007 verdient zwei der angesehensten Preise der Tourismusindustrie gewonnen – den Georgina Campbell's Bed & Breakfast of the Year und beim Irish Breakfast Awards: Best B&B Breakfast. Das sagt alles, was Sie über dieses wunderbare, warme und hervorragend geführte Gästehaus wissen müssen.

✚ 197 D1 ✉ Dublin Road, Navan, Co. Meath
☎ 046 907 1224; www.killyonguesthouse.ie

Wohin zum ... Einkaufen?

Avoca Handweavers (Kilmacanogue, Tel. 01 286 7466), einer der besten Kunstgewerbe- und Geschenkeläden des Landes, verkauft Stoffe, Kleidung, Kunsthandwerk und spezielle Lebensmittel. Eine Filiale befindet sich im Powerscourt House (Enniskerry, Tel. 01 204 6070). Rustikale Kleidung können Sie bei **Fishers of Newtownmountkennedy** (Tel. 01 281 9404) erstehen. Im Dorf Roundwood finden Sie Geschenkeläden, und am Sonntagnachmittag ist Markt.

Die Töpfe der **Kiltrea Bridge Pottery** (Enniscorthy, County Wexford, Tel. 053 923 5107) sind handgedreht. Im Besucherzentrum von **Waterford Crystal** (Waterford City, Tel. 051 332 500) schauen Sie den Fachkräften bei der Arbeit zu, anschließend können Sie im Ausstellungsraum einkaufen (▶ 79).

Kilkenny Das **Kilkenny Design Centre** (Tel. 056 772 2118), gegenüber der Burg, hält die größte Auswahl an Textilien, Keramik und Schmuck in Irland bereit. Der einzigartige Ort mit dem Restaurant liegt am gepflasterten Innenhof. Schmuck finden Sie auch im **Murphy** (85 High Street, Tel. 056 772 1127). Der kinderfreundliche **Byrne's Kilkenny Book Shop** (82 High Street, Tel. 056 772 3400) bietet Bücher, Spiele und Spielwaren an.

Bennettsbridge und Thomastown Besuchen Sie das **Stoneware Jackson Studio** (Ballyreddin, Tel. 056 772 7175) und die **Nicholas Mosse Pottery** (Tel. 056 772 7505), bekannt für traditionell getupfte Keramik. Im nahen Thomastown können Sie im **Jerpoint Glass Studio** (Tel. 056 772 4350) nahe der berühmten Abbey (▶ 86) zuschauen, wie Bleikristall mundgeblasen wird.

Timolin Besichtigen Sie die **Irish Pewter Mill** (Tel. 059 862 4164), nahe Timolin. Neben der Fabrik gibt es dort ein Museum und ein Geschäft, das traditionelle Zinnartikel verkauft.

Wohin zum ... Ausgehen?

AKTIVITÄTEN IM FREIEN

In den Wicklow-Bergen können Sie vor allem wandern, Rad fahren, reiten, angeln und Golf spielen. Touristenbüros vor Ort geben nähere Auskunft. An den Blessington Lakes befindet sich ein **Adventure Centre** (Tel. 01 458 2889).

Land der Pferde Im County Tipperary sind drei Rennbahnen beheimatet: Thurles, Clonmel und Tipperary. Kildare hat drei Rennbahnen: The Curragh (Tel. 045 441 205), Punchestown (Tel. 045 897 704) und Naas (Tel. 045 897 391). Reitstunden für jede Könnensstufe bietet das **Warrington Top Flight Equestrian Centre** in Warrington, County Kilkenny (Tel. 056 772 2682).

Golf Der von Arnold Palmer gestaltete Platz **K Club** (Straffan, County Kildare, Tel. 01 601 7200) ist äußerst anspruchsvoll und war 2006 Gastgeber des Ryders Cup. **Kilkea Castle** (Castledermot, County Kildare, Tel. 059 914 5555) ist in welliges Parkland gebettet. Die **Laytown & Bettystown Links** (Tel. 041 982 7170) in County Meath berühren fast den Strand.

MUSIK

Traditionelle Livemusik finden Sie überall, auch unter der Woche. Bei **T and H Doolans** (George's Street, Tel. 051 841 504) in Waterford, einem der ältesten Pubs Irlands, gibt es im Sommer und an Winterwochenenden traditionelle Musik. Das **Wexford Opera Festival** (Kasse: Tel. 053 22144) präsentiert Mitte Oktober/Anfang November selten aufgeführte Opern.

Südwestirland

Erste Orientierung	94
In vier Tagen	96
Nicht verpassen!	98
Nach Lust und Laune!	108
Wohin zum …	113

94 Südwestirland

Erste Orientierung

Der wilde Atlantik fegt im Jahr unzählige Stürme gegen die Küsten der Countys Cork und Kerry in der Südwestecke Irlands. Wind und Wellen haben die Küste zerfressen und große, scharfkantige Halbinseln geschaffen, die sich der See entgegenstemmen, während sich geschützte kleine Buchten zwischen die felsigen Landzungen an der nach Süden weisenden Küste von Cork ducken. Sie werden hunderte schöner Sandstrände an dieser Küste finden, der spektakulärsten Irlands. Doch auch im Binnenland gibt es viel Interessantes und Schönes zu sehen, besonders in den Seitentälern der Shehy- und Derrynasaggart-Berge.

Segeln, Tauchen, Hochseeangeln und Wassersport aller Art sind hier angesagt. Das Wetter, oft regnerisch und windig, ist ausgesprochen mild und frostfrei – der Grund für manche exotische Gärten mit Pflanzen und Bäumen, die man sonst weit näher am Äquator findet. Wanderer steigen auf dem Fernwanderweg »Kerry Way« über die Hügel, während Forellenangler an den Seen der Halbinsel Iveragh (deren »Ring of Kerry« wohl die bekannteste Aussichtsstraße Irlands ist) und im Killarney-Nationalpark, mit Recht für seine Schönheit gerühmt, auf ihre Kosten kommen. Was die Bewohner von Kerry und Cork auszeichnet? Gelassene Lebensart und trockener Witz.

Erste Orientierung

★ Nicht verpassen!
1. Cork City ➤ 98
2. Stein von Blarney, Co. Cork ➤ 100
3. Ring of Kerry, Co. Kerry ➤ 101
4. Dingle-Halbinsel (Corca Dhuibhne) Co. Kerry ➤ 104

Nach Lust und Laune!
5. Old Midleton Distillery, Co. Cork ➤ 108
6. Kinsale, Co. Cork ➤ 108
7. Die Küste von West Cork ➤ 108
8. Mizen Head Signal Station, Co. Cork ➤ 109
9. Muckross House, Abtei und Gärten, Co. Kerry ➤ 110
10. Killarney National Park, Co. Kerry ➤ 111
11. Adare, Co. Limerick ➤ 111
12. Lough Gur, Co. Limerick ➤ 112

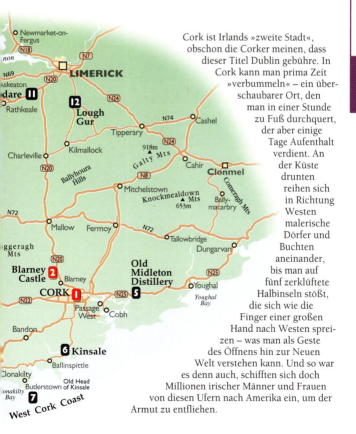

Cork ist Irlands »zweite Stadt«, obschon die Corker meinen, dass dieser Titel Dublin gebühre. In Cork kann man prima Zeit »verbummeln« – ein überschaubarer Ort, den man in einer Stunde zu Fuß durchquert, der aber einige Tage Aufenthalt verdient. An der Küste drunten reihen sich in Richtung Westen malerische Dörfer und Buchten aneinander, bis man auf fünf zerklüftete Halbinseln stößt, die sich wie die Finger einer großen Hand nach Westen spreizen – was man als Geste des Öffnens hin zur Neuen Welt verstehen kann. Und so war es denn auch, schifften sich doch Millionen irischer Männer und Frauen von diesen Ufern nach Amerika ein, um der Armut zu entfliehen.

Seite 93: Fischer in Kinsale holen Fische aus dem Netz

In vier Tagen

Wenn Sie sich nicht sicher sind, wo Sie Ihre Reise beginnen möchten, empfiehlt diese Route eine praktische viertägige Reise durch den Südwesten Irlands mit den wichtigsten Sehenswürdigkeiten. Sie können dazu die Karte auf der vorangegangenen Seite verwenden. Weitere Informationen finden Sie unter den Haupteinträgen.

Erster Tag

Vormittags
Gönnen Sie sich mindestens einen Vormittag für einen Stadtbummel in **1 Cork** (Gedenkstein für Rory Gallagher, links, ▶ 98f). Besuchen Sie dabei die Kunstgalerie; gehen Sie zu Schwatz und Lunch in den English Market; und läuten Sie vielleicht die »Glocken von Shandon«.

Nachmittags
Fahren Sie ein kurzes Stück nach Nordwesten zum **2 Blarney Castle** (▶ 100), wo der Blarney Stone darauf wartet, von Ihnen geküsst zu werden. Zurück in Cork können Sie Ihre Beredsamkeit im **Hi-B** (▶ 99) ausprobieren.

Zweiter Tag

Vormittags
Starten Sie früh südlich nach **6 Kinsale** (▶ 108), wo Sie frühstücken oder Kaffee trinken können. Folgen Sie der Landstraße nach Westen und Clonakilty (R 600), dann weiter nach Rosscarbery, danach von hier über das schöne Glandore, Unionhall und Rineen zum hübschen, kleinen Castletownshend. Weiter geht es nach Westen über Skibbereen zur einstigen Hippy-Hochburg **Ballydehob** zum Lunch.

Nachmittags
Erkunden Sie zwei der **7 fünf Halbinseln** (▶ 109): Fahren Sie hinaus zu den Klippen von Mizen Head um die **8 Signal Station** (▶ 109, 110) zu besuchen und zurück, umrunden Sie die Berge und genießen wundervolle Inselblicke von der Beara-Halbinsel. Müde und voll der schönen Eindrücke erreichen Sie **Kenmare**, wo Sie übernachten können (▶ 116).

In vier Tagen

Dritter Tag

Vormittags
Lassen Sie sich Zeit heute. Fahren Sie gemächlich von Kenmare nach
❿ **Killarney** (➤ 111) und gönnen Sie sich eine kurze Tasse Kaffee. Beginnen
Sie dann die wunderbare Rundfahrt über den ❸ **Ring of Kerry** (➤ 101ff). Lunch
im Blind Piper in Caherdaniel (Tel. 066 947 5346).

Nachmittags
Besichtigen Sie **Derrynane House** und Grundstück (➤ 101f) – Wohnsitz
von Daniel O'Connell, »The Liberator«. Vollenden Sie dann gemütlich Ihre
Rundfahrt über den Ring of Kerry, bevor Sie von Killarney zur Übernachtung
nach Tralee weiterfahren.

Vierter Tag

Vormittags
Nehmen Sie sich den ganzen Tag Zeit für die ❹ **Dingle-Halbinsel / Corca Dhuibhne**
(Blasket Islands, unten, ➤ 104ff). Wenn Sie um 10 Uhr losfahren, könnten Sie vor
dem Lunch in Dingle Town noch einen Spaziergang machen.

Nachmittags
Fahren Sie über Dunquin (Dun Chaion) und Cloghane (An Clochán) weiter um die
Halbinsel herum (versäumen Sie nicht, sich auf der Nehrung von Magharees den
Wind um die Nase wehen zu lassen); dann Rückfahrt von Tralee nach Cork.

Cork City

Der Charme von Irlands »zweiter Stadt« wird so auf Sie abfärben, dass Sie sich bald an ihr gemächliches Tempo gewöhnt haben werden. Der River Lee verzweigt sich bei Cork und legt seine beiden Arme um den Stadtkern. Die vielen Brücken machen den Stadtbummel zu einem Vergnügen.

Die **St Fin Barre's Cathedral** in der Bishop Street südlich des South Channel lohnt Ihren Besuch mit ihren Außenstatuen, den schönen Glasfenstern aus dem 19. Jahrhundert und dem zartfarbenen Mosaikboden des Chores. Klappen Sie die Chorsitze hoch und betrachten Sie die hübschen Schnitzereien von Insekten, die die Miserikordien schmücken (und denken Sie an die armen Chorknaben, die auf diesen Simsen hockten).

Betrachten Sie im überdachten **English Market** an der Grand Parade im Stadtzentrum das bunte Gemisch von Ständen. Schlendern Sie im nahen Hugenottenviertel durch schmale Gassen, vorbei an kleinen alten Häusern, Geschäften, Cafés und Pubs. Hier lebten im 18. Jahrhundert französische protestantische Handwerker, die vor religiöser Verfolgung geflohen waren. Wenden Sie sich in Richtung Fluss nach Norden und besuchen Sie die ausgezeichnete **Crawford Art Gallery**

Unten: Die im georgianischen Stil erbaute St Patrick's Bridge überspannt den River Lee

Oben: Biologischer Obst- und Gemüsestand auf der St Patrick's Street

Cork City

Der westliche Eingang zur St Fin Barre's Cathedral

(Tel. 021 490 7855; geöffnet: Mo– Sa 10 bis 17 Uhr) in der Paul Street.

Gehen Sie nördlich des Flusses die steilen Straßen von Shandon zur **St Anne's Church** (► Top- Tipps) hinauf und schauen Sie sich bei den Kunsthandwerkern des **Butter Exchange** um. Ein halbstündiger Marsch nach Westen führt Sie nach Sunday's Well, wo Sie im alten **Cork City Gaol** (Tel. 021 430 5022, geöffnet: tägl. März–Okt. 9.30–18, Nov.–Feb. 10–17 Uhr, Eintritt: mittel) alles über das Kerkerelend des 19. Jahrhunderts erfahren. Im alten Bahnhof von Cobh, südöstlich von Cork, ist **The Queenstown Story** (Tel. 021 481 3591, geöffnet: tägl. Mai–Okt. 9.30–18 Uhr; Nov.–April tägl. 9.30–17 Uhr, geschlossen 10 Tage über Weihnachten; Eintritt: mittel; www.cobheritage.com) ausgestellt. Cobh, das frühere Queenstown, war einst Einschiffungshafen nach USA. Diese Ausstellung beleuchtet den Schmerz der Trennung, die Mühsal und Gefahren, die Hunderttausende erlitten, die in den letzten zwei Jahrhunderten auf den berüchtigten »Sargschiffen« nach Amerika auswanderten. Sie ist detailreich, bewegend und inspirierend.

KLEINE PAUSE

Im **Farmgate Restaurant** (► 114) im ersten Stock genießen Sie neben guter Kost auch einen luftigen Blick auf den English Market.

🏠 199 E2
✉ Tourist Information Office, Grand Parade
☎ 021 425 5100;
www.discoverireland.ie/southwest

ROCKIN' RORY

Rory Gallagher Square, benannt nach dem verstorbenen Rockmusiker, der einst in Cork lebte, liegt im Herzen des Hugenottenviertels. Eine kühne Skulptur erinnert an ihn: eine verbogene elektrische Gitarre à la Fender Stratocaster, eingehüllt von fließenden Musiknoten und Zeilen aus Gallaghers Songs.

CORK CITY: INSIDER-INFO

Top-Tipps: Versuchen Sie, die **Glocken von St Anne's Church** in Shandon zu läuten. Das Glockenspiel wurde durch die Ballade »The Bells of Shandon« aus dem 19. Jahrhundert bekannt. Beim Läuten können Sie einen Spickzettel benutzen.
■ Steuern Sie in der Crawford Art Gallery sogleich die **Gibson Galleries** und die **Irish Art Collection** an, es sind die interessantesten Teile.

Geheimtipp: Über einem Apothekerladen gegenüber dem Hauptpostamt in der Oliver Plunkett Street versteckt sich das **Hi-B** (für »Hibernian Bar«), ein völlig unverfälschtes Pub – gemütlich, ein wenig schäbig und sehr freundlich.

Muss nicht sein! Wenn Sie wenig Zeit haben, lassen Sie die ziemlich dürftige *Titanic*-Abteilung bei The Queenstown Story aus.

Südwestirland

2 Den Stein von Blarney küssen

Blarney Castle ist ein besonders stämmiger, romantischer Turm aus dem 15. Jahrhundert, in schöner Umgebung gelegen, wo hübsche Grotten und verwunschene Druidenfelsen im Grün versinken. Doch die meisten kommen nur hierher, um den Stein von Blarney zu küssen.

Der einen Legende nach war der Stein von Blarney das Kissen, auf dem Jakob in der Wüste von den Engeln träumte. Einer anderen zufolge ist er Teilstück eines viel größeren Brockens, dessen andere Hälfte, der »Stein des Schicksals«, schottischen (und später englischen) Monarchen als Krönungsstein diente. Am bekanntesten ist natürlich die Version, nach der demjenigen, der den Blarney Stone küsst, auf magische Weise die Gabe der Eloquenz zuteil wird.

Blarney Castle war einstmals die Festung des MacCarthy-Clans, den ehemaligen Königen von Munster

Die Burg ist ein Touristenmagnet: Kommen Sie so früh oder so spät am Tag wie möglich, um Schlange stehen zu vermeiden, und steigen Sie sofort die Stufen zur Brustwehr des Turmes hinauf; dort finden Sie den Blarney Stone, eingelassen in eine Lücke der äußeren Befestigungsmauer. Sie müssen sich auf den Rücken legen und Ihren Kopf hängen lassen (auf einem Sicherheitsgitter, unterstützt von einem der Aufseher). Ein Wort zur Vorsicht: Leeren Sie vorher Ihre Taschen, damit Ihnen nicht die Münzen herauskullern, wenn Sie sich zurückbeugen.

✚ 199 D2
✉ Blarney Castle, Blarney, Co. Cork
☎ 021 438 5252;
www.blarneycastle.ie
🕐 Juni–Aug. tägl. 9–19; Mai und Sept. tägl. 9–18.30 Uhr; Okt.–April tägl. 9–Dämmerung; geschl. 24./25. Dez.
✋ mittel

Ring of Kerry

3 Ring of Kerry

Die Panoramastraße »Ring of Kerry«, die um die Halbinsel Iveragh herumführt, ist die beliebteste Touristenroute Irlands; sie ist mit ihren wilden Mooren, wunderbaren Küstenblicken und Hügellandschaften sicher auch eine der schönsten.

Der Lough Leane am östlichen Rand des Ring of Kerry

Auf dem Weg von Killarney nach Westen und Killorglin streifen Sie zunächst die Nordseite des bergumrahmten Lough Leane. **Killorglin** ist eine originelle kleine Stadt, bekannt vor allem durch ihre »Puck Fair« im August, bei der getrunken, getanzt, Vieh gekauft und verkauft wird – alles unter dem Vorsitz einer Ziege auf dem Podium. Nehmen Sie ab Killorglin die Nebenstrecke zum Lough Caragh, um sich auf die *boglands* und das wilde Land vor Ihnen einzustimmen.

Zurück auf der Hauptstrecke (N 70) kommt als nächstes das Dorf Glenbeigh. Unten an der Küste liegt **Rossbeigh Strand**, ein Kiesstrand mit drei Kilometer langer Landzunge aus Dünen und einem wundervollen Blick auf die Hügelrücken der Halbinseln Iveragh und Dingle. Eine steile Bergstraße führt Sie im Bogen zur Hauptroute zurück, der Sie in südwestlicher Richtung durch zunehmend hügeliges und malerisches Land folgen. Steile Berghänge, die mit kleinen Feldern gesprenkelt und mit Farmen besetzt sind, erstrecken sich durch Farn und Heide zu spitzen Gipfeln von fast 800 Meter Höhe.

Nahe **Cahersiveen** passieren Sie den Schornstein eines Kraftwerks, das mit Torf befeuert wird. Kurz vor der Brücke ins Dorf liegen links die von Efeu umrankten Ruinen des

Südwestirland

Geburtshauses von Daniel O'Connell. O'Connell (1775–1847), eine der wichtigsten politischen Figuren im Irland des 19. Jahrhunderts, verdiente sich seinen Beinamen »The Liberator« durch seinen Kampf um die politische Emanzipation der verarmten Katholiken. Ein Schwenk im Dorf nach rechts, vorbei an den merkwürdigen, burgähnlichen »Barracks« (einst Kaserne der Königlich-Irischen Konstabler, heute Museum), führt Sie auf Nebenstrecken. Braune Schilder mit der Aufschrift »Stone Houses« geleiten Sie zu zwei Steinforts, zunächst **Cahergall**, dann das auf einem Felssporn thronende **Leacanabuaile**; dort finden Sie die Reste von Bienenkorbhütten des 9. Jahrhunderts, eingefasst von einem intakten Ringwall, 25 Meter im Durchmesser.

Ein Abstecher führt von Cahersiveen weiter westlich nach Portmagee und zur Brücke nach Valencia Island. Die Insel ist ein ruhiger Fleck mit subtropischen Gärten an der Nordseite bei Glanleam, neben spektakulären Klippenblicken im Norden und Westen. Ab **Portmagee** verkehren Ausflugsschiffe (je nach Wetter) zu den **Skelligs**, schroffen Felsen vor der Küste, Standort beachtlicher frühchristlicher Klosterrelikte.

Oben: Die steilen Felsen von Skelligs an der Küste von Valencia Island umrahmt von einem Höhleneingang

Fahren Sie an Ballinskelligs Bay (Bá na Scealg) vorbei und von Waterville nach Coomakista hinauf: Rechts liegen die Skelligs in der Ferne, und vor Ihnen weitet sich der Blick auf die Mündung des Kenmare River. Unten in Caherdaniel (Cathair Dónall) zweigt eine Nebenstraße zum **Derrynane House** ab (Tel. 066 947 5113, geöffnet: Mai–Sept. tägl. 10.30–17.15; April, Okt. Mi–So 10.30–16.15; Nov.–März Sa–So 13–17 Uhr; Eintritt: preiswert). Das von Daniel O'Connell 1825 ererbte Haus ist voller Erinnerungsstücke – von Porträts bis zu der Schüssel, in der er getauft wurde, und dem Bett, in dem er starb. Den Rahmen des Hauses bilden Gärten, ein Ringwall sowie ein Altarstein, um den sich Katholiken im 18. Jahrhundert zur Messe versammelten, als Gesetze deren Ausübung verboten.

Ring of Kerry

Blick über Seen und Berge nahe Killarney

Von Castlecove führt ein Abstecher nach Norden zum **Staigue Fort**, Irlands besterhaltenem prähistorischen Fort, einem runden Steinturm. Danach erreicht die Straße das hübsche Sneem, zweigt als R 568 links ab und führt Sie zurück nach Killarney.

KLEINE PAUSE

Zwei ausgezeichnete Gasthäuser laden in Caherdaniel zur Einkehr: **The Blind Piper** und **Freddie's Bar**. Sie liegen an der ausgeschilderten Nebenstraße nach Derrynane.

RING OF KERRY: INSIDER-INFO

Top-Tipps: Wenn Sie **wenig Zeit** haben und nur vier Stunden durch schöne Landschaft fahren wollen, halten Sie sich an den eigentlichen Rundkurs: N 72 von Killarney nach Killorglin, N 70 von Killorglin nach Kenmare, N 71 von Kenmare nach Killarney.

■ Um den **besten Blick auf Lough Caragh** zu erhaschen, biegen Sie bei O'Shea's Laden im Dorf Caragh ab (Schild: »Hotel Ard Na Sidhe«). Nach anderthalb Kilometern fahren Sie links einen Forstweg hinauf (Holzschild: »Loch Cárthai/Caragh Lake«). Nach 800 Metern erreichen Sie einen großen Parkplatz, der Ihnen eine grandiose Sicht auf See und Berge beschert.

Geheimtipp: Wer einen halben Tag übrig und keine Angst vor engen Bergstraßen hat, fährt drei Kilometer nördlich von Waterville (An Coiréan) die wilde und schöne **Nebenstrecke nordostwärts das Inny Valley hinauf**. Diese windet sich durch eine einzigartige Berglandschaft zum Ballaghisheen Pass (304 m) zwischen den Gipfeln des Knocknagapple und Knocknacusha hinan, um durch einsame Moore zur Bealalaw Bridge hin wieder abzusteigen; dort fahren Sie links zum Lough Caragh und nach Killorglin.

Dingle-Halbinsel (Corca Dhuibhne)

Dieser abgelegene Landfinger ist ein magischer Streifen unberührter Natur, der etwa 50 km westlich von Tralee ins Meer hinausragt. Hier finden Sie Berge, eine zerklüftete Küstenlinie, Sandstrände, kleine charaktervolle Städte und eine bemerkenswerte Konzentration prähistorischer und frühchristlicher Denkmäler sowie die im Meer verstreuten Blasket Islands (Na Blascaodai).

Verlassen Sie Tralee auf der N 86, fahren Sie an den großen, weißen Segeln der restaurierten Windmühle von Blennerville vorbei nach Westen bis zum Dorf **Camp**; hier sehen Sie den Einschnitt in die Wand des Slieve-Mish-Gebirges zu Ihrer Linken. Der markierte Fernwanderweg »Dingle Way« – wunderbar wild – verläuft am Hang oberhalb der Straße.

Hoch über Camp erhebt sich der 852 Meter hohe **Caherconree**. Von unten ist gerade noch eine Steinmauer in Gipfelnähe zu sehen, Stätte eines antiken Forts. Der Legende nach entführte König Cu Roi MacDaire Blathnaid, die Geliebte des Helden Cuchulainn, und hielt sie hier gefangen. Doch Blathnaid wies ihrem Geliebten den Weg zu ihr, indem sie Milch in die Quelle des River Finglas goss. Cuchulainn griff das Fort an, tötete den König und befreite die Gefangene.

Nehmen Sie ab Camp die Gebirgsstraße nach **Inch** (Inse) an der Südküste. Die Aussicht zählt zu den schönsten Irlands: mächtige Nehrungen und vom Wind geformte Sandflächen in

Boote im Hafen von Dingle

Dingle-Halbinsel

Das winzige Gallarus Oratory wurde etwa im Jahre 800 n. Chr. erbaut

DER SCHWEINESCHATZ
Die Einheimischen berichten von einem spanischen Schatzschiff, das in Tralee Bay strandete. Ein goldenes Schwein wurde geborgen und nahebei in einem dreieckigen Feld in der Nähe verbuddelt – sagen sie. Es wurde nie wieder ausgegraben.

Castlemaine Harbour vor dem Hintergrund der Macgillycuddy's Reeks auf Iveragh.

Die südliche Küstenstraße verläuft westlich und wendet sich bei **Anascaul** (Abhainn an Scáil) landeinwärts. Der South Pole Inn an der Brücke gehörte in den frühen 1900ern Thomas Crean, einem Teilnehmer der unglücklichen Antarktis-Expedition von Captain Scott 1912.

Es folgt **Dingle** (An Daingean), eine freundliche kleine Stadt an einer runden Bucht, häufig besucht von einem verspielten, halbzahmen Delphin. Im The Small Bridge Pub hört man gewöhnlich beste traditionelle Musik. Versäumen Sie nicht, *Dingle pie* zu probieren, das ist Hammelpastete mit Hammelbrühe, eine lokale Delikatesse. Jedes Jahr am 26. Dezember ist in der Stadt der Teufel los, dann spielen sich nämlich fantastisch verkleidete »Wren Boys« gegenseitig grobe Streiche (► 25). Früher jagten und töteten die Teilnehmer an diesem Fest Zaunkönige (daher der Name), da die Vögel nach landläufigem Glauben Christus verraten hatten.

Zum westlichen Ende der Halbinsel hin liegen **Ventry** (Ceann Trá) an seiner perfekt sichelförmigen Bucht, **Mount Eagle** (Sliabh an Iolair), dessen Hänge mit *chlochans* (Bienenkorbhäuschen) frühchristlicher Eremiten bedeckt sind, sowie nahe dem offenen Atlantik das kleine **Dunquin** (Dún Chaoin), wo 1970 der Film *Ryans Tochter* gedreht wurde.

Südwestirland

DER BUMMELZUG

Zwischen Tralee und Dingle (An Daingean) werden Ihnen Reste einer Bahntrasse und rostige, alte Brücken auffallen. Mehr ist von der »Tralee & Dingle Light Railway« nicht übrig, einer der langsamsten Nebenbahnen der Welt. Ihr Arbeitsleben dauerte von 1891 bis 1953. Die Heizer mussten u. a. mit Kohlen nach Schafen auf den Gleisen werfen. Auf einem kurzen Stück zwischen Tralee und Biennerville fahren in den Sommermonaten restaurierte Dampfzüge.

Draußen im Meer liegen die **Blasket Islands**: Great Blasket, Inishvickillaun, Inishnabro und Inishtooskert. Zwischen 1928 und 1939 schrieben die Inselbewohner Tomás O'Crohan, Peig Sayers und Maurice O'Sullivan literarische Meisterwerke über das Leben auf Great Blasket, dessen 120 Bewohner, die wenig oder kein Englisch sprachen, schlicht und abgeschieden lebten. Die Insel wurde 1953 evakuiert, als das Leben dort zu beschwerlich wurde. Das Gefühl von Raum und Isolierung draußen ist überwältigend; erleben Sie es, wenn Sie die Gelegenheit haben. Wenn nicht, trösten Sie sich mit dem Besuch des Blasket Centre von Dunquin.

Beginnen Sie Ihre Rückfahrt durch Ballyferriter (Baile an Fheirtéaraigh) mit einem Besuch des winzigen **Gallarus Oratory**. 1,5 Kilometer entfernt liegt **Kilmalkedar Church**, eine hübsche Ruine aus dem 12. Jahrhundert mit Steinskulpturen.

Nebenstraßen führen hinüber zum **Ballydavid Head** (Ceann Baile Dháith) und seinen schwindelerregenden Klippen. Wenn Sie Zeit und gute Sicht haben, können Sie auf der markierten **Saints' Road** zum kleinen Cloghane (An Clochán) an der Nordküste hinüberwandern; von dort mögen tüchtige Wanderer den 953 Meter hohen **Mount Brandon** (Cnoc Bréa-

Fünf Kilometer langer Sandstrand nahe Inch

Dingle-Halbinsel

Die farbenprächtigen Straßen von Dingle sind im August belebter

nainn) mit St Brendan's Oratory auf dem Gipfel erklimmen. Bevor Sie nach Tralee zurückfahren, sollten Sie unbedingt den Umweg zum Sandhaken der **Magharees** absolvieren (► Top-Tipps).

KLEINE PAUSE

Probieren Sie **Lord Baker's Pub** (► 115) in Dingle, die wohl älteste Bar der Stadt. Kosten Sie bei **The Tankard** (► 115) westlich von Tralee hervorragende Meeresfrüchte und einen einmaligen Blick auf das Meer.

✉ Touristeninformation: Ashe Memorial Hall, Tralee
✚ 198 C3 ⓘ **ganzjährig** Strand Street, Dingle
ⓘ ganzjährig ☎ Tralee 066 712 1288; Dingle 066 915 1188

DINGLE-HALBINSEL: INSIDER-INFO

Top-Tipps: Wenn Sie nichts weiter suchen als einen wunderbaren Badestrand mit makellosem Sand, auf dem Sie endlos wandern oder joggen können, dann ist die **Sandspitze der Magharees** genau richtig für Sie; diese schiebt sich im Norden der Dingle-Halbinsel, 24 Kilometer westlich von Tralee, zwischen die Bucht von Brandon und die von Tralee.
■ Trotz des Ansturms ist **August der richtige Monat für Dingle (An Daingean)**. Da gibt es die Dingle-Pferderennen, die Dingle-Regatta und vor allem die eigenartige und sehr amüsante Dingle Show, die die Einheimischen zum eigenen Vergnügen feiern.

Geheimtipp: An einer Nebenstraße direkt über der N 86, drei Kilometer östlich von Camp, liegen die efeuüberwachsenen Ruinen des Dorfes **Killelton**, das auf Grund von Hungersnot und Auswanderung entvölkert wurde. Neben dem Pfad steht ein solider, steinerner Kasten mit meterdicken Mauern: die Reste einer antiken Kirche, vom hl. Elton im 7. Jahrhundert selbst erbaut.

Südwestirland

Nach Lust und Laune!

5 Old Midleton Distillery
Jamesons alte Whiskey-Brennerei in der Marktstadt Midleton, 16 Kilometer östlich von Cork, ist heute ein Besucherzentrum. In den Originalgebäuden der Brennerei können Sie u. a. die größte Kupferdestillieranlage der Welt besichtigen – bevor Sie einen Schluck heißen oder kalten Whiskey probieren dürfen. Am anderen Ende des Hofes dampft die neue Brennerei, die pro Jahr 23 Millionen Flaschen des goldenen Saftes erzeugt und die Luft mit dem süßen Geruch von Malz und Alkohol erfüllt.
✚ 199 E2 ✉ Midleton, Co. Cork
☎ 021 4613594/6;
www.jamesonwhiskey.com/omd
🕐 Führungen April–Okt. tägl. mehrere Touren 10–17 Uhr; Nov.–März vier Führungen pro Tag (11.30, 13, 14.30 und 16 Uhr)
✋ teuer

6 Kinsale
Jedem gefällt dieser schmucke kleine Fischerort genau südlich von Cork mit seinen schmalen gewundenen Gassen und alten Steinhäusern und

Entdecken Sie Kinsale zu Fuß, und erholen Sie sich dann in einem der Fischrestaurants

seiner Lage am Scheitel einer engen, felsigen Bucht, dem Gezeitentrichter des Bandon River.

Der Ort wird als »Feinschmeckerhauptstadt Irlands« gehandelt, und in der Tat gibt es einige ausgezeichnete Fischrestaurants sowie ein alljährlich im Oktober stattfindendes »Gourmet Festival«, das die Massen anzieht. Steigen Sie südlich von Kinsale auf den Compass Hill und genießen Sie den Rundblick über die Stadt und die mit Segelbooten gesprenkelte Bucht.
✚ 199 E1
✉ Tourist Information Office, Pier Road, Kinsale, Co. Cork ☎ 021 477 2234;
www.discoverireland.ie/southwest
🕐 je nach Jahreszeit

7 Die Küste von West Cork
Die Küste westlich von Kinsale ist durchgehend schön. Auf die Klippen des Old Head von Kinsale folgt eine ganze Reihe sandiger Nischen und felsiger Buchten mit ihren Landvor-

Nach Lust und Laune! 109

sprüngen, in deren Scheitel sich malerische Dörfer wie Courtmacsherry und Rosscarbery schmiegen. **Castletownshend** mit seiner wassernahen Burg am Fuße der steilen Dorfstraße ist besonders reizvoll. Unter einem großen Sandstein auf dem Friedhof von St Barrahane's Church in Castletownshend liegt Edith Somerville begraben, neben dem Grab ihrer Cousine Violet Martin. Unter dem gemeinsamen Künstlernamen Somerville & Ross schrieben die Cousinen um die Wende zum 20. Jahrhundert mehrere Bestseller, darunter das komische *Some Experiences of an Irish R.M.*

Im Fischerdorf **Baltimore** steht ein Pub namens »The Algerian«. Sein Name erinnert an einen Schreckenstag im Juni 1631, als Berberpiraten den Ort überfielen und viele seiner Bewohner in die Sklaverei verschleppten. Von Baltimore verkehren Fähren zur Sherkin Island und Clear Island (Oiléan Cléire) in der Roaringwater Bay, wie sie zu Recht genannt wird. An der Nordseite der Bucht beginnen die **Five Fingers**, raue Halbinseln, die der Atlantik aus der Küste geschnitten hat. Von Schull aus können Sie zu den Klippen von Mizen Head (siehe unten) fahren, dem südlichsten Punkt der irischen Hauptinsel. Von Durrus erreichen Sie die Spitze der Halbinsel Sheep's Head; auf einer aufregend steilen und kurvigen Bergstraße, »Goat's Path« genannt, mit Blick über Bantry Bay und deren Inseln, kehren Sie nach Durrus zurück.

Der **Ring of Beara** ist ein Rundkurs um die gebirgige Beara-Halbinsel. Drei Inselausflüge sind zu empfehlen: zu den subtropischen Gärten von **Garinish Island** vor Glengariff; zur bergigen **Bere Island** weiter westlich (beide per Fähre zu erreichen) und via Schwebebahn über einen tosenden Gezeitenarm zur felsigen und dramatischen **Dursey Island**. (Genauere Informationen zu den Halbinseln Iveragh und Dingle ▶ 101 und 104.)
🞣 199 D1

Der mittelalterliche Leuchtturm Lot's Wife überblickt die Bucht in der Nähe des Dorfes Baltimore in Richtung Sherkin Island

8 Mizen Head Signal Station

Mizen Head ist Irlands südwestlichster Punkt, gelegen an einer spektakulären Küste mit traumhaften Ausblicken. Vom Parkplatz führt ein kurzer Weg hinab über 99 Stufen zu einem Aussichtspunkt, von dem aus Sie Seevögel, wilde Blumen und Robben sehen können – sogar Wale tauchen gelegentlich vor der Küste auf. Auf der Landzunge können Sie die Signal Station besuchen, die dort

110 Südwestirland

1931 errichtet wurde. Erkunden Sie die früheren Wohnräume und werfen Sie einen Blick auf die Bildtafeln.
✚ 198 B1
✉ West of Goleen
☎ 028 35115;
www.mizenhead.net
🕐 tägl. Juni–Sept. 10–18, Mitte März–Mai und Okt. 10.30–17, Nov.–Mitte März Sa, So 11–16 Uhr 💶 mittel

9 Muckross House, Abtei und Gärten

Muckross House ist ein stattliches viktorianisches Landhaus im elisabethanischen Stil, heute Sitz eines sympathischen, etwas wirren Heimatmuseums. Drei nahe Farmen werden in herkömmlicher Weise bewirtschaftet (großer Spaß für Kinder). In den französischen Gärten gedeihen exotische Bäume und Sträucher; dazu gibt es einen hübschen Steingarten. Das weitere Gelände des Parks lädt zu Uferspaziergängen oder Fahrten mit dem Pferdewagen.

Nördlich liegen die eindrucksvollen Ruinen von Muckross Abbey, 1340 gegründet, aber hauptsächlich aus der Mitte des 15. Jahrhunderts stammend. Die besten Teile sind der Kreuzgang und das Skelett des großen Ostfensters unter dem mächtigen, quadratischen Turm.

Muckross ist ein beliebtes und daher oft überlaufenes Ziel.
✚ 198 C2
✉ Muckross, nahe Killarney, Co. Kerry
☎ 064 31440; www.muckross-house.ie
🕐 Haus und Gärten:
März–Nov. tägl. 9 bis 17.30; Juli und Aug. 9–19;
Farmen:
Juni–Sept. tägl. 10–19; Mai 13–18;
Mitte März–April und Okt. Sa, So und an Feiertagen 13–18 Uhr
💶 Haus und Gärten: mittel;
Haus/Gärten/Farmen: teuer

Die Gärten von Muckross House im Herzen des Killarney-Nationalparks sind das ganze Jahr faszinierend

Nach Lust und Laune! 111

Wie im Bilderbuch: strohgedecktes Cottage im gepflegten Gutsdorf Adare

🔟 Killarney National Park

Die Seen und Berge um Killarney sind für ihre Schönheit berühmt, aber der kommerzielle Betrieb in Killarney selbst ist eher unrühmlich. Touristen, Wanderer und Abenteurer kommen seit fast 200 Jahren in die Region, und alles ist wohl organisiert. Vielleicht ist Ihnen eine Fahrt mit dem Pferdewagen ja den ziemlich stolzen Preis wert; die Kutscher, *jarveys* genannt, sind wortgewandt und kennen jeden Winkel. Ansonsten wenden Sie sich lieber **Lough Leane** im Süden von Killarney zu, dem Herzstück des 10 125 Hektar großen **Killarney-Nationalparks**. Sie können sich ein Ruderboot mieten und damit zur Insel Innisfallen fahren oder sich tiefer in die Hügel hineinwagen, um den Torc-Wasserfall anzuschauen und vom Middle zum Upper Lake hochzuklettern.

In der Ferienzeit kann das Seengebiet unangenehm voll werden. Wandern Sie dann lieber in die Berge – etwa auf dem gut markierten »Kerry Way« oder der abenteuerlichen, 16 Kilometer langen »Old Kenmare Road«, die hoch und einsam durch eine wildschöne Landschaft führt.

✚ 198 C2
✉ Tourist Information Office, Beech Road, Killarney, Co. Kerry
☎ 064 31633

🔟 Adare

Das 19 Kilometer südlich von Limerick City gelegene Adare ist eines der hübschesten Dörfer Irlands. Es wurde im 19. Jahrhundert von den Grafen von Dunraven als Gutsdorf angelegt und wird sorgfältig gepflegt.

Ordensgemeinschaften ließen sich um Adare nieder, davon zeugen noch die bogenreiche Brücke, um 1400 erbaut; die Pfarrkirche, eine ehemalige Klosterkirche des 13. Jahrhunderts; ein Augustinerkloster von etwa 1315, mit einem Mausoleum für die Dunravens im Kreuzgang; und auf dem

FÜR KINDER

Im West Cork Model Railway Village an der Bucht von Clonakilty (geöffnet: tägl. 11–17 Uhr; Eintritt: mittel) können sich zwischen Miniaturhäuschen und einer winzigen, funktionierenden Eisenbahn spielen.

ABSEITS DER MASSEN

Clear Island (Oilean Cléire) liegt eine Fährstunde von Baltimore entfernt und bildet Irlands südlichsten Punkt. Im Frühjahr und Herbst wird die Insel zum Vogelparadies, wenn die Zugvögel hier Station machen.

Südwestirland

Gelände der Domäne von Adare (heute ein Luxushotel) die Ruinen eines Franziskanerklosters aus dem 15. Jahrhundert. Die Parks der Domäne dehnen sich meilenweit; da gibt es eine mittelalterliche Burg und viele seltene Bäume. **Adare Castle** kann nur mit einer Führung besichtigt werden, die Sie vorab im Adare Heritage Centre buchen müssen.

🕂 199 D3
✉ Tourist Information Office, Adare Heritage Centre, Main Street, Limerick; www.adareheritagecentre.ie
☎ 061 396 255   ☎ Adare Castle 061 396 666
🕐 Adare Castle: Juli–Sept. tägl. 10–17 Uhr
💰 Adare Castle: preiswert

🔢 Lough Gur

An diesem See in ruhiger, ländlicher Lage 27 Kilometer südlich von Limerick befindet sich eine der größten und bestpräsentierten archäologischen Stätten Irlands. Ein Informationszentrum, im Stile jungsteinzeitlicher Hütten erbaut und reetgedeckt, begleitet Sie durch die 5000 Jahre, die der Mensch hier gesiedelt hat. Es gibt Steinkreise

Die Landschaft ist bei Lough Gur genau so beeindruckend wie die Archäologie

(darunter der mächtige Grange-Kreis mit 45 Meter Durchmesser) zu sehen, Gräber, Ringfesten, ein *crannog* oder Inselfort sowie die Fundamente mehrerer Hütten.

🕂 199 E3
✉ Bruff, Co. Limerick   ☎ 061 360 788; www.ballyhouracountry.com/loughgur
🕐 Mai–Sept. tägl. 10.30–18 Uhr   💰 mittel

FÜNF BESONDERS SCHÖNE DÖRFER IN WEST CORK

- Courtmacsherry
- Rosscarbery
- Glandore
- Castletownshend
- Ballydehob

Wohin zum ...
Essen und Trinken?

Preise

Sie zahlen pro Person und Mahlzeit, ohne Getränke und Bedienungsgeld, ca.

€ unter 15 Euro €€ 15–30 Euro €€€ über 30 Euro

CORK CITY

Fenns Quay Restaurant €€–€€€

Dieses beliebte Restaurant liegt im Herzen der Stadt. Es wurde vergrößert und neu gestaltet und bietet jetzt eine helle, moderne Atmosphäre. Irisches Lammsteak mit scharfen marokkanischen Gewürzen und Tzatziki ist eines der Lieblingsgerichte auf der Speisekarte. Daneben können Sie aus einer breiten Palette ebenso interessanter Fleisch-, Fisch- und vegetarischer Gerichte sowie kleiner Snacks, Sandwiches und Frühstücksangeboten wählen.

⊞ 199 E2 ⊠ Shears Street, Cork ☎ 021 427 9527; www.fennsquay.ie ⊕ Mo–Sa 10–spätnachts

Little India €

Indische Restaurants kommen und gehen, aber das Little India hat seine Tradition aus einwandfreiem Service und hervorragender Küche seit seiner Eröffnung 1999 bewahrt. Die kunstvoll dekorierten Plüschsessel und die goldenen Statuen glückverheißender Götter schaffen eine angenehme Atmosphäre. Okraschoten mit Mango und Königsgarnelen mit Gurke und Joghurt sind nur zwei von zahlreichen Spezialitäten.

⊞ 199 E2
⊠ Washington Street, Cork
☎ 021 427 9587; www.littleindia.ie
⊕ tägl. 17–23.30 Uhr

Isaacs €€

Würziges Essen und Liebe zum Detail sind Markenzeichen dieses gut geführten, modernen Restaurants in einem großen Lagerhaus des 18. Jahrhunderts. Ausgezeichnete Zutaten sorgen für aufregende Menüs, wobei mediterrane Einflüsse und irische Tradition sich bestens ergänzen; an Vegetarier ist gedacht. Moderne Bilder, öltuchgedeckte Tische und frische Blumen ergänzen die schwungvolle Küche. Das Lokal findet großen Anklang.

⊞ 199 E2 ⊠ 48 MacCurtain Street, Cork ☎ 021 450 3805; www.isaacsrestaurant.ie ⊕ Mo–Sa 12–14.30, 18–22, So 18–21 Uhr

Jacques Restaurant €–€€

Dieses beliebte Restaurant ist ein mediterran gestimmtes Bistro, bekannt für ausgefallene Kreationen. Zu erwähnen sind Risottokuchen mit Wiesenpilzen, Schweinefleisch mit Apfelkompott oder Lamm vom Spieß mit Kräuterkruste. Das frühe Abendessen (18–19 Uhr) ist sein Geld wert.

⊞ 199 E2 ⊠ 9 Phoenix Street, Cork ☎ 021 427 7387; www.jacquesrestaurant.ie

⊕ Mo–Sa 18–22 Uhr; geschl. Feiertage und 25.–29. Dez.

UMGEBUNG VON CORK

Ballymaloe House €€€

Seit 1964 leiten Myrtle Allen und ihre Familie die Bewegung, die zum aktuellen kulinarischen Aufschwung in Irland geführt hat. Zwar haben globale Trends in der Küche dieses großzügigen, komfortablen Hauses Einzug gehalten, doch gilt noch immer eine Speisephilosophie, die erstklassigen Zutaten den Vorrang gibt. Unbedingt reservieren.

⊞ 199 E2 ⊠ Shanagarry, Midleton, Co. Cork ☎ 021 465 2531; www.ballymaloe.ie ⊕ tägl. 12–13.30, 19–21.30 Uhr; So nur Lunch; geschl. 24.–26. Dez.

Blairs Inn €–€€

Dieses Pub in ruhiger Waldlage, nur 5 Minuten per Auto von Blarney entfernt, hat einen Garten am Fluss, doch ebenso lodernde Kaminfeuer in der Bar für kühlere Zeiten. Gute traditionelle, hausgemachte Speisen unter Verwendung vorwiegend örtlicher

114 Südwestirland

Produkte sind in der Bar und im separaten Restaurant (eigene Karte) zu haben. Das ganze Jahr gibt es außerdem an Sonntagabenden und Montag von Mai bis Oktober Musik.

+ 199 E2
⊠ **Cloghroe, Blarney, Co. Cork**
☎ **021 438 1470; www.blairsinn.ie**
⊙ **tägl. 12–24 Uhr; Bar-Mahlzeiten 12.30 bis 21.30 Uhr; geschl. Karfreitag und 25. Dez.**

Farmgate €–€€

Der Laden im vorderen Teil dieses Betriebes ist eine Werbung für lokale Produkte. Hinten im Restaurant, wo mit Fantasie gekocht wird, sind unwiderstehliche frisch gebackene Leckerbissen, Kuchen und Gebäck sowie einfallsreiche vegetarische Gerichte geboten. Später am Tag wird dieses lebhafte Café zu einem seriösen Abendrestaurant. Ein tagsüber geöffneter Ableger, das Farmgate Café (Tel. 021 4278134), liegt am English Market von Cork.

+ 199 E2 ⊠ **The Coolhavn, Midleton, Co. Cork** ☎ **021 463 2771**
⊙ **Mo–Mi 9–17, Do–Sa 18.45–21.30 Uhr; geschl. 25. Dez.–3. Jan.**

Longueville House und Presidents' Restaurant €€€

Diese elegante georgianische Villa liegt auf einem Hügel oberhalb des Flusses Blackwater. Die Farm, der Fluss und der Garten liefern viele Zutaten wie frischen Lachs, Lammfleisch sowie Obst und Gemüse. Die Küche gehört zu den besten Irlands.

+ 199 D2 ⊠ **Mallow, Co. Cork**
☎ **022 47156; www.longuevillehouse.ie**
⊙ **Bar-Lunch 12.30–17; Restaurant 18.30 bis 21 Uhr; geschl. Mo, Di von Nov.–Anfang Dez. und 25.–28. Dez.**

KÜSTE VON WESTCORK

Mary Ann's Bar und Restaurant €–€€

Dieses Pub geht auf das Jahr 1846 zurück; die gegenwärtigen Inhaber haben es stilgetreu renoviert. Die hochgeschätzte Speisekarte enthält Spezialitäten wie Seafood-Platte mit Schalentieren aus Castlehaven Bay, köstliches selbst gebackenes Brot sowie Steaks und Braten. Sie sollten die heimischen Käsesorten aus West Cork probieren.

+ 198 C1
⊠ **Castletownshend, nahe Skibbereen, Co. Cork**
☎ **028 36146**
⊙ **Bar-Mahlzeiten tägl. 12–14.30, 18–21; Restaurant-Mahlzeiten Di–So 18–21 Uhr; geschl. Mo Nov.–März, 3 Wochen im Januar sowie Karfreitag und 25. Dez.**

Annie's Restaurant €€

Dieses gemütliche und informelle Restaurant ist bekannt für sein gesundes Essen. Frischer Fisch der Region, Ente, Farmkäse aus West Cork und geräucherte Speisen stehen auf dem einfachen, aber leckeren Speisezettel. Auch Brot, Eis und Nachspeisen sind selbstgemacht.

+ 198 C1 ⊠ **Main Street, Ballydehob, Co Cork** ☎ **028 37292**
⊙ **Di–Sa 18.30–22.30; geschl. 14.Okt.–1.Dez.**

Crackpots Restaurant & Pottery €–€€

Es ist nicht schwierig, in Kinsale, der »Gourmet-Hauptstadt Irlands« einen Mahlzeit zu finden, doch Gourmet-Lokale sind oft teuer und nur abends geöffnet. Crackpots bietet (zu vernünftigen Preisen) exzellente Mahlzeiten irischer und internationaler Küche mit Ethno- und europäischen Einflüssen. Der Speiseplan variiert je nach Saison, mit einem Schwerpunkt auf Fisch und Meeresfrüchten. Und wenn Ihnen das Geschirr gefällt, können Sie es kaufen, weil es hier hergestellt wird.

+ 199 E1
⊠ **3 Cork Street, Kinsale, Co. Cork**
☎ **021 477 2847; www.crackpots.ie**
⊙ **Mo–Sa 18.30–22, So 12.30–15 Uhr**

La Jolie Brise €

Dieses fröhliche Café bringt gutes, billiges Essen und mäßig teure Weine auf den Tisch. Wählen Sie zwischen continental und full Irish breakfast, warmem Räucherlachs, frischem Seafood, guter Pizza oder Pasta, Muscheln mit Fritten oder gegrilltem Sirloin-Steak. Geräumige Unterkünfte vorhanden.

+ 198 C1 ⊠ **The Square, Baltimore, Co. Cork** ☎ **028 20600**
⊙ **tägl. 8–23 Uhr**

Wohin zum ... 115

Sea View House Hotel und Restaurant €€€

Dieses Country House bietet als Hotel elegante Gemeinschaftsräume, denen Familienmöbel Charakter verleihen. Beim Essen – es gibt vorwiegend heimische Produkte, besonders Seafood – blicken Sie auf Bantry Bay, und im Sommer können Sie Kaffee und Petits Fours draußen genießen.

🕀 198 C1 ⊠ Ballylickey, Bantry, Co. Cork
☎ 027 50073/50642;
www.seaviewhousehotel.com
Ⓖ Restaurant tägl. 19–21, Lunch nur So;
geschl. Mitte Nov.–Mitte März

KENMARE

Packie's €€€

Dieses stilvolle, aber unprätentiöse Restaurant zeichnet sich durch Blumen auf der Bar, kleine Tische und gute Stimmung aus. Wohl bekannt für seine kreative Küche, bietet Packie's aromatische irisch-mediterrane Speisen. Viele vertraute Gerichte bekommen hier einen originellen Kick, und zum Abschluss gibt es immer heimischen Käse. Die Inhaber, die Foleys, betreiben auch Shelburne Lodge (▶ 116–117).

🕀 198 C2 ⊠ Henry Street, Kenmare, Co. Kerry ☎ 064 41508 Ⓖ Dinner Mo–Sa 18–22 Uhr; geschl. Mitte Jan.–Ende Feb.

The Purple Heather €€

Das legere Schwesterrestaurant von Packie's für den Tag bietet einfaches, aber gutes Essen. Die Suppen sind selbst gekocht, das Brot ist frisch gebacken, der Orangensaft frisch gepresst; auf die biologischen Salate, Omeletts oder Sandwiches folgen Hausmacher-Puddings.

🕀 198 C2 ⊠ Henry Street, Kenmare, Co. Kerry ☎ 064 41016 Ⓖ Mo–Sa 10.45–18 Uhr; geschl. Karfreitag und Weihnachtswoche

KILLARNEY UND RING OF KERRY

Aghadoe Heights Hotel & Spa €€€

Dieses großartige Hotel und Spa hat schon zahlreiche Preise und Auszeichnungen gewonnen. Es liegt in einer atemberaubenden Seen- und Berglandschaft. Auch aus den Speiseräumen können Sie diesen herrlichen Blick genießen. Sie sind der ideale Ort für ein feines Essen im klassischen Stil.

🕀 198 C2 ⊠ Lakes of Killarney, Killarney ☎ 064 31766; www.aghadoeheights.com
Ⓖ Restaurant: tägl. 18.30–21.30. Lounge und Bistro: im Sommer nur 10–21.30 Uhr. Restaurant geschl. Ende Dez.–Mitte Feb.

Lord Kenmare's Restaurant €€

Wenn Sie Ente mögen, werden Sie sich hier wohlfühlen. Ente ist die Spezialität bei Lord Kenmare's, und Liebhaber des delikaten dunklen Fleischs kommen hierher, um es zu kosten. Auch die Meeresfrüchte sind hervorragend. Dabei liegt der Schwerpunkt auf der mediterranen Note der Gerichte – Paprika, Oliven und frische Kräuter spielen eine wichtige Rolle.

🕀 198 C2
⊠ College Street, Killarney, Co Kerry
☎ 064 31294; www.ireland-guide.com/
establishment/lord_kenmares_restau-
rant.6164.html
Ⓖ tägl. 18–22 Uhr; geschl. an 2 Tagen über Weihnachten

DINGLE-HALBINSEL (CORCA DHUIBHNE)

Lord Baker's €-€€

»Lord Baker« war der erste Besitzer der Bar, der wohl ältesten in der Gegend. Kleine Speisen (etwa Krebsscheren in Knoblauchbutter) werden am Torffeuer serviert. Das Restaurant dahinter bietet Gutes, aber nicht sonderlich Aufregendes.

🕀 198 A3 ⊠ Dingle, Co. Kerry
☎ 066 915 1277; www.lordbakers.ie
Ⓖ tägl. 12.30–14, 18–22 Uhr;
geschl. Do, Karfreitag und 24./25. Dez.

The Tankard €-€€€

Dieses Pub an der Küste westlich von Tralee ist für seine Meeresfrüchte bekannt. Die Speisen der abwechslungsreichen Bar-Speisekarte gibt es ab mittags. Seafood wird in diesem Restaurant besonders fein zubereitet, doch sind auch andere Gerichte empfehlenswert.

🕀 198 C3 ⊠ Kilfenora Fenit, Tralee Co. Kerry ☎ 066 713 6164;
Ⓖ Bar: tägl. 12.30–22 Uhr;
Restaurant: tägl. 12–16 und 18–22 Uhr

116 Südwestirland

Wohin zum ... Übernachten?

Preise

Sie zahlen pro Person für ein Doppelzimmer ohne Steuern ca.

€ unter 70 Euro   €€ 70–130 Euro   €€€ über 130 Euro

BANTRY

Mossie's €€

Dieses charmante Landhaus liegt an der Südseite der malerischen Beara-Halbinsel mit Blick auf die Bucht von Bantry. Das ehemalige Presbyterium bietet heute luxuriöse Zimmer mit viel Stil und Komfort. Sie können wählen zwischen dem eleganten French Room, dem charmanten Annie's Room oder dem luxuriösen Russian Room. Tagsüber werden im Garten leichte Mittagessen und Nachmittagstees serviert und Mossie's Restaurant bietet ein gutes Abendessen.

✚ 199 C1
◻ Ulusker House, Adrigole, Beara, Co. Cork
☎ 027 60606; www.mossiesrestaurant.com
Ⓢ ganzjährig

CORK CITY

Garnish House €€

Dieses hübsche kleine Gästehaus mit den farbenfrohen Blumenkästen liegt nur fünf Minuten zu Fuß vom Stadtzentrum entfernt. Auch vom Hafen und Flughafen aus ist es gut zu erreichen. Der Empfang ist rund um die Uhr geöffnet. Einige Zimmer sind mit Jacuzzi ausgestattet, und es gibt ein reichhaltiges Frühstücksangebot, mit dem Sie gut in den Tag starten können.

✚ 199 E2
◻ 1 Aldergrove, Western Road, Cork
☎ 021 427 5111;
www.garnish.ie
Ⓢ ganzjährig

Hayfield Manor Hotel €€€

Obwohl noch relativ neu, hat dieses anziehende Hotel im Universitätsviertel, kaum zwei Kilometer vom Stadtzentrum entfernt, das Flair eines historischen Gebäudes. Es liegt inmitten weitläufiger Gärten, hat eine große Bar, ein elegantes Restaurant und ebensolche Halle, beide mit Blick auf einen Garten, sowie ein Freizeitzentrum für Gäste. Die Zimmer sind stilvoll mit Antiquitäten und marmornen Bädern ausgestattet.

✚ 199 E2
◻ Perrott Avenue, College Road, Cork
☎ 021 431 5900: www.hayfieldmanor.ie
Ⓢ ganzjährig geöffnet

Jurys Inn Cork €–€€

Wie alle Jurys Inns (▶ 39) bietet dieses Hotel am Fluss keinen Zimmerservice, dafür können bis zu vier Personen zum gleichen Preis übernachten. Die Zimmer sind gut mit Telefon, TV, Tee- und Kaffeemaschine sowie kompletten Bädern ausgestattet. Es gibt Privatparkplätze und die Möglichkeit, das Auto in einem nahen Parkhaus abzustellen.

✚ 199 E2   ◻ Western Road, Cork   ☎ 021 425 2700; www.corkhotels.jurysdoyle.com
Ⓢ geschl. 24.–26. Dez.

KINSALE

Trident Hotel €€–€€€

Dieses Haus am Wasser, in den Sechzigerjahren gebaut, kann sich einer der besten Lagen in Kinsale rühmen. Es ist gut geführt, gastfreundlich und komfortabel. Die Zimmer, praktisch, aber ein wenig farblos, haben alle Bäder; es gibt zwei Suiten mit eigenem Balkon und direktem Blick auf den Hafen. Das Essen, sowohl im Etagenrestaurant als auch in der Wharf Tavern darunter, liegt in der Qualität deutlich über normaler Hotelkost.

✚ 199 E1   ◻ World's End, Kinsale, Co. Cork
☎ 021 477 4173; www.tridenthotel.com
Ⓢ geschl. 25./26. Dez.

KENMARE

Shelburne Lodge €€–€€€

Dieses schöne, alte Steinhaus am Rande von Kenmare wurde äußerst stilvoll

Wohin zum … 117

eingerichtet. Neben dem eleganten Empfangsraum gibt es ein feines Esszimmer, wo ein köstliches Frühstück mit hausgebackenem Brot und warmen Speisen serviert wird. Gäste können bei Packie's essen (▶ 115).

☐ 198 C2
✉ Killowen, Cork Road, Kenmare, Co. Kerry
☎ 064 41013; www.shelburnelodge.com
⊙ geschl. 1.Dez.–Mitte März

KILLARNEY

Killarney Park Hotel €€€

Dieses luxuriöse, moderne Hotel gleicht einem noblen Country House. Tatkräftiges Management und ein Programm ständiger Erneuerung, Verbesserung und Ausbaus sichern das Niveau. Die geräumigen Zimmer in warmen, ländlichen Farben haben große Betten und hübsche Bäder. Die moderne, internationale Küche des Restaurants ist überdurchschnittlich gut.

☐ 198 C2
✉ Town Centre, Killarney, Co. Kerry
☎ 064 35555; www.killarneyparkhotel.ie
⊙ geschl. 24.–27. Dez.

DINGLE-HALBINSEL (CORCA DHUIBHNE)

The Brandon Hotel €€–€€€

Tralees größtes Hotel besitzt großzügige Gemeinschaftsräume und Zimmer mit Direktwahl-Telefon, Radio und TV. Einge Zimmer sind klein, aber alle haben gut konzipierte Bäder. Das Hotel verfügt über einen Swimmingpool und ein Freizeitzentrum.

☐ 198 C3
✉ Princes Street, Tralee, Co. Kerry
☎ 066 712 3333; www.brandonhotel.ie
⊙ geschl. 23.–28. Dez.

Harbour View €

Ein wundervoller Blick über Kenmare Harbour, seine Inseln und die umgebenden Hügel, erstklassiger Komfort und allgemeine Standards sind die Grundsätze dieses wunderbaren Gästehauses. Zum Frühstück wird eine reichhaltige Auswahl einschließlich Obst und hausgemachtem Müsli angeboten. Das Harbour View liegt nur wenige Autominuten außerhalb der lebhaften Stadt Kenmare und ist

ein wunderbarer Ausgangspunkt für Entdeckungstouren auf den Halbinseln Beara oder Iveragh.

☐ 198 C2
✉ Castletownbere Road, Dauros, Kenmare, Co Kerry
☎ 064 41755

Heaton's €–€€

Das Gästehaus liegt herrlich am Wasser mit traumhaftem Blick über die Dingle Bay. Cameron und Nuala Heaton sind liebenswürdige Gastgeber. Alle Zimmer haben ein eigenes Bad, die Mini-Suiten mit Jacuzzi. Die Tochter Jackie ist berühmt für ihr Frühstück, zu dem unter anderem auch Räucherlachs, irischer Käse, Porridge mit Drambuie, braunem Zucker und Sahne gehören. Brot, Scones und Marmeladen sind selbst gemacht.

☐ 198 A3
✉ The Wood, Dingle, Co. Kerry
☎ 066 915 2288; www.heatonsdingle.com
⊙ geschl. 9.–27. Dez.

ADARE

Dunraven Arms Hotel €€€

Dieser Gasthof aus dem 18. Jahrhundert im angeblich schönsten Dorf Irlands

besitzt immer noch eine entspannt ländliche Atmosphäre. Die Zimmer sind mit Antiquitäten bestückt. Ein neues Freizeitzentrum gehört zu den weiteren Vorzügen, außerdem ist das Hotel ein beliebtes Standquartier für Sportferien – Golf, Angeln und Reiten. Das Essen in der Bar wie in den beiden Restaurants ist gut.

☐ 199 D3
✉ Adare, Co. Limerick
☎ 061 396 633; www.dunravenhotel.com

GLIN

Glin Castle €€€

Die Fitzgeralds, Knights of Glin, haben hier über 700 Jahre gelebt (das heutige Haus ist jedoch nur 200 Jahre alt); heute empfangen sie Gäste bei sich daheim. Das Innere birgt erstaunliche Sammlungen von irischen Möbeln und Gemälden. Es gibt 15 Gästezimmer; das Abendessen wird im schmucken Esszimmer serviert, wo bis zu 30 Personen Platz finden. Der Schlossgarten ist öffentlich zugänglich (auch das Haus zu bestimmten Zeiten des Jahres).

☐ 198 C3
✉ Glin, Co. Limerick
☎ 068 34173; www.glincastle.com
⊙ geschl. Mitte Nov.–März

Südwestirland

Wohin zum ... Einkaufen?

CORK

Örtliche Produkte gibt es im **English Market** (Patrick Street), Antiquitäten rund um **Paul Street**. In Shanagarry ist die **Ballymaloe Cooking School** (Tel. 021 464 6785) beheimatet, ebenso **Stephen Pearce Pottery and Emporium** (Tel. 021 464 6807).

BLARNEY

Blarney Woollen Mills (Blarney, Tel. 021 451 6111) sind einen Besuch wert.

KINSALE

Bücher finden Sie im **Kinsale Bookshop** (8 Main Street, Tel. 021 477 4244), Kristall bei **Kinsale Crystal** (Market Street, Tel. 021 477 4493), Kunsthandwerk bei **Kinsale Art Gallery** (Pier Head, Tel. 021 477 3622).

KENMARE

Für die berühmten Spitzen aus Kenmare (Heritage Centre, Tel. 064 41491) gehen Sie zu **The White Room** (Henry Street, Tel. 064 40600), für Läufer aus **Avoca Handweavers** (Moll's Gap, Tel. 064 34720) und für Kleidung zu **Cleo** (Shelbourne Street, Tel. 064 41410).

KILLARNEY

Gehen Sie zu **Mucros Crafts & Gifts** (Mucros House, National Park, Tel. 064 31440) und **Bricin Craft Shop** (High Street, Tel. 064 34902), wenn Sie hochwertige Geschenke suchen. **Frank Lewis Gallery** (Bridewell Lane, Tel. 064 31108) bietet in seinen Räumen Originalkunst an.

DINGLE (AN DAINGEAN)

An Gailearai Beag (18 Main Street, Tel. 066 915 2976) ist eine Kunstgalerie. **Louis Mulcahy's** verkauft seine Keramik im Fabrikladen unweit Dingle (Tel. 066 9156229).

Wohin zum ... Ausgehen?

AKTIVITÄTEN IM FREIEN

Segeln (Castlepark Marina, Kinsale, Tel. 021 4774959; www.castleparkmarina.com), Hochseeangeln (vor allem um Kinsale), Radfahren, Reiten und Golf, besonders auf Plätzen in Kerry; Auskunft bei den Touristenbüros. Die **Seafari** von Kenmare (The Pier, Tel. 064 42059; www.seafari ireland.com) verbindet Vergnügliches und Wissenswertes in der Kenmare Bay. Dingle ist Stützpunkt für Delphin-Beobachtung (Boote fahren regelmäßig ab Hafen).

ZUSCHAUERSPORTARTEN

Beliebt sind Windhundrennen (Kingdom Greyhound Stadium, Tel. 066 718 0008) und Pferderennen (Mallow, Tel. 022 21592). Eine örtliche Sportart ist das Straßenkegeln, das mit Metallkugeln gespielt wird.

MUSIK

An den meisten Sommerabenden bieten die Pubs der Städte Musik. Gute Treffs sind: **The Spaniard** (Scilly, Tel. 021 477 2436) in Kinsale, **The Anchor Tavern** (Tel. 027 50012) in Bantry, **Landsdowne Arms** (Tel. 064 41368) in Kenmare; **Buckley's** (Arbutus Hotel, College Street, Tel. 064 31037) und das **Grand Hotel** (Main Street, Tel. 064 31159) in Killarney. Dingle ist der Ort für traditionelle Musik, besonders **An Droichead Beag** (Tel. 066 915 1723) – aber fast jede Bar hat etwas zu bieten. Kontrastprogramm: Das **Guinness Cork Jazz Festival**, Ende Oktober (Tel. 021 427 8977; www.corkjazzfes tival.com) und **West Cork Chamber Music Festival** (Bantry House, Tel. 027 52788) von Ende Juni bis Anfang Juli.

West- und Nordwestirland

Erste Orientierung	120
In vier Tagen	122
Nicht verpassen!	124
Nach Lust und Laune!	134
Wohin zum …	139

120 West- und Nordwestirland

Erste Orientierung

Der Westen Irlands mag nicht so dicht mit dramatischen Bergen und wilden Halbinseln bestückt sein wie der Südwesten, doch dafür hat er etwas anderes – reine Magie.

Bemerkenswerte Landschaften fließen hier ineinander, jede vollkommen eigen und doch nur Teil des ganzen, bezaubernden Puzzles. Dazu gehören die nackten, grauen Kalkhöhen des Burren im County Clare, die sich im Frühling und Sommer mit Wildblumenteppichen schmücken; das abgelegene Connemara in County Galway, mit seinem gebirgigen Herzen und seinen schrecklich einsamen Küsten; die drei windumtosten Aran-Inseln (Oileáin Árann) in der Galway Bay, wo Leben und

0 ——— 30 km

0 ——— 20 Meilen

Toraigh
Tory Island

Cnoc Fola
Bloody Foreland

Dunfanaghy

Árainn Mhór
Aran Island

Croithlí
Crolly

Letterkenny

An Clochán Liath
Dungloe

676m ▲

Ballyt

Gleann Cholm Cille
Glencolumbkille

Ardara

N15

Donegal

595m ▲
Sliabh Liag
Slieve League

Killybegs

Donegal Bay

Inishmurray

N15

Ballyshannon

525m ▲
Benbulbin

Drumcliff

13 Sligo

Lough Gill

Downpatrick
Head

Céide
Fields 12

Ballycastle

Killala
Bay

N59

Dromore
West

Col=ooney

N4

Carrowmore
Lake

Bangor Erris

Castle Baldwin

Lough
Allen

Bellacorick

Ballina

N17

Lough
Arrow

Boyle

Carrick-on-
Shannon

722m ▲

Lough
Conn

N26

Ox Mts

672m ▲
Slieve More

Achill
Head

Achill Island

Mulranny

11 Nephin Beg
Mountains

Charlestown

Lough
Gara

N5

Swinford

N17

Ballaghaderreen

Lough
Boderg

N4

Clare Island

Clew Bay

Castlebar

Westport

N5

Knock

Castlerea

Tulsk

10 Strokest
Park Ho

Inishturk

Louisburgh

765m ▲
Croagh
Patrick

Murrisk

4

Lough
Carra

Strokestown

N5

Caher
Island

Inishbofin

West Mayo

Ballyhaunis

Claremorris

Ballymoe

Longford

Letterfrack

N59

673m ▲

Loch
Measca
Lough Mask

Ballinrobe

Roscommon

Clifden

3 Connemara

Lough
Corrib

Tuam

N55

Roundstone

N59

Oughterard

N17

Lough
Ree

Hodson's Bay

Athlone

Maigh Cuilinn
Moycullen

Ballinasloe

N6

Moat

Leitir Mealláin
Lettermullan

An Spidéal
Spiddal

Salt
Hill

9 GALWAY

7

Inis Mór
Inishmore

Cill Rónáin
Kilronan

Galway Bay

Ballyvaughan

N18

Loughrea

Clonmacnoise

Cloghan

Oileáin Árann
Aran Islands 2

Inis Meáin
Inishmaan

Lisdoonvarna

8 Thoor Ballylee

Birr

Inis Oírr
Inisheer

Doolin

Gort

Slieve
Aughty
Mts

Lough
Derg

Borrisokane

N7

Cliffs of
Moher 1

1 The
Burren

Roscrea

Ennistymon

N18

Nenagh

Ennis

6 Craggaunowen

N7

Kilkee

Bunratty Castle
& Folk Park 5

694m ▲

Loop
Head

Kilrush

Shannon

LIMERICK

Thurles

Tarbert

N20

N24

Kerry
Head

Newcastle
West

Rathkeale

Tipperary

Cashel

Tralee

N21

N20

Charleville

Cahir

N8

Erste Orientierung 121

★ Nicht verpassen!

1 The Burren und die Klippen von Moher, Co. Clare ➤ 124
2 Die Aran-Inseln (Oileáin Árann), Co. Galway ➤ 128
3 Connemara, Co. Galway ➤ 130
4 West Mayo ➤ 132

Nach Lust und Laune!

5 Bunratty Castle und Folk Park, Co. Clare ➤ 134
6 Craggaunowen, Co. Clare ➤ 134
7 Clonmacnoise, Co. Offaly ➤ 135
8 Thoor Ballylee, Co. Galway ➤ 135
9 Galway City ➤ 135
10 Strokestown Park House, Garden & Famine Museum, Co. Roscommon ➤ 136
11 Nephin Beg Mountains, Co. Mayo ➤ 136
12 Céide Fields, Co. Mayo ➤ 137
13 Sligo ➤ 137

Etwas weiter weg

Donegal ➤ 138

Hochkreuz in Clonmacnoise, County Offaly, mit schönen keltischen Reliefs

Arbeit gemächlich vorangehen, auf kleinsten steinigen Äckern zwischen zahllosen Steinmauern. Die wundervolle Landschaft um die Clew Bay im County Mayo verbindet sanftgrüne Hügel und abweisende Berge mit uralten Flurdenkmalen. Und dies alles wird beherrscht vom Croagh Patrick, dem heiligen Berg. Bleiben noch County Sligo – »Yeats Country« – und Donegal, Küstenland mit gezackten Rändern, wilden Hügeln und steilen Klippen, wo nur wenige Menschen weit voneinander entfernt leben.

Dies ist das Land, das den Dramatiker J. M. Synge und den Romancier Liam O'Flaherty, den Maler Jack Yeats und seinen Bruder, den Dichter W. B. Yeats, inspiriert hat. Und es inspiriert Musiker immer noch, denn hier wird mit die beste traditionelle Musik gespielt – von den sanft fließenden Weisen von Clare bis zu den lebhaften *reels* von Donegal. Hier können Sie Tourist sein – etwa im Bunratty Folk Park in County Clare; Sie können aber auch ganz anders vorgehen und das einsame Schweigen der Nephin Beg Mountains suchen. Erklimmen Sie den Croagh Patrick!

Rechts: Fischerboote vor Anker in Leenane, County Galway, im tiefen Wasser des Killary Harbour

Seite 119: Blick über die Galway Bay

West- und Nordwestirland

In vier Tagen

Wenn Sie sich nicht sicher sind, wo Sie Ihre Reise beginnen möchten, empfiehlt diese Route eine praktische viertägige Reise durch den Westen- und Nordwesten Irlands mit den wichtigsten Sehenswürdigkeiten. Sie können dazu die Karte auf der vorangegangenen Seite verwenden. Weitere Informationen finden Sie unter den Haupteinträgen.

Erster Tag

Vormittags
Nehmen Sie den Tag für die Erkundung des ❶ **Burren** (➤ 124ff). Fahren Sie gemächlich die Küstenstraße von Ballyvaughan nach **Doolin** hinunter und besuchen Sie eines seiner berühmten Pubs zum Lunch (➤ 127).

Nachmittags
Fahren Sie einige Meilen entlang der Küste zu den spektakulären ❶ **Klippen von Moher**. Kehren Sie danach durchs Binnenland zurück, vorbei an den großartigen antiken Monumenten, dem **Portaldolmen von Poulnabrone** (oben) und dem **Keilgrab von Gleninsheen**. Nehmen Sie sich Zeit für einen Spaziergang über die kahlen Kalksteinhügel des Burren. Eine Stunde Fahrt bringt Sie am frühen Abend ins Hotel in Galway.

Zweiter Tag

Vormittags
Steigen Sie am Kai der Stadt auf die Fähre, die Sie quer über die Galway Bay nach ❷ **Inishmore/Inis Móir** (links, ➤ 129) befördert, der größten der Aran-Inseln (Oileáin Árann). Lunch gibt es in Joe Wattys freundlichem Pub im kleinen Hafen von Kilronan.

Nachmittags
Begeben Sie sich zum alten Fort ❷ **Dún Aengus** (➤ 129) hoch auf den Klippen, am besten zu Fuß oder mit dem Leihrad. Achten Sie auf die rechtzeitige Rückkehr zur letzten Fähre nach Galway.

In vier Tagen

Dritter Tag

Vormittags
Die Zeit reicht gut für Kaffee und einen Stadtbummel durch ❾ **Galway City** (▶ 135), bevor Sie am frühen Nachmittag wieder aufbrechen.

Nachmittags
Fahren Sie die ❸ **Connemara**-Küstenstraße westwärts; diese folgt zunächst zügig dem Hochufer von Galway Bay, windet sich dann aber durch eine Serie kleiner, schroffer Buchten. Nach einer Tasse Tee in **Clifden** (▶ 130) fahren Sie, vorbei an der tiefen Bucht von Killary Harbour, die 65 Kilometer nach ❹ **Westport** (▶ 132). Übernachten Sie dort und gönnen Sie sich einen zünftigen Musikabend im Molloy's (▶ 133), Hoban's oder McHale's.

Vierter Tag

Vormittags
Starten Sie frisch und früh zur einstündigen Fahrt (über die Brücke) hinaus nach ❹ **Achill Island** (Küste bei Dooagh, oben, ▶ 133). Zurück auf dem Festland führt Sie die wilde Küstenstraße weiter nach Bangor Erris; biegen Sie dann ab nach Osten durch das eindrucksvoll öde Moor von Bellacorick und finden Sie in Ballina zur Zivilisation und einem späten Lunch zurück – vielleicht im Broken Jug im Zentrum (Tel. 096 72379).

Nachmittags
Weiter geht es nach ⓭ **Sligo** (ein Glas Bier in Hargadon's Bar ist hier obligatorisch); nehmen Sie dann Kurs auf Norden und die Lieblingsberge von W. B. Yeats, um seinem Grab auf dem **Friedhof von Drumcliff** (▶ 179) die Ehre zu erweisen. Kehren Sie über Sligo nach Galway zurück.

Etwas weiter weg

Haben Sie einen Tag übrig für einen düster-schönen und wenig besuchten Teil Irlands (rechts)? Dann bleiben Sie über Nacht in Ballybofey, um am nächsten Tag auf der imposanten Ringstraße an der Südwestküste **Donegals** zu fahren, hinaus nach Glencolumbkille (Gleann Cholm Cille) und zu den Klippen von Slieve League (Sliabh Liag).

West- und Nordwestirland

❶ The Burren und die Klippen von Moher

The Burren, das sind 1300 Quadratkilometer Hügelland im Nordwesten von Clare – fast ohne Wasser, weitgehend menschenleer und zum Großteil aus nacktem grauem Kalkstein bestehend. Doch gibt es in dieser kargen Einöde die schönsten Wildblumen, die herrlichste Musik, Hunderte von antiken Monumenten und eine wunderbare Küste, die in den mächtigen Cliffs of Moher kulminiert. Dazu kommt die ganz spezielle, gelassene Atmosphäre des County Clare. Diese Landschaft wartet nur darauf, von Ihnen entdeckt zu werden.

Fototour

Starten Sie in **Ballyvaughan** und folgen Sie der Küstenstraße nach **Doolin**, das für seine Pubs mit traditioneller Musik bekannt ist, dann weiter zu den **Klippen von Moher** mit einmaligem Blick. Nehmen Sie danach die Straße nach **Lisdoonvarna** und **Kilfenora**, anschließend nach **Corofin**, und erleben Sie einige typische, stille Burren-Dörfer. In Kilfenora gibt es reliefierte Hochkreuze zu bewundern, und im ausgezeichneten **Burren Display Centre** erfahren Sie alles über die Geologie und Flora der Region. Weitere frühchristliche Relikte finden Sie in **Dysert O'Dea** südlich von Corofin. Kurven Sie dann nordwärts durch das Herz des Burren und erleben Sie die verzauberte Landschaft von **Mullaghmore**, den **Portaldolmen** von **Poulnabrone** und im Frühjahr und Sommer die Teppiche von Wildblumen.

Die Highlights des Burren sind an einem langen Tag zu schaffen. Doch werden Sie ihn kaum wirklich kennen lernen, wenn Sie ihn nicht erwandern. Lassen Sie das Auto also ruhig einmal stehen und entdecken Sie diese zauberhafte Landschaft.

The Burren und die Klippen von Moher

Oben: Wilde Blumen machen sich die Spalten im Kalkstein zu Nutze

Blühende Gegenwart und steinerne Vergangenheit

Man muss kein Botaniker zu sein, um die Blütenpracht des Burren zu würdigen. Die Kalksteinflächen sind von tiefen Spalten durchzogen, von den Geologen *grykes* genannt. Diese sammeln Wasser, Sonnenlicht und Erdpartikel, wodurch sie zu idealen »Gewächshäusern« für die Pflanzen werden. Vor der Küste fließt der warme Golfstrom; das Sonnenlicht wird vom nackten Gestein in die *grykes* hineinreflektiert. Welche Faktoren hier auch maßgebend sind, der Burren entfaltet jedes Frühjahr ein Meer von Wildblumen: Orchideen, Frühlingsenzian, Berg-Nelkenwurz, Augentrost, Blutroter Storchschnabel. Pflanzen, die normalerweise nicht zusammen vorkommen, finden sich hier Seite an Seite: säure- und kalkliebende, arktische, alpine, maritime, mediterrane. Farne, Moose und Flechten fallen auf. Frühling und Sommer im Burren – für Botaniker ein Traum und für jeden, der Farben und Vielfalt der Natur liebt, ein Genuss.

Über das Land verstreut finden sich Monumente, die fünf Jahrtausende menschlicher Besiedlung bezeugen. Vor ca. 5000 Jahren baute ein vergessenes Volk den **Portaldolmen von Poulnabrone**, dessen Stütz- und Decksteine wohl einst mit Erde bedeckt waren und eine Grabkammer bildeten. **Gleninsheen** bei Caherconnell und andere Keilgräber datieren von etwa 1500 v. Chr. Mit dem Christentum kamen die wunderbar reliefierten Hochkreuze von **Kilfenora**, dann im 12. bzw. 13. Jahrhundert die Klosterstätte **Dysert O'Dea** im Süden und die Steinkunstwerke von **Corcomroe Abbey** im Norden dazu. Steinforts und Ringwälle bedecken die Hügel, zu deren Füßen befestigte Türme wie **Newtown Castle** (16. Jh.) bei Ballyvaughan und burgartige Bauten wie das pittoresk verfallene **Leamaneh Castle** (17. Jh.) bei Corofin wachen. Die Gerippe alter Kirchen künden von den Verwüstungen durch Oliver Cromwells Truppen Mitte des 17. Jahrhunderts.

Links: Die Klippen von Moher sind ein toller Aussichtspunkt, auch um spektakuläres Wetter zu beobachten

Schöne Landschaft und eine gute Zeit

Man lernt den Burren am besten kennen, wenn man ihn ein

West- und Nordwestirland

paar Tage auf dem **Burren Way**, einem 42 Kilometer langen Fußweg von Ballyvaughan nach Liscannor, durchwandert. Sein aufregendster Teil verläuft ohne Zweifel am Rand der **Klippen von Moher** in der Südwestecke des Burren entlang. An ihrem höchsten Punkt ragen die mächtigen Felswände 200 Meter senkrecht aus dem Meer: eine große Touristenattraktion – und entsprechend häufig besucht.

Weitere unerhörte Ausblicke bieten sich vom **Corkscrew Hill**, einem Abschnitt der N 67 südlich von Ballyvaughan, sowie an der gesamten schroffen Steilküste um Black Head. Es gibt die unterirdischen **Ailwee Ca-**

ARCHÄOLOGIE

Fünf der großen archäologischen Kostbarkeiten des Burren:
- Portaldolmen von Poulnabrone
- Hochkreuze an der Kathedrale von Kilfenora
- Turmbau Newtown Castle
- Türgang der Kirche von Dysert O'Dea mit steinernen Heiligen und Tieren
- Corcomroe Abbey

The Burren und die Klippen von Moher

ves nahe Ballyvaughan und deren Stalagmiten und Stalaktiten zu besichtigen, Sie können aber zum magischen Hügel **Mullaghmore** ausweichen.

KLEINE PAUSE

In **Vaughan's** oder **Linnane's** in Kilfenora, oder in der **Roadside Tavern** in Lisdoonvarna sind Reden und Lachen garantiert. Wenn Ihnen nach Singen zumute ist, dann ist **O'Connor's** in Doolin zum Lunch das Richtige. Für traditionelle Musik gehen Sie in Doolin gegen 22 Uhr zu **McGann's**.

✉ Tourist Information Centres: Arthur's Row, Ennis und Cliffs of Moher; www.discoverireland.ie/shannon
☎ Ennis: 065 682 8366. Cliffs of Moher: 065 708 6141
www.cliffsofmoher.ie

Burren Display Centre
✚ 199 D5
☎ 065 708 8030; www.theburrencentre.ie
🕐 tägl. Juni–Aug. 9.30–18; Mitte März–Mai 10–17.30, Sept.–Ende Okt. 10–17 Uhr
💰 mittel

Aillwee Caves
✚ 199 D5
☎ 065 707 7036
🕐 nur Führungen tägl. ab 10 Uhr, letzte Führung um 17.30 Uhr (im Juli, Aug. um 18 Uhr), im Dez. nur nach Vereinbarung
💰 teuer

◀ Links: Das Portaldolmen von Poulnabrone ist beeindruckend, wenn Sie nahe genug herangehen
Rechts: Blühender Frühlingsenzian in der Nähe des Burren

BLUMEN
Vergessen Sie Ihr Blumenbuch nicht! *The Burren* von Mary Angela Keane (Paperback der Irish Heritage Series, vor Ort zu erwerben) gibt eine ausgezeichnete Einführung in die Flora des Burren. Wirkliche Liebhaber sollten ein Makroobjektiv für Nahaufnahmen mitbringen. Aber denken Sie daran – nicht pflücken!

THE BURREN: INSIDER-INFO

Top-Tipps: Fünf der **größten Touristenattraktionen des Burren** liegen an oder nahe der N 67: Ballyvaughan, Newtown Castle, Ailwee Caves, Corkscrew Hill und der Kurort Lisdoonvarna. Zu den Klippen von Moher sind es 10 Kilometer auf der R 478 in derselben Richtung.
■ Jeder, der nicht gerade falsch spielt oder singt, ist bei einer **Musik-Session** im Pub willkommen. Keine Angst, fragen Sie einfach, ob Sie mitmachen können!

Geheimtipp: Heilige Brunnen, Felsenstühle, die Rückenschmerzen heilen, Messesteine und vergessene Kirchenruinen: Der Burren ist voll davon, und Sie finden fast alle mit **Tim Robinsons wunderbarer** *Folding Landscape* (▶ 128), einer handgezeichneten, genauen Karte des Burren in großem Maßstab; überall erhältlich.

Muss nicht sein! Meiden Sie die **Klippen von Moher an einem Wochenende in der Hauptsaison:** Dann ist der Klippenrand bevölkert und Ihr Erlebnis dahin.

Die Aran-Inseln (Oileáin Árann)

Wie eine Flottille aus drei niedrigen, grauen Booten schwimmen sie in der Mündung der Galway Bay – die Aran-Inseln (Oileáin Árann), die keinem anderen Teil Irlands gleichen. Hier spricht man Irisch, benutzt die herkömmlichen schwarzen, hautbespannten Boote namens *currachs* zum Fischen, bewegt sich meist zu Fuß oder mit dem Fahrrad. Den Lebensrhythmus bestimmen Gezeiten und Winde.

Die Inseln sind nicht aus Galway-Granit, sondern aus Clare-Kalkstein, was bedeutet, dass sie im Frühjahr und Sommer einen prächtigen Blumenschmuck tragen. Viele tausende Steinwälle ziehen sich in parallelen Linien über den Fels und teilen die Inseln in hunderte winziger Felder. Teils sind diese Mauern Besitzgrenzen, teils sind sie aus der Notwendigkeit geboren, denn hier sammeln sich all die Steine, die man mühsam mit den Händen aus den Äckern geklaubt hat. Auch der Ackerboden der Inseln wurde von Hand geschaffen – eine kostbare Mischung aus Sand, Seetang und Mist, auf der die besten Kartoffeln Irlands wachsen. Das Leben auf diesen windumtosten, kahlen Felsen war immer hart – und ist es noch.

Inisheer (Inis Óirr, von Doolin zu erreichen) liegt dem County Clare am nächsten und ist mit ihren drei Kilometern Länge die kleinste der Aran-Inseln; sie besitzt ein prächtiges Fort aus dem 15. Jahrhundert, erbaut von einem Häuptling des O'Brien-Clans. Die mittlere Insel, **Inishmaan** (Inis Meáin), ist

GEFALTETE LANDSCHAFT
Tim Robinsons Karte und Führer – *Folding Landscape »Oileáin Arann«*, Maßstab ca. 1 : 63 300 – enthält fast alles auf den Aran-Inseln (Oileáin Árann) und wird Ihnen gute Dienste leisten

Links: Die Häuser auf den Aran-Inseln ducken sich hinter Steinmauern, die Schutz vor Wind und Wetter bieten

Rechts: Seetang wird an den Ufern von Inishmore gesammelt, um auf den steinigen Äckern als Dünger zu dienen

Die Aran-Inseln

GROSSE ARAN-LITERATUR

- *Skerrett* von Liam O'Flaherty – titanischer, tragischer Kampf zwischen dem Priester und dem Lehrer von Inishmore, geschrieben von einem Einwohner nach einer wahren Geschichte.
- *The Aran Islanders* von J. M. Synge – klassischer Bericht über die Inseln und ihre Menschen um die Wende zum 20. Jahrhundert, entstanden bei Besuchen des Dramatikers auf Inishmaan 1898–1902.

5 Kilometer lang und am ursprünglichsten und abgeschirmtesten. Inselliebhaber, die ein paar Tage Zeit haben, werden ihre Freude an diesen beiden haben. Doch werden sich die meisten Besucher für Inishmore entscheiden, die mit 13 Kilometern längste und zugänglichste der Aran-Islands.

Inishmore (Inis Móir) hat einen kleinen Hafen bei Kilronan und einen winzigen Flugplatz. So könnten Sie von Galway nach Rossaveal fahren und mit der Fähre übersetzen (Fahrzeit 40 Minuten), oder mit AerArann vom Connemara Airport (bei Galway-City) abfliegen und in 6 Minuten auf Inishmore sein. Um mehr über die Aran-Inseln zu erfahren, besuchen Sie das Heritage-Center in Kilronan.

Am erholsamsten und genussvollsten ist es allerdings, in Galway-City auf die Fähre zu steigen und 90 Minuten durch die Galway Bay zu gleiten. Wichtigste Sehenswürdigkeit der Insel ist das spektakulär auf einer Klippe thronende Fort **Dún Aengus** mit seinen drei mächtigen Befestigungsringen; die ganze Insel strotzt jedoch vor vor- und frühchristlichen Relikten. Nehmen Sie sich viel Zeit zum Wandern, Reden, Zuhören, Sitzen und Staunen. Einen friedlicheren Fleck gibt es in ganz Irland nicht.

KLEINE PAUSE

Joe Watty's freundliches Pub in Kilronan auf der Insel Inishmore wäre ein gutes Ziel für den Lunch.

Dún Aengus
☎ 099 61088 🕒 tägl. März–Ende Okt. 10–18, Nov.–Feb. 10–16 Uhr 💶 frei
✚ 198 C5 ✉ Tourist Information Offices: Kilronan, Inishmore
☎ 099 61263; www.visitaranislands.com
Aras Fáilte, Forster Street, Galway ☎ 091 537 700; www.discoverireland.ie/west
🕒 ganzjährig (beide)

DIE ARAN-INSELN (OILEÁIN ÁRANN): INSIDER-INFO

Top-Tipps: Die Führungen beinhalten Dún Aengus und Seven Churches. Ein Bus fährt im Sommer Mo–Sa um 10, 13 und 16 Uhr nach Dún Aengus (letzter Bus im Winter: 14.30 Uhr)
- Wollen Sie Inishmaan besuchen, **Wettervorhersage beachten**. Nebel, Dunst oder heftige Winde können den Verkehr zwischen Insel und Festland unterbinden.
- Wichtig: es gibt nur einen Geldautomaten (im Spar Supermarkt) auf Inishmore.

Geheimtipp: Etwa 6 Kilometer östlich von Dún Aengus auf Inishmore liegt, an exponierter Stelle am Klippenrand, die weit weniger besuchte, ältere und wildere Festung **Dún Dúchatheir**, das Schwarze Fort.

3 Connemara

Im Nordwesten des County Galway schlägt das romantische Herzstück des Westens, ein strenges Land der moorigen Felder, buckligen Berge und schroffen Küsten. Schulkinder aus Dublin kommen her, um Irisch zu lernen; wir anderen kommen wegen der wilden und schönen Landschaft. Aber täuschen Sie sich nicht: Das Leben hier ist rau. Die Einheimischen sagen es so: »Du kannst die Landschaft nicht essen.«

Nördlich von Galway erstreckt sich das weite Binnenmeer von **Lough Corrib**. Das Angler-orientierte Oughterard ist ein hübscher Standort für jemanden, der auf Forellen aus ist. **Cong Abbey** am Nordufer dagegen, ein feines, kleines Bauwerk aus dem 12. Jahrhundert, lohnt einen Umweg.

Weiter westlich liegt Joyce Country, so genannt, weil ein Großteil der Bevölkerung zum Joyce-Clan gehörte; hier ragen die harten Quarzitspitzen der benachbarten Ketten der **Maumturk Mountains** und, westlich davon, der großartigen **Twelve Bens** (Zwölf Nadeln) in den Himmel. Es ist eine grausam-schöne Szenerie, wunderbar zum Wandern geeignet, und im Norden von Bergen begrenzt, die Killary Harbour umsäumen.

Wieder westlich folgen klassische Connemara-Landschaften, ein strenges Land der weiten Moore, felsigen braunen Hügel und zahllosen kleinen Seen. **Clifden**, ein viktorianischer Ferienort, schmiegt sich im Westen in eine zerklüftete Meerenge, wo die Küstenstraße um Buchten kriecht und klettert. Folgen Sie ihr in Ruhe nach Osten und halten Sie in **Roundstone**,

Die Twelve Bens erheben sich über dem Connemara National Park

Connemara

Ein einsames Cottage im Connemara-Nationalpark

um die Werkstatt von Roundstone Musical Instruments zu besuchen, wo Malachy Kearns der Welt beste *bodhráns* (Ziegenhauttrommeln) herstellt. Fahren Sie weiter durch eine zunehmend trostlose und großartige Landschaft in Richtung Galway City. Nehmen Sie sich vorher zwei Stunden Zeit, um bei Casla/Costelloe rechts abzubiegen und über Dämme die Inseln **Lettermore** (Leitir Moir), **Gorumna** (Garumna) und **Lettermullan** (Leitir Mealláin) zu besuchen. Dieses einsame, wilde Hinterland, wo man Irisch spricht, vermittelt einen Eindruck vom wahren Connemara.

KLEINE PAUSE

The Steam Coffe Shop in Clifden ist ein lebendiger, günstiger Ort zum Essen. Im **Brown's** Restaurant in Roundstone werden sehr gute Gerichte mit frischen Zutaten serviert.

🕂 194 B1 ✉ Tourist Information Office, Aras Fáilte, Forster Street, Galway City
☎ 091 537 700; www.discoverireland.ie/west

CONNEMARA: INSIDER-INFO

Top-Tipps: Nehmen Sie die N 59, um direkt von Galway City nach Clifden zu fahren. Über 80 Kilometer führt Sie die Straße in die »Hauptstadt« West-Connemaras, mitten durchs Herz der Region.

- Bringen Sie Ihre Angelruten mit, wenn Sie angeln wollen; die Küstenflüsse Connemaras gehören zu den **besten Lachsgründen Irlands**, und in den Seen gibt es reichlich Forellen.
- Im August könnten Sie die **Clifden Show** erleben, wo man niedliche langhaarige Connemara-Ponys zum Verkauf bietet.

Geheimtipp: Die kleine **Kapelle aus dem 6. Jahrhundert auf St Macdara's Island (Oileán Mhic Dara)**, 9,5 Kilometer südlich von Roundstone (wo Sie ein Boot chartern können, das Sie zur Insel bringt).

Muss nicht sein! Meiden Sie **Salt Hill zur Ferienzeit**: Es mutiert dann zu einem überfüllten Seebad. Bessere und ruhigere Strände gibt es weiter westlich.

West- und Nordwestirland

4 West Mayo

Das westliche Mayo ist eine der atmosphärereichsten Landschaften Irlands: hinreichend abgeschirmt durch respektable Berge und Moore, um seinen eigenen Charakter zu wahren.

Kernstück der Region ist die breite **Clew Bay** mit ihren angeblich 365 Inseln. Ein paar Dutzend gibt es gewiss – kleine Drumlins (Moränenhügel) mit Grasrücken, die sich dem Land zuwenden, und gelben Lehmkanten, die im Westen abreißen. In der Mündung von Clew Bay liegt **Clare Island**, ein gutes Ziel für ein paar Tage ohne Hektik; das Schiff geht von Roonagh Quay am Südwestende der Bucht und braucht, je nach Wetter, eine halbe bis eine Stunde zur Insel. Am Südstrand der Clew Bay erhebt sich der 765 Meter hohe, kegelförmige **Croagh Patrick**, Irlands heiliger Berg. Er ist Ziel jährlicher Pilgerfahrten und zugleich ein klassisches Wandergebiet (➤ 176f). Vom Gipfel hat man die beste Aussicht auf Clew Bay.

In der Südostecke der Clew Bay liegt **Westport**, eine Kleinstadt von großem Reiz und Charakter, die gegen Ende des 18. Jahrhunderts von dem berühmten georgianischen Architekten James Wyatt im Auftrag des Barons von Sligo auf deren Besitz planvoll angelegt wurde. **Westport House** (1730–34) mit seinen schönen Möbeln und einer Gemäldesammlung ist einen Besuch wert, ebenso die hübschen Anlagen. Ein Zoo und schaurige Verliese sind etwas für Familien mit Kindern. Aber die große Attraktion von Westport ist das Leben in der Stadt selbst – Klatsch, Story-Telling und Musizieren, in Läden, Bars und auf der Straße. Westport ist ein Zentrum für

Weiß getünchte Cottages an einem Hang von Achill Island

West Mayo 133

Eine Straßenbrücke verbindet Achill Island mit dem Festland

traditionelle irische Musik und richtet alljährlich Ende September / Anfang Oktober ein Festival aus, auf dem heimische und auswärtige Talente vorgestellt werden.

In der Nähe von Castlebar ist das einzige Nationalmuseum Irlands außerhalb von Dublin. Das **National Museum of Ireland – Country Life** liegt – wie es sich gehört – in einem der ländlichsten Bezirke Irlands. Es beherbergt die nationale Folkloresammlung mit etwa 50 000 Objekten und die ausgestellten Stücke reflektieren das traditionelle Landleben in Irland zwischen 1850 und 1950. Dieses eigens dafür errichtete Museum liegt auf dem Gelände von Turlough Park House, welches seinerseits Besuchern einen Einblick in das Leben der Grundbesitzer ermöglicht.

Draußen in der Nordwestecke von Clew Bay liegt **Achill Island**, ein großes zerklüftetes Gebilde, das durch eine Straßenbrücke über Achill Sound (Gob an Choire) mit dem Festland verbunden ist. Diese gebirgige Insel, auf der man Irisch spricht, ist die größte Irlands. Sie können den 672 Meter hohen Slieve More, Achills höchsten Gipfel, von Doogort (Dumha Goirt) an der Nordküste besteigen; oder Sie schließen sich einer Bootsfahrt zur Nordwestspitze der Insel an, die mit die höchsten Klippen Irlands aufweist. Das Boot mietet man am Doogort Pier; Auskunft erteilt das Touristenbüro in Alice's Harbour Inn (Tel. 098 45384).

KLEINE PAUSE

Halten Sie auf einen Drink am **Molloy's pub** in der High Street von Westport. Matt Molloy, Flötenspieler bei der berühmten Band Chieftains, ist oft unter den Musikern, wenn er zuhause ist. Oder probieren Sie **Quay Cottage** (➤ 140), ein legeres Kai-Restaurant am Hafen von Westport.

🗺 194 C2
✉ Tourist Information Office, The Mall, Westport, Co Mayo
☎ 098 25711; www.irelandwest.ie

Westport House
🗺 194 C2
☎ 098 25430/27766; www.westporthouse.ie
🕐 Haus und Garten: Ostern–Okt. tägl. 11.30–17.30.
Haus, Garten und Attraktionen: Jun–Aug tägl. 11.30–17.30; Ostern–Mai und Sept.–Okt. 11.30–17.30 Uhr
💰 teuer

National Museum of Ireland – Country Life
🗺 195 D2
✉ Turlough Park, Castlebar, Co Mayo
☎ 094 903 1773; www.museum.ie
🕐 Di–Sa 10–17, So 14–17 Uhr; geschl. Karfreitag und 25. Dez.
💰 frei

West- und Nordwestirland

Nach Lust und Laune!

5 Bunratty Castle und Folk Park

Günstig in der Nähe des Shannon Airport westlich von Limerick City gelegen, zielt dieser Komplex direkt auf die Touristen. Abends finden »mittelalterliche« Mead'n'minstrels-Bankette im Castle statt (Reservierung sehr empfohlen) – ein toller Spaß, wenn Sie dafür in der Stimmung sind. Auf dem Gelände ist ein »Irisches Dorf des 19. Jahrhunderts« zu besichtigen, in dem kostümierte Führer traditionelle Handwerkskünste zeigen. Kommen Sie hierher weit außerhalb der Saison, wenn Sie einen Hauch Authentizität erleben wollen.

Die Burg selbst, etwa 1425 erbaut, ist gut restauriert und zeigt viele Tapisserien und schöne Möbel, von denen einige so alt sein dürften wie das Gebäude selbst.

✝ 199 D4
✉ Bunratty, Co. Clare
☎ 061 711200; www.shannonheritage.com
🕐 tägl. 9.30–17.30 (Folk Park: Juni–Aug. auch 9–18 Uhr)
💰 teuer

Bunratty Castle wurde in den 1950er-Jahren renoviert

6 Craggaunowen

Diese Anlage, 21 Kilometer nördlich von Bunratty an einem See gelegen, umfasst gut rekonstruierte keltische Gebäude. Zu diesen gehören ein *crannóg* (Pfahlhaus), ein Ringfort, Rundhütten und Grabstätten. Auch das lederbespannte Boot *Brendan*, mit dem der Abenteurer Tim Severin 1976–77 von der Halbinsel Dingle aus nach Neufundland segelte,

Nach Lust und Laune!

ist ausgestellt; er bewies damit, dass der hl. Brendan im 6. Jahrhundert Amerika entdeckt haben könnte.

🏳 199 D4 ✉ Quin, Co. Clare
☎ 061 360788; www.shannonheritage.com
🕐 Mitte April–Sept. tägl. 10–18 Uhr 💶 mittel

7 Clonmacnoise

Clonmacnoise war das einflussreichste Zentrum im pränormannischen Europa. Mehrere irische Könige liegen hier begraben. Zur Anlage gehören zwei Rundtürme (der vom Blitz beschädigte O'Rourke's Tower aus dem 10. Jahrhundert und der fast vollständige MacCarthy Tower von 1124), acht alte Kirchen und eine aus dem 14. Jahrhundert stammende Kathedrale. Von den drei beachtenswerten Hochkreuzen ist das reich verzierte »Inschriftenkreuz« das schönste: Das über 4 Meter hohe Kreuz, auch als »Great Cross« bekannt, datiert aus dem 10. Jahrhundert.

🏳 199 F5
✉ an der R 444, nördlich von Shannonbridge, Co. Offaly
☎ 090 967 4195; www.heritageireland.ie
🕐 tägl. Mitte Mai–Mitte Sept. 9–19; Mitte März bis Mitte Mai und Mitte Sept.–Okt. 10–18 Uhr; Nov.–Mitte März 10–17.30 Uhr 💶 mittel

8 Thoor Ballylee

Ich, der Dichter William Yeats, erneuerte
Mit altem Pappkarton und meergrünem Schiefer
Und Schmiedewerk aus der Schmiede von Gort
Diesen Turm für meine Frau George.
Und mögen diese Lettern überdauern,
Wenn alles wieder in Ruinen fällt.

Die Inschrift am Thoor Ballylee erzählt knapp die Geschichte des mittelalterlichen Turmhauses, das W. B. Yeats 1916 kaufte und zeitweise bewohnte (und über das er schrieb). Es ist heute ein Museum mit Memorabilien zu Yeats und Erstausgaben.

🏳 199 D5 ✉ Gort, Co. Galway
☎ 091 631 436 (Winter: 091 537 700)
🕐 Juni–Sept. Mo–Sa 9.30–17 Uhr 💶 mittel

9 Galway City

Galway ist eine der am schnellsten wachsenden Städte in Europa und

Die Tür einer der Kirchenruinen in Clonmacnoise

ein blühender Ort mit jugendlichem Flair. Das Galway Arts Festival gegen Ende Juli und die anschließenden Pferderennen sind gute Zeiten für einen Besuch. Alles in Galway ist auf den Eyre Square ausgerichtet, der momentan einer gründlichen Veränderung unterzogen wird; südlich und westlich von ihm befinden sich die meisten Bars, Restaurants und Geschäfte. Ein neues Galway City Museum ist in Planung.

🏳 199 D5
✉ Galway City Museum, Spanish Arch, Galway
☎ 091 532 460;
www.discoverirelandwest.ie/west
🕐 tägl. Juni–Sept. Mo–Sa 10–17;
Okt.–Mai Di–Sa 10–17 Uhr
💶 frei

FÜR KINDER

»Leisureland« ist ein moderner Badekomplex in Salt Hill mit 65-Meter-Wasserrutsche, Schatzbucht mit Piratenschiff, »Tropical Beach Pool« und 25 Meter langem Hauptbecken. Draußen ist ein Spielplatz.

✉ Salt Hill, Galway ☎ 091 521 455
🕐 Die Öffnungszeiten variieren stark. Bitte rufen Sie vorab kurz an. 💶 mittel

West- und Nordwestirland

🔟 Strokestown Park House, Garden & Famine Museum

Sie brauchen einen guten halben Tag, um diesen faszinierenden Ort zu erkunden. Die große, weiße palladianische Villa, der man sich durch einen prächtigen Bogen nähert, entstand um 1660, wurde aber ca. 70 Jahre später umgebaut. Die Originaleinrichtung aus dem 18. Jahrhundert ist erhalten. Tunnels verbargen einst das Tun der Diener vor den Augen der Familie Mahon, Besitzer von Strokestown. Es wurde sogar eine Galerie um die Küche gelegt, damit die Dame des Hauses das Geschehen beobachten konnte, ohne gesehen zu werden.

Geld und Privilegien retteten Major Denis Mahon nicht. Er wurde auf seinem Besitz während der Großen Hungersnot (*famine*) 1845–50 ermordet, nachdem er versucht hatte, die meisten seiner hungernden Pächter zu vertreiben und nach Amerika zu verschiffen. Ein ausgezeichnetes, wenn auch beklemmendes »Famine Museum« im alten Stallhof beleuchtet die tragischen Ereignisse zu jener Zeit.

🗺 195 F2
✉ Strokestown, Co. Roscommon
☎ 071 963 3013; www.strokestownpark.ie

🕐 Mitte März–Okt. tägl. 10.30–17.30 Uhr, Nov. bis Mitte März nach Vereinbarung 💰 teuer

⓫ Nephin Beg Mountains

Diese wegelosen Berge in Nordwest-Mayo bilden ein Dreieck von 200 Qua-

Strokesdown Park House ist das Zuhause des Famine Museums

VIER EINSAME LANDVORSPRÜNGE MIT HERRLICHER AUSSICHT
- Malin Head, Donegal
- Achill Head, Achill Island, Mayo
- Mace Head, Connemara, Galway
- Hags Head, Clare

Nach Lust und Laune!

ALCOCK UND BROWNE
Unweit der Küstenstraße R 341 südlich von Clifden in West-Connemara erinnert ein Kalkstein-Cairn im Moor von Derrigimlagh an Sir John Alcock und Sir Arthur Whitten-Browne. Hier stellten sie bei der Landung am 15. Juni 1919 nach der ersten Non-Stopp-Atlantiküberquerung ihren Vickers-Vimy-Bomber auf die Nase.

Studieren Sie die Worte auf dem Denkmal für W. B. Yeats in Sligo

dratkilometern nördlich Westports, das im Westen von der wilden Atlantikküste und im Osten vom großen Moor von Bellacorick begrenzt wird. Es ist das unzugänglichste Gebirge Irlands, nur von einem anspruchsvollen Wanderpfad, dem 48 Kilometer langen »Bangor Trail« zwischen Newport und Bangor Erris, gekreuzt. Alljährlich findet im Juni ein Wettwandern statt. Der Weg ist das ganze Jahr zu begehen, aber nur mit Erfahrung und Ausdauer. Weitere Auskunft beim Touristenbüro in Westport (Tel. 098 25711).
➕ 194 C2

🄫 Céide Fields
Ein Schandfleck von Besucherzentrum mit einer guten Ausstellung! Hier liegt die größte steinzeitliche Fundstätte der Welt: 1500 Hektar ummauerter Felder, Einfriedungen, Wohngebiete und Grabstätten, 5000 Jahre alt und seit den Siebzigerjahren mühsam aus einem Flachmoor ausgegraben.
➕ 194 C3
✉ Ballycastle, Co Mayo
☎ 096 43325; www.heritageireland.ie
🕐 Juni–Sept. tägl. 10–18;
Mitte März–Mai und Okt., Nov. 10–17 Uhr
💰 preiswert

🄬 Sligo
Dies ist ein entzückender Ort – nicht zu schick, voller Geschichte und gut mit Restaurants und Pubs versehen. Die kleine Bibliothek, das Museum und die Kunstgalerie enthalten Gemälde von Jack Yeats und Manuskripte von Gedichten seines Bruders William, denn hier verbrachten die beiden ihre Ferien (▶ 178 über einen Ausflug ins Yeats Country). Zur »Yeats Summer School« im August füllt sich Sligo mit Verehrern des Dichters.

In der verfallenen Kirche des Dominikanerklosters von **Sligo Abbey** sind herausragende Steinarbeiten zu sehen. Weitere Attraktionen der Stadt sind Hargadon's (klassisches Pub) und Sheela-na-gig (mit ausgezeichneter traditioneller Musik) sowie gegenüber dem Court House in der Teeling Street das viel fotografierte Fenster der Anwälte Argue und Phibbs.
➕ 195 E3
✉ Tourist Information Centre, Aras Reddan, Temple Street ☎ 07191 61201;
www.discoverireland.ie/northwest

ABSEITS DER MASSEN
Jenseits Clifden im westlichsten Connemara liegt das Dorf Claddaghduff. Dort können Sie bei Ebbe anhand von Wegmarken die Sande zur Insel Omey überqueren, einem abgeschiedenen Ort mit einer versteckten Kirche, einem heiligen Brunnen, antiken Grabstätten und einem wunderbaren Rundwanderweg. Achten Sie auf die Zeit – und Gezeiten – für Ihren Rückweg. Gezeiteninformationen erhalten Sie beim Connemara Walking Centre in Clifden, Tel. 095 21379.

West- und Nordwestirland

Etwas weiter weg

Donegal
Donegal ist der Nordwestteil Irlands, durch den Westausläufer des nordirischen Fermanagh fast abgetrennt von der Republik, zu der es gehört. Doch wer eine raue und einsame Landschaft sucht und Zeit hat, sollte es nicht missen.

Zwei Teile Donegals sind besonders eindrucksvoll: die südwestliche Küste, berühmt für ihre majestätischen Klippen, und die wenig besuchte Halbinsel Inishowen, deren abgeflachtes »Speerblatt« die Nordspitze Irlands bildet.

Die südwestliche Küste
Um auf einer Fahrt von 120 Kilometern die Highlights des südwestlichen Donegal zu sehen, brechen Sie zunächst von Donegal City nach Westen zum Dorf Killybegs auf, einem Fischerort mit entsprechender Industrie. Nebenstraßen, die tiefe Küstenbuchten umkurven, führen Sie in eine bunt gemischte Landschaft von heidebewachsenen Hügeln, schroffen Landzungen und Kiefernwäldern. Biegen Sie in Carrick (An Charraiag) links ab (Schild: »Teelin Pier«) und folgen Sie dem Hinweis »Bunglass: The Cliffs« zu einer steilen, abgesperrten Zufahrt. Sie gelangen zu einem dramatischen Aussichtspunkt hoch über den Klippen von Slieve League (Sliabh Liag), die sich etwa 600 Meter aus dem Meer erheben.

Die Hauptstraße schwingt sich nun durch wildes Moorland nach **Glencolumbkille** (Gleann Cholm Cille), in ein langes, grünes Tal unter Felsvorsprüngen geduckt. Der hl. Columban aus Iona hat hier ein Kloster gegründet; entsprechend ist das abgelegene Tal voller Monumente, die seine christliche Vergangenheit bezeugen: Steinplatten und Säulen, in die Kreuze geschlagen sind, Steinhügel, frühchristliche Kapellen. Glencolumbkille ist ein ausnehmend friedlicher und eindringlicher Ort.

Halbinsel Inishowen
Inishowen ist noch isolierter als Donegals südwestliche Küste. Nordöstlich von Letterkenny passieren Sie **Grianan of Aileach** in der Taille der Halbinsel, ein rundes, 6 Meter hohes Steinfort in beherrschender Lage auf einem Hügel, von dem man auf Lough Swilly herunterschaut. Grianan of Aileach wurde 1101 von Murtagh O'Brien, König von Munster, geplündert. Um sicherzugehen, dass das Fort zerstört wurde, erteilte er seinen Soldaten den Befehl, für jeden Sack Beutegut einen Stein zu entfernen. Von hier verläuft die Straße nördlich am Sandstrand von Buncrana entlang zum Moor- und Hügelland des nördlichen Inishowen. Steigen Sie an der Spitze der Halbinsel auf den alten Signalturm von **Malin Head** und schauen hinaus auf windgepeitschte Landzungen und eine See, die nichts zwischen Ihnen und den schottischen Äußeren Hebriden 160 Kilometer weiter nördlich duldet.

Die Küstenlinie von Donegal ist eine der ruhigeren Ecken von Irland

Wohin zum ...
Essen und Trinken?

Preise
Sie zahlen pro Person und Mahlzeit, ohne Getränke und Bedienungsgeld, ca.

€ unter 15 Euro   €€ 15–30 Euro   €€€ über 30 Euro

THE BURREN

Aillwee Cave Café €

In diesem freundlichen kleinen Restaurant in einer der wichtigsten Sehenswürdigkeiten Irlands ist alles frisch und hausgemacht. Lassen Sie sich nach dem Besuch der 2 Millionen Jahre alten Höhle einen leckeren, gesunden Snack oder Mittagessen schmecken. Sie können aus einer langen Liste wählen: Suppe, Sandwiches, Brötchen, Salate, Kuchen und Gebäck. Oder testen Sie die Kartoffelbar, wo Sie Irlands Grundnahrungsmittel mit einer Reihe leckerer Füllungen probieren können. Es gibt auch Eis, Popcorn und einiges mehr zum Mitnehmen.

+ 199 D5 ✉ Ballyvaughan, Co. Clare
☎ 065 707 7036; www.aillweecave.ie
⊙ tägl. in der Hauptsaison ab 10 Uhr

Hylands Burren Hotel €–€€

Dieser Familienbetrieb am Hafen von Ballyvaughan hat Kaminfeuer, bequeme und gut gebaute Möbel sowie eine einladende Atmosphäre. Das Essen im Hyland's wird zunehmend gelobt. Spezialitäten sind frisches Seafood direkt vom Hafen, Burren-Lamm, köstliche biologische Gemüse nebst Kräutern sowie örtlicher Bauernkäse.

+ 199 D5
✉ Ballyvaughan, Co. Clare
☎ 065 707 7037; www.hylandsburren.com
⊙ Bar-Speisen tägl. 12.30–21 Uhr;
geschl. 2. Jan.–2. Feb.;
Restaurant: 19–21 Uhr; geschl. an Weihnachten.

Sheedy's Country House Hotel €€

Das Hotel ist seit Generationen im Besitz der Familie Sheedy, und deren Tatkraft zeigt sich an gefälliger Ausstattung, offenen Kaminfeuern und hübsch dekorierten, gut ausgestatteten Zimmern mit Bad. Das Essen ist jedoch die größte Attraktion, dank Gerichten wie traditionellen *chowders* und Krebssalaten an der Seafood-Bar. Der Fisch kommt vom nahe gelegenen Burren Smokehouse.

+ 198 C5
✉ Lisdoonvarna, Co. Clare
☎ 065 707 4026; www.sheedys.com
⊙ Restaurant/Seafood Bar: tägl. 18.45 bis 20.45 Uhr; geschl. Mitte Okt.–Ostern

GALWAY CITY & UMGEBUNG

Kirbys of Cross Street €–€€

Viel helles Holz, blanke Tische und eine heitere, junge Bedienung verleihen diesem legeren Restaurant jugendliches Flair. Die ansprechend präsentierte, moderne Küche pflegt irische Rezepte, ergänzt durch Einflüsse aus anderen Gefilden.

+ 199 D5
✉ Cross Street, Galway
☎ 091 569404; www.kirbysrestaurant.com
⊙ tägl. 12.30–14.30, 17.30–22.30 Uhr;
geschl. 25. Dez.

Kirwan's Lane Restaurant €€€

Dieses stilvolle, moderne Restaurant in dem schicken Viertel um den Spanish Arch von Galway City wurde 1966 eröffnet und hat sich seitdem von einem feinen Speiserestaurant zu einem entspannten Bistro entwickelt. Gegrillte Gerichte und asiatisch angehauchte Speisen dominieren das Menü. Es gibt aber auch einige leckere Fischgerichte. Der Service und das Ambiente passen zu dem eleganten Speiseplan. Reservierungen werden empfohlen.

+ 199 D5 ✉ Kirwan's Lane, Galway
☎ 091 568 266
⊙ tägl. 12.30–14.30, 18–22.30 Uhr;
geschl. 25. Dez.

Moran's Oyster Cottage €-€€€

Das idyllische, strohgedeckte Pub an der Galway Bay mit eigenen Austernbänken hat eine treue Kundschaft. Das Seafood ist köstlich, die heimischen Austern – Saison von September bis April – sind ein Leckerbissen. Die gezüchteten Gigas-Austern sind sogar das ganze Jahr zu haben, neben anderen Spezialitäten wie chowder, Räucherlachs, leckeren Krebs-Sandwiches und Salaten.

🕇 199 D5
🖂 The Weir, Kilcolgan, Co. Galway
☎ 091 796 113;
www.moransoystercottage.com
🕐 Bar-Speisen 12–22 Uhr; geschl. Karfreitag und 25. Dez.

White Gables Restaurant €€€

Nacktes Mauerwerk und gedämpfte Beleuchtung geben dem feinen Restaurant an der Hauptstraße von Moycullen, 8 Kilometer nördlich von Galway City, eine gemütliche Atmosphäre. Die herzhafte Küche ist auf gute Qualität abonniert – mit Spezialitäten wie Black und White Pudding samt Vollkorn-Senfsauce und einer Auswahl Seafood. Das Lunchmenü am Sonntag ist besonders beliebt.

🕇 199 D5
🖂 Moycullen, Co. Galway
☎ 091 555 744; www.whitegables.com,
🕐 Lunch So 12.30–14.30; Dinner Mo–Sa 19–22 Uhr; geschl. 23. Dez.–14. Feb.; Mo (ausgenommen von Mitte Juli bis Mitte August)

ATHLONE

Wineport Lodge Restaurant €€€

Für das Lokal sprechen seine Lage am Ufer von Lough Ree unweit Clonmacnoise (▶ 135), die außergewöhnliche Gastlichkeit und die saisonale Karte auf der Grundlage örtlicher Delikatessen. Die Küche ist international und modern irisch; es gibt kreative vegetarische Gerichte und zur Abrundung irischen Bauernkäse. Bar-Speisen werden im Sommer Mo–Sa, 13–17 Uhr serviert.

🕇 195 F1
🖂 Glasson, nahe Athlone, Co. Westmeath
☎ 090 439 010; www.wineport.ie;
🕐 Mo–Sa 18–22; So 15–17 und 18–22 Uhr; geschl. 24.–26. Dez.

Eiscreme oder einfach nur eine Tasse Kaffee.

CONNEMARA

O'Dowd's Seafood Bar and Restaurant €–€€

Diese einfache traditionelle Bar am Hafen von Roundstone hält einen guten Humpen Bier und eine Bar-Karte mit Schwerpunkt Seafood zu mäßigen Preisen bereit; das Restaurant daneben präsentiert substanziellere Gerichte. Zudem gibt es noch einen Coffee Shop für irisches Frühstück, kleine Speisen und spezielle Tees und Kaffee mit scones, Croissants und dänischem Gebäck.

🕇 194 B1 🖂 Roundstone, Co. Galway
☎ 095 35809; www.odowdsrestaurant.com
🕐 Bar-Speisen 12–21.30 Uhr; Restaurant April–Sept. 12–22, Okt.–März 12–15, 18 bis 21.30 Uhr; geschl. Karfreitag, 25. Dez.

Steam Coffee House €

Steam Coffee House ist ein sehr angenehmer, kinderfreundlicher Ableger des ausgezeichneten Restaurants »High Moors«, das einen sehr guten Ruf genießt. Hier bekommen Sie Suppen, Sandwiches, Pudding,

🕇 194 B1 🖂 Courtyard Shopping Centre, Clifden ☎ 095 21526 🕐 Do und Fr längere Öffnungszeiten 18–20 Uhr

WESTPORT

Quay Cottage €€

Dieses reizende Restaurant im Steinhaus am Kai ist immer wieder eine Freude. Die fantasievolle Karte mit chowder und Seafood-Platte unterstreicht sein maritimes Ambiente. Interessant sind ferner Berglamm sowie innovative und kreative vegetarische Gerichte.

🕇 194 C2 🖂 The Harbour, Westport, Co. Mayo
☎ 098 26412; www.quaycottage.com
🕐 tägl. 18 Uhr bis spätnachts; geschl. 24.–26. Dez. und Mitte Jan. bis Mitte Feb.

CAVAN

MacNean House and Restaurant €€€

Das MacNean's war schon als entspanntes Bistro in ganz Irland für sein hervorragendes Essen bekannt. Und jetzt, nach

Wohin zum ... Übernachten?

einer umfassenden Verschönerung, wird es wohl auch im Streben nach unkritischen Touristendollars kaum ins Wanken geraten oder an Exzellenz einbüßen. Lokale Zutaten sowieso sorgsam und umsichtig zubereitete Speisen sind immer noch die Grundpfeiler für eine Küche von seltener Qualität in diesem Restaurant des Jahres 2007. Und Sie werden es sich nie verzeihen, wenn Sie nicht etwas Platz für einen Pudding lassen (oder zwei).

🚩 196 B3
✉ Main Street, Blacklion, Co. Cavan
☎ 071 985 3022; www.macneanrestaurant.com
🕐 Juni–Sept. Mi–Sa 18.30–21.30, So 12.30–15.30, 19–20.30 Uhr; Okt.–Mai Mi–Sa 18.30–21.30, So 12.30–15.30 Uhr; geschl. 1 Woche über Weihnachten und Jan.

SLIGO

Cromleach Lodge €€€

Zum modernen Haus auf dem Hügel gehört ein guter Blick auf Lough Arrow. Die echte Gastfreundschaft von Moira und Christy Tighe bedeutet Komfort und Entspannung für die Gäste, doch viele werden von Moiras vorzüglicher Küche angelockt. Die besten örtlichen Zutaten – biologisch angebaute Gemüse und Kräuter, Ziegenkäse oder zarte, saftige heimische Lammlende – kommen, leicht und elegant zubereitet, mit feinen Saucen auf den Tisch.

🚩 196 A2
✉ Castlebaldwin, Co. Sligo
☎ 071 916 5155; www.cromleach.com;
🕐 Dinner: Mo–Sa 18–21, So 18.30–20.30; Lunch So 12.30–16.30 Uhr; geschl. Nov.–Jan.

Fiddlers Creek €€

Gesundes Essen wird sowohl im Restaurant als auch in der behaglichen Bar serviert. Von einigen Tischen hat man einen schönen Blick auf den Fluss. Es werden Steak und Fischgerichte wie z. B. in Gewürzen marinierter, frischer Lachs serviert, aber auch vegetarische Gerichte.

🚩 196 A2
✉ Rockwood Parade, Sligo, Co. Sligo
☎ 071 914 1866;
www.fiddlerscreek.ie
🕐 Dinner tägl. 18–22 Uhr; Lunch nur So

Preise

Sie zahlen pro Person für ein Doppelzimmer ohne Steuern ca.
€ unter 70 Euro   €€ 70–130 Euro   €€€ über 130 Euro

THE BURREN

Gregans Castle €€€

Dieses abgelegene Hotel zwischen Ballyvaughan und Lisdoonvarna mag grau und karg erscheinen, wie die Burren ringsum, aber der Schein trügt. In Wahrheit bestimmen Wärme, Eleganz und Geruhsamkeit den Stil der großen Gemeinschaftsräume und luxuriösen Zimmer. Gäste von außen sind im Restaurant und zum Lunch oder Nachmittagstee im Corkscrew Room willkommen. Bei schönem Wetter kann man draußen beim Rosengarten sitzen.

🚩 199 D5 ✉ Ballyvaughan, Co. Clare
☎ 065 707 7005; www.gregans.ie

🕐 Restaurant tägl. 19–20.30 Uhr, leichte Mahlzeiten ab Mittag; geschl. Nov.–Mitte Feb.

Temple Gate Hotel €€–€€€

Dieses Hotel im Zentrum der Stadt Ennis ist die geschickte Umwandlung eines Baus, der erst als Herrenhaus, dann als Kloster diente. Die 73 Zimmer sind klassisch, aber funktional eingerichtet, dazu hübsche Badezimmer. Ein Restaurant ist vorhanden, ebenso ein Pub mit Musik an den Wochenenden.

🚩 199 D4
✉ The Square, Ennis, Co. Clare
☎ 065 682 3300; www.templegatehotel.com
🕐 geschl. 25. Dez.

142 West- und Nordwestirland

GALWAY CITY UND UMGEBUNG

Ardilaun House Hotel €€–€€€

Das gut geführte Haus liegt etwa fünf Autominuten vom Stadtzentrum entfernt in waldigem Gelände. Es hat elegant möblierte Gemeinschaftsräume und nett eingerichtete Zimmer; die mit Blick auf die Bucht sind die beliebteren, doch die anderen stehen ihnen in nichts nach. Anfang 1999 wurde ein Freizeitzentrum mit Hallenbad und Spa eröffnet.

➕ 199 D5 ⊠ Taylor's Hill, Galway
☎ 091 521 1433; www.theardilaunhotel.ie
Ⓖ geschl. in der Weihnachtswoche

Glenlo Abbey €€€

Ein weitläufiger Park und ein schöner See umgeben diese restaurierte Abtei aus dem 18. Jahrhundert, vier Kilometer von Galway City an der N 59 nach Clifden gelegen. Holzböden und Ledersofas geben dem Foyer einen exklusiven Touch. Die Zimmer sind in einem modernen Flügel untergebracht, der auch eine Bibliothek, Restaurants und Bars beherbergt.

Zu den Freizeitaktivitäten gehören Golf, Bogenschießen, Angeln und Tontaubenschießen. Irische und französische Küche.

➕ 199 D5
⊠ Bushypark, Co. Galway
☎ 091 526 666; www.glenlo.com

Jurys Galway Inn €€

Dieses preiswerte Hotel, perfekt am Fluss und nahe dem lebhaften Spanish-Arch-Bezirk in der City von Galway gelegen, bietet einfache Unterkunft auf hohem Niveau. Die großen Zimmer (für bis zu vier Personen) haben als Annehmlichkeiten hübsche Bäder, TV und Telefon – es gibt jedoch keinen Zimmerservice.

➕ 199 D5
⊠ Quay Street, Co. Galway
☎ 091 566 444;
www.galwayhotels.jurysinn.com
Ⓖ geschl. 24.–26. Dez.

Mallmore House €€

Eine wirklich entzückende kleine Frühstückspension in einem Landhaus umgeben von hübschen Gärten.

Gelegen ist sie ein paar Kilometer außerhalb von Clifden, der »Hauptstadt« von Connemara, in einem schönen wilden Teil des Countys Galway. Freundliche, zugängliche und sehr hilfsbereite Gastgeber, warmes Torffeuer und ein reichhaltiges Frühstück für einen guten Start in einen Tag voller Entdeckungen.

➕ 194 B1
⊠ Ballyconneely Road, Clifden, Co. Galway
☎ 095 21460; www.mallmore.com

ATHLONE

Hodson Bay Hotel €€€

Am Lough Ree und dem Athlone Golf Club gelegen, bietet dieses moderne Hotel einen schönen Blick auf See und Insel. Zu seinen Annehmlichkeiten gehören Bootfahren, Fischen und ein gutes Freizeitzentrum. Die Zimmer sind in hellen, modernen Farben gehalten; alle notwendigen Extras (Telefon, TV) sind vorhanden. Die Speisen im Restaurant L'Escale sind hervorragend.

➕ 195 F1
⊠ Hodson Bay, Athlone, Co. Westmeath

☎ 090 644 2000; www.hodsonbayhotel.com
Ⓖ ganzjährig geöffnet

WESTPORT

Breaffy House €€

Ein stattliches viktorianisches Haus umgeben von fast 40 Hektar landschaftlich gestalteten Gärten am Rande von Castlebar. Breaffy House ist nicht nur ein gutes, gemütliches Hotel, sondern auch ein Spa mit Schlamm- und Dampfbädern, Swimming-Pools, Sauna, Tanzstudio und einer Vielzahl von Massagen und anderen entspannenden und erholsamen Anwendungen. Wenn also das Wetter in Mayo nicht ganz so schön ist, können Sie Ihren Aufenthalt hier trotzdem genießen!

➕ 195 D2
⊠ Castlebar, Co. Mayo
☎ 094 902 2033;
www.breaffyhousecastlebar.com

Carrabaun €

Diese Frühstückspension an der Straße Richtung Galway, liegt nur einige

Wohin zum … 143

Autominuten entfernt von der traditionellen Musikstadt Westport und bietet einen herrlichen Blick auf den heiligen Berg Croagh Patrick. Eine erstklassige Unterkunft mit freundlichen Gastgebern, die ihr Bestes für Sie tun. Ein hervorragendes Frühstück – probieren Sie die berühmte Carrabaun-Grütze mit einem kleinen Tropfen Magie oder den Lachs mit Brot, die ideale Kombination für das Kochbuch eines Engels.

+ 194 C2
⊠ Leenane Road, Westport, Co. Mayo
☎ 098 26196; www.anu.ie/carrabaunhouse

SLIGO

Markree Castle €€

Hier haben Sie ein echtes historisches irisches Castle – seit 350 Jahren im Besitz der Familie Cooper und von Parks und Farmen umgeben. Die gute Heizung ist einer der Vorzüge des Hauses. Ein sehr schöner Speisesaal (Gäste von außerhalb willkommen) dient einem gepflegten Abendessen, in den Empfangsräumen werden

köstliche leichtere Speisen und der Nachmittagstee gereicht. Nett eingerichtete Zimmer auf zwei Etagen verwöhnen die Gäste mit allem Komfort, dazu kommt der Blick auf den schönen Park.

+ 195 E3
⊠ Collooney, Co. Sligo
☎ 071 916 7800; www.markreecastle.ie
⊙ geschl. 24.–26. Dez.

DONEGAL

Kee's Hotel €€

Seit 1892 im Besitz der Familie Kee, ist dieses Hotel ein willkommener Ausgangspunkt für Touren durch das County Donegal. Die Zimmer nach hinten sind ruhiger, einige haben Blick auf die Blue Stack Mountains. Es gibt ein hervorragendes Freizeitzentrum für Gäste und ein feines Abendrestaurant namens The Looking Glass, wo man franko-irische Gerichte genießen kann.

+ 196 B4
⊠ Stranorlar, Ballybofey, Co. Donegal
☎ 074 913 1018;
www.keeshotel.ie

Wohin zum … Einkaufen?

COUNTY CLARE

Ein großer Teil der in Westirland verkauften Qualitätswaren stammt aus der Region. Ennis lohnt einen Bummel durch wenig bevölkerte Straßen.

Custy's Music Shop in Ennis (Francis Street, Tel. 065 682 1727) ist der beste Ort im Westen, um starke traditionelle Musik zu reden, Instrumente zu kaufen und Neuigkeiten über lokale Sessions zu erfahren. In Doolin vertreibt die **Doolin Crafts Gallery** (Ballyvoe, Tel. 065 707 4309; www.doolincrafts.com) ein ähnliches Sortiment, darunter Lederartikel, Keramik, Glaswaren und Kleidung, wovon einiges direkt im Laden gefertigt wird. Fünf Kilometer östlich, im Kurort Lisdoonvarna, erleben Sie bei **Burren Smokehouse Ltd.** (Tel. 065 707 4432;

www.burrensmokehouse.ie), wie Atlantik-Lachs über Eiche geräuchert wird; ein vakuumverpacktes Stück können Sie kaufen.

GALWAY CITY

Der **Judy Greene** in Galway (Kirwan's Lane, Tel. 091 561 753; www.judygreenepottery.com) bietet Ihnen bestes irisches Design in einem Geschäft. Sind Sie am Samstag in der Stadt, dann ist der **Galway Market** an der St Nicholas Collegiate Church Pflicht. Er hat viel Atmosphäre, und man bekommt alles von biologischem Gemüse, Käse und frischen Eiern bis zu Blumen, Hausgebackenem und Eingelegtem. Auch der gut sortierte **Kenny's Bookshop and Art Galleries** (High Street, Tel. 091 709 350; www.kennys.ie) lohnt einen Besuch. Dort finden Sie auf fünf Etagen Bücher über Irland, vor allem antiquarische, dazu Drucke und Karten, neben der Kerry Kunstgalerie. Die etwas andere **Claddagh Jewellers** (Eyre Square, Tel. 091 562 310) bietet eine große Auswahl hübschen keltischen Schmucks.

West- und Nordwestirland

CONNEMARA

Connemara Marble Industries Ltd. (Moycullen, Tel. 091 555102) verkauft Objekte aus lokalem Marmor, der an Ort und Stelle bearbeitet wird. Musiker dürften sich für **Roundstone Musical Instruments** (Roundstone, Tel. 095 35808) interessieren, wo *bodhráns* angefertigt werden.

Clifden hat gute Läden für Geschenke, darunter **The Celtic Shop and Tara Jewellers** (gegr. 1976, Tel. 095 21064) mit Geschenken, Kleidung sowie irischem Gold- und Silberschmuck. In Letterfrack vertreibt **Connemara Handcrafts** (Tel. 095 41058) Stoffe, Kleidung, Kunsthandwerk und besondere Lebensmittel – und führt einen netten Coffee Shop. Besser noch vielleicht ist **Kylemore Abbey** (Kylemore, Tel. 095 41146), wo man in einem besonders guten *craft shop* (mit seriöser Kleidermode, auch Herrenartikel) und in einem ausgezeichneten, legeren Restaurant bestens bedient wird.

Tweeds und Decken kauft man gut bei **Foxford Woollen Mills** (Foxford,

Tel. 094 925 6756); zu dem Komplex gehören ein Geschäft, ein Restaurant und ein Besucherzentrum. Dort können Sie sehen, hören und auch riechen, wie in früheren Zeiten in einer Mühle gearbeitet wurde.

Auf Achill Island könnten Sie in **The Beehive** (Keel, Tel. 098 43134) einkehren, einem netten *craft shop* mit Restaurant.

SLIGO UND DONEGAL

Die Countys Sligo und Donegal sind berühmt für Pullover, Tweeds und parisches Porzellan (so benannt nach dem Marmor von der griechischen Insel Paros, dem es ähnelt), die vielerorts erhältlich sind. Nützliche Adressen sind das **Donegal Craft Village** (Tel. 074 972 2225), zu Fuß fünf Minuten vom Stadtzentrum und **Magee's** (Donegal City, Tel. 074 972 2660). bekannt für Tweeds; Sie finden dort auch Geschenke von Qualität und ein gutes Selbstbedienungsrestaurant. Das kleine, eigenwillige Ardara ist voller Läden, die heimische Strick- und Webwaren günstig verkaufen.

Wohin zum ... Ausgehen?

MUSIK

Im Westen Irlands gibt es prima Pubs mit organisierten oder improvisierten Musik-Sessions. Probieren Sie **Cruise's** (Abbey Street, Tel. 065 684 1800) und **The Temple Gate** (The Square, Tel. 065 682 3300) in Ennis; **O'Connors** (Tel. 065 707 4168) in Doolin ist eines der wichtigsten Musiklokale, während **Vaughan's** (Tel. 065 708 8004) in Kilfenora für Gruppentanz und Musik zuständig ist. Galway steckt voller Musikkneipen: **Tigh Neachtain** (Cross Street, Tel. 091 568 820) ist eine der ältesten und besten. Anfang Mai findet in Kinvara ein **Cuckoo Fleadh** mit traditioneller Musik im **Winkles Hotel** (The Square, Tel. 091 637 137) statt. Siamsa Company bringt im Sommer traditionelle Musik in der Cladagh

Hall (Galway, Tel. 091 755 479) und dem **Town Hall Theatre** (Tel. 091 569 777). Westport ist für seine Musik-Pubs (▶ 133) berühmt. In Sligo ist das Pub **Furey's** eine gute Adresse für traditionelle Musik, Country Jazz, Blue Grass und Latinomusik (www.fureys.ie). Beachten Sie das **Ballyshannon International Folk Festival** im Co. Donegal (Tel. 071 985 1088).

AKTIVITÄTEN IM FREIEN

Der Westen und der Nordwesten Irlands eignen sich für schöne Ausflüge, Golf, Radeln, Reiten und Pferderennen. Gesurft wird an großen Atlantikstränden wie Strandhill an der Sligo Bay (Brett und Anzug gibt es in der **Strandhill Surf School** zu mieten (Tel. 071 916 8483).

Nordirland

Erste Orientierung	146
In drei Tagen	148
Nicht verpassen!	150
Nach Lust und Laune!	163
Wohin zum …	167

146 Nordirland

Erste Orientierung

Wenn Sie diese Region erkunden, werden Sie merken, dass die landschaftlichen und menschlichen Attribute, die die Republik so anziehend machen, auch hier im Überfluss vorhanden sind – neben erstaunlich verkehrsarmen Straßen und vielen wenig frequentierten Sehenswürdigkeiten.

Als Gast in Nordirland sollte man über die jüngste Geschichte Bescheid wissen. Gewalt und Hass herrschte in den letzten rund 30 Jahren zwischen kleinen Gruppen von Extremisten der nationalistischen und loyalistischen Gemeinde Nordirlands – und zwischen nationalistischen Hardlinern, die für ein vereintes Irland kämpften, und den Sicherheitskräften von Armee und Polizei, die auf den IRA-Terror mit brutaler Härte reagierten. Diese dunkle Periode in der Geschichte von Ulster wurde bekannt als »The Troubles«. Das von allen interessierten politischen Parteien unterzeichnete Karfreitagsabkommen von 1998 brachte dann aber Hoffnung und Frieden sowie die Bildung einer regionalen Regierung, die sich aus Politikern beider Seiten zusammensetzt. Damit ist der Optimismus nach Nordirland zurückgekehrt, und es herrscht eine willkommene, positive Atmosphäre der Regeneration und ein wiederaufkeimendes Interesse von Besuchern an allem, was diese wunderschöne Region zu bieten hat. Belfast hat seinen unerschütterlichen schwarzen Humor, ein vibrierendes Nachtleben und einen erstklassigen Botanischen Garten. Jenseits der Stadt kerben sich die Glens of Antrim als wunderbare, schluchtartige Täler in die östliche Küste, während am Meeressaum im Norden der Giant's Causeway Staunen erregt, ein vulkanisches Phänomen unter anderen an dieser spektakulären Klippenregion. Hangeln Sie sich über die haarsträubende Seilbrücke von Carrick-a-Rede, wenn Sie sich trauen. Wandern Sie durch die wilden Sperrinoder Mourne-Berge, beobachten Sie die Millionen Gänse und Watvögel am Strangford Lough, oder kreuzen Sie lässig auf dem großen Binnenwasserweg von Lough Erne zu Inseln voller alter Kirchen, Rundtürme und rätselhafter Steingravuren. Und reservieren Sie einen Tag für das aufgeschlossene und fröhliche Derry.

Seite 145: Der Giant's Causeway in der Abendsonne

Erste Orientierung

★ Nicht verpassen!
1. Belfast ➤ 150
2. Die Küste von Antrim, Seilbrücke von Carrick-a-Rede und Giant's Causeway, Co. Antrim ➤ 154
3. Ulster-American Folk Park, Co. Tyrone ➤ 158
4. Lough Erne und Belleek Pottery, Co. Fermanagh ➤ 160

Nach Lust und Laune!
5. Old Bushmills Distillery, Co. Antrim ➤ 163
6. Downhill, Co. Londonderry ➤ 163
7. Londonderry/Derry ➤ 164
8. Sperrin Mountains, Co. Londonderry/Co. Tyrone ➤ 165
9. Marble Arch Caves, Co. Fermanagh ➤ 165
10. Florence Court, Co. Fermanagh ➤ 165
11. Castle Coole, Co. Fermanagh ➤ 165
12. Navan Royal Site, Co. Armagh ➤ 166
13. Saint Patrick's Trian, Co. Armagh ➤ 166
14. Mountains of Mourne, Co. Down ➤ 166

148 Nordirland

In drei Tagen

Wenn Sie sich nicht sicher sind, wo Sie Ihre Reise beginnen möchten, empfiehlt diese Route eine praktische dreitägige Reise durch Nordirland mit den wichtigsten Sehenswürdigkeiten. Sie können dazu die Karte auf der vorangegangenen Seite verwenden. Weitere Informationen finden Sie unter den Haupteinträgen.

Erster Tag

Vormittags
Besichtigung von ❶ **Belfast** (➤ 150ff), wobei das Grand Opera House (rechts), der Botanische Garten, das Ulster Museum und die Wandbilder in der Shankill- und Falls-Straße ein Muss sind.

Nachmittags
Nach einem Lunch im prachtvollen viktorianischen Crown Liquor Saloon (➤ 167) geht es über die tief eingeschnittenen ❷ **Glens of Antrim** (➤ 154f) zur dramatischen Küste von Antrim. Halten Sie sich an die kleine Küstenstraße um Torr Head. Schilder markieren die Abzweigungen zur **Seilbrücke von Carrick-a-Rede** (unten, ➤ 155f), einem schwindelerregenden Steig über einem 24 Meter tiefen Abgrund, und zum **Giant's Causeway** (➤ 156), von dessen glitschiger Basaltzunge sich denkwürdige Blicke auf die Klippen bieten. Bleiben Sie zur Nacht in Portstewart oder Portrush an der Küste.

In drei Tagen 149

Zweiter Tag

Vormittags
Westlich liegt **7 Derry** (➤ 164 und 181), auf dessen Stadtmauern Sie spazieren gehen können. Die Route führt von Portstewart südlich über Coleraine und Limavady nach Dungiven und weiter nach Feeny (B 74). Weitere fünf Kilometer südlich (B 44) zweigt die Bergstraße zu den herbschönen **8 Sperrin Mountains** (➤ 164) ab. Folgen Sie dem Glenelly Valley nach Westen zu einem Drink und Imbiss in Plumbridge. Fahren Sie dann südostwärts nach Newtonstewart und südwärts nach Omagh.

Nachmittags
Etwa 5 Kilometer nördlich von Omagh erwartet Sie der **3 Ulster-American Folk Park** (➤ 158f), dem Sie leicht eine Stunde widmen können. Fahren Sie von Omagh südwestwärts (A 32) nach Irvinestown, dann auf der A 35 oder A 47 westwärts nach **4 Belleek** (➤ 160) zur weltberühmten Töpferwerkstatt. Eine Fahrt entlang dem Südufer des schönen Lough Erne bringt Sie nach Enniskillen für die Nacht.

Dritter Tag

Vormittags
Fahren Sie 65 Kilometer östlich nach Armagh City, wo sich das hervorragende Armagh Planetarium und in der Nähe das historische Hügelfort von Navan (➤ 166) befinden; weiter nach Newry und zur Küstenstraße A 2. Fahren Sie in Kilkeel links (B 27) über Nebenstraßen durch die großartige Wildnis der **14 Mourne-Berge** (oben, ➤ 166), dann nordostwärts nach Downpatrick mit seiner Kathedrale und dem Grab des hl. Patrick.

Nachmittags
Nehmen Sie die Autofähre von Strangford nach Portaferry und durchqueren Sie, am **Strangford Lough** (➤ 184ff) entlang, die Halbinsel Ards nach Norden; kehren Sie von Newtownards nach Belfast zurück.

Nordirland

Belfast

Belfast erntet seit den frühen Siebzigerjahren negative Schlagzeilen. Zweifellos haben sich in der Hauptstadt Nordirlands schlimme Dinge ereignet, aber Besucher müssen nicht befürchten, sie seien hier nicht willkommen. Der Humor der Belfaster ist schwarz und bissig, doch seine Menschen sind in besonderem Maße bemüht, die trübe Vergangenheit hinter sich zu lassen. Jeder neue Gast ist ein Symbol für die Rückkehr zum normalen Leben und deshalb besonders willkommen.

Sie werden überrascht sein, wie altmodisch Belfast wirkt, diese Stadt der industriellen Revolution mit ihren Reihenhäusern aus roten Ziegelsteinen und prächtigen öffentlichen Gebäuden. Sie hat nicht das Flair von Dublin, aber sie lohnt ein paar Tage des Sich-Umschauens.

Die Goldene Meile

Viele Sehenswürdigkeiten in der City von Belfast liegen nur Minuten auseinander. Beginnen und beenden Sie Ihren Rundgang im **Crown Liquor Saloon** (➤ 167) in der Great Victoria Street; dieses bestens unterhaltene viktorianische Pub, heute in der Obhut des National Trust, hat Fenster aus Buntglas, einen holzgeschnitzten Tresen, eine gekachelte Ladenfront und ein feines Mosaik einer Krone an der Tür.

Der ursprüngliche Besitzer des Pub, Patrick Flanagan, war ein leidenschaftlicher irischer Nationalist; er habe, so heißt es, die

Belfasts pompös-prächtige City Hall, die 1906 fertig gestellt wurde

Belfast

An der opulenten Bar des Crown Liquor Saloon

Krone dort angebracht, damit sich jeder, der wollte, seine Schuhe daran abwischen konnte.

Dem Crown gegenüber steht das **Grand Opera House** von 1894, einst zerbombt und vernachlässigt, aber in Pomp und Glanz wiedererstanden – mit Goldstuck und Holzarbeiten, vergoldeten Affen, die sich an der Decke tummeln, und Logen, die von güldenen Elefanten mit Riesenrüsseln getragen werden.

Die Great Victoria Street bildet die Westseite eines Dreiecks von Straßen, die man »Goldene Meile« nennt, weil sich dort schicke Speise- und Nachtlokale ballen. An der Spitze des Dreiecks liegt Donegall Square mit der beachtenswerten **Linen Hall Library**, einer altmodischen Bibliothek mit tausenden Regalen abgegriffener Bücher, einer prächtigen hölzernen Bogentreppe und einer Atmosphäre des »heiligen Schweigens« – nebst Members' Room und zünftigem Tea Room. Über dem Donegall Square erhebt sich das faszinierende **Wheel of Belfast**, ein Speichenriesenrad, aus dessen Kapseln Sie einen atemberaubenden Blick über die Stadt haben. Ganz in der Nähe befindet sich die prachtvolle **City Hall** aus dem Jahre 1906 unter einer herrlichen Kuppel (Wiedereröffnung 2009). In der Nähe finden Sie ein würdiges Denkmal, das an die aus Belfast stammenden Seeleute erinnert, die beim Untergang der in Belfast gebauten *Titanic* am 15. April 1912 ihr Leben ließen. Das Innere des Rathauses ist barock, mit drei Sorten Marmor in der Halle, einer zentralen Kuppel über den Galerien der Decke und einem Ratszimmer voll Holzschnitzereien, buntem Glas und mit rotem Leder gepolsterten Bänken. Das gesamte Gebiet wurde vor kurzem umfassend renoviert und ist mit dem eleganten neuen Einkaufsviertel **Victoria Square** genau das, was Belfast braucht.

GRÜNER DICHTER

Der Dichter William Drennan (1754–1820) ist in Belfast geboren. Sein Werk ist heute vergessen – außer einer Wortschöpfung, die zum meistzitierten Klischee über Irland geworden ist: »Die grüne Insel«.

Das Universitätsviertel

Südlich des Stadtkerns – zehn Minuten mit dem Bus – steht der frühviktorianische, im Pseudo-Tudorstil errichtete Steinhaufen der **Queens University**. Dahinter befindet sich Belfasts angenehmer **Botanischer Garten**, ein stiller, grüner Fleck mit hunderten Arten Bäumen und einem prächtigen Palmenhaus. Nicht weit davon liegt in einem Bau mit Glasdach aus den 1880ern

Nordirland

Loyalistische Farben in der Lower Newtownards Road

die neun Meter tiefe tropische Schlucht, wo sich Fische und Schildkröten im Schatten tropfender Zimt-, Dombeya-, Loquatbäumen und Bananenpalmen tummeln. Im **Ulster Museum** (Wiedereröffnung Ende 2009) nebenan illustrieren mächtige Kalander- und Walkmaschinen aus dem Textilbereich, Fotos von großen Schiffen beim Stapellauf, Tabak und Schnupftabak-Objekte die Industriegeschichte von Belfast.

Außerhalb des Zentrums

Verlassen Sie Belfast nicht, ohne einige Arbeiten der **Giebelwandmaler**, im Zeichen der »Troubles« entstanden, gesehen zu haben. Im Westen, in der loyalistischen **Shankill Road** und der nationalistischen **Falls Road**, herrscht wilde Polemik, mehr noch östlich des Flusses in der Short Strand oder Lower Newtownards Road. Kaufen Sie sich Postkarten mit Proben dieser »Volkskunst«. Am östlichen Stadtrand von Belfast steht das imposante Herrenhaus **Stormont**, einstige und hoffentlich zukünftige Heimat des nordirischen Regionalparlaments. Und nördlich des Stadtzentrums an den Kais der Werften recken sich **Samson und Goliath** empor, zwei gelbe Riesenkräne, die an die einstige industrielle Macht und eiserne Kraft dieser höchst robusten Stadt gemahnen.

BELFAST: INSIDER-INFO

Top-Tipps: Meiden Sie die »Goldene Meile«, und besonders die Great Victoria Street, in den frühen Morgenstunden am Wochenende, wenn Ihnen rowdyhaftes Benehmen junger Clubbesucher etwas ausmacht.

Geheimtipp: Oft gesehen, aber selten wirklich wahrgenommen: das **Kaufhaus Marks & Spencer** gegenüber der City Hall. Ein großartiges, italienisch anmutendes Gebäude in rotem Dumfries-Sandstein, früher Sitz der Wasserbehörde.

Muss nicht sein! Lassen Sie **Stormont** aus, wenn die Zeit drängt. Das Beste ist sowieso der Blick auf das Gebäude vor der unteren Zufahrt, und den gibt es an jedem Postkartenstand in Belfast zu kaufen.

Belfast 153

»TROUBLE-TAXIS«

Linienbusse wurden in den Siebzigerjahren wegen Überfällen aus dem Verkehr gezogen, und obwohl manche Linien wieder bedient werden, versehen schwarze Taxis – Teil der Belfast-Mythologie – eine Art billigen Minibusdienstes für West-Belfast. Die Taxifahrer packen ihre Fahrzeuge voll, und die Fahrgäste teilen sich die (bescheidenen) Kosten.

KLEINE PAUSE

Probieren Sie im **Crown Liquor Saloon** (▶ 167) das köstliche »champ« – Stampfkartoffeln und Frühlingszwiebeln. Auch das **Roscoff Café** in der Fountain Street ist für einen leichten Lunch gut.

🗺 197 E3
✉ Belfast Welcome Centre, 47 Donegall Place ☎ 028 9024 6609; www.gotobelfast.com

Crown Liquor Saloon (NT)
✉ 46 Great Victoria Street
☎ 028 9027 9901

Botanic Gardens
✉ Stranmillis Road/Botanic Avenue
☎ 028 9031 4762
🕐 Hauptgarten geöffnet ohne Einschränkungen. Palmenhaus und tropische Schlucht April–Sept. Mo–Fr 10–12 und 13–17, Sa, So 14–17; Okt.–März Mo–Fr 10–12 und 13–16, Sa–So 13–16 Uhr 💷 frei

City Hall
✉ Donegall Square
☎ 028 9027 0456
🕐 Führungen Juni–Sept. Mo–Fr 11, 14, 15, Sa 14.30; Okt.– Mai Mo–Fr 11, 14.30, Sa 14.30 Uhr; geschl. an öffentl. Feiertagen 💷 frei

Linen Hall Library
✉ 17 Donegall Square North
☎ 028 9032 1707; www.linenhall.com
🕐 Mo bis Fr 9.30–17.30, Sa 9.30–13 Uhr
💷 frei

Ulster Museum
✉ Botanic Gardens
☎ 028 9038 3000; www.ulstermuseum.org.uk
🕐 Mo–Fr 10–17, Sa 13–17, So 14–17 Uhr 💷 frei

Wheel of Belfast
✉ Donegall Square East
☎ 028 9031 0607; www.worldtouristattractions.co.uk
🕐 So–Do 10–21, Fr 10–22, Sa 9–22 Uhr 💷 mittel

Das herrliche Palmenhaus im Botanischen Garten

DUFTE WOHNUNGEN

Laganside war einst ein Slumviertel am Fluss, dem üble Gerüche von den Schlammbänken her bei Ebbe zu schaffen machten. Nach dem Bau des Lagan-Wehrs Anfang der Neunzigerjahre, das den Flusspegel konstant und den Gestank fern hält, wurde es zu einem hochkarätigen Wohngebiet saniert.

Die Küste von Antrim

Dies ist Nordirlands bedeutendste landschaftliche Sehenswürdigkeit, und der Giant's Causeway ist die Rosine im Kuchen. Doch steuern Sie nicht geradewegs dieses berühmte Prachtstück vulkanischer Launen an; lassen Sie sich Zeit und genießen Sie die schöne Fahrt durch wilde Täler und über eine spektakuläre Küstenstraße.

Die Glens von Antrim

Nehmen Sie die A 2 North von Larne nach Carnlough, wo Ihnen die Klippen einen Vorgeschmack geben auf das, was kommt. Auf den nächsten 16 Kilometern klammert sich die Straße an steile Hänge in Ufernähe und wendet sich dann bei Waterfoot zur Red Bay. Hier ist die Abzweigung nach **Glenariff**, der spektakulärsten der Schluchten (glens), die Flüsse in den Basalt von Nord-Antrim geschliffen haben. Glenariff ist von Granitklippen umschlossen, über die nach Regen Wasserfälle stürzen. Fahren Sie zum Parkplatz des Glenariff Forest Park Visitor Centre in den Bergen hinauf. Von hier aus zweigen markierte Wanderwege ab: u. a. ein herrlicher 5-Kilometer-»Waterfall-Trail«, der Sie an einige Sturzbäche heranführt.

Wieder auf der Küstenstraße passieren Sie das saubere kleine Cushendall. Wenn Sie hier die A 2 landeinwärts nehmen und bald links abbiegen, können Sie über Nebenstraßen im Bogen über Ossian's Grave (Geheimtipp, ▶ 157) den **Glenaan** hinauf- und durch den lieblichen **Glendun** wieder zur Küstenstraße hinunterfahren.

Mit Dutzenden zauberhafter Wasserfälle ist Glenariff die Perle unter den Glens of Antrim

Die Seilbrücke von Carrick-a-Rede

Der Weg zur »Rope Bridge« von Carrick-a-Rede ist ab Ballycastle gut beschildert, doch werden Sie sie nicht finden, wenn

Die Küste von Antrim

Sie zwischen Oktober und März kommen, denn diese Seilkonstruktion mit Bretterboden ist nur während des Lachsfangs montiert. Es sind gute 800 Meter und 161 Steinstufen vom Parkplatz bis zum Eingangstor zur Brücke – 25 Meter über dem Meer. Die Sicherheit der Brücke wurde durch eine Gitterkonstruktion »verbessert«.

Die Brücke ist der einzige Weg über den 20 Meter breiten Spalt, der zwischen der Klippe und dem vorgelagertem Basaltstock Carrick-a-Rede klafft. Der Name bedeutet »Fels-auf-der-Straße«, nämlich auf der Straße der Lachse, die auf dem Weg zu ihren Laichplätzen dem Fels seitlich ausweichen müssen; dabei geraten sie in ein Netz, das zwischen Basaltstock und einem Punkt im Meer gespannt wird. Das Überschreiten der Brücke, ein schöner Nervenkitzel (kommen Sie früh oder spät, um Warteschlangen zu vermeiden) – und eine Gelegenheit für sadistische Freunde, Sie zu fotografieren!

Sicher ist sie ja ... aber Sie brauchen etwas Mut, um die schwankende Seilbrücke von Carrick-a-Rede zu überqueren

Nordirland

Giant's Causeway

Man fährt ein kurzes Stück die Küste hinunter, dann türmen sich die Klippen fast 100 Meter hoch um eine Reihe von felsigen Buchten. Der Causeway (= Damm) selbst wird aus etwa 37 000 meist sechseckigen Basaltsäulen gebildet, die in einer schmaler werdenden, geneigten Ebene zum Meer hin abfallen. Die Säulen entstanden, als sich Lava nach einem Vulkanausbruch vor etwa 60 Millionen Jahren abkühlte. Oben auf den Klippen über der Bucht gibt es weitere Formationen. Die spektakulärste, die »Riesenorgel«, erreicht man über einen Fußpfad: ein Ensemble von »Orgelpfeifen«, die zu zwölf Meter hohen Säulen ausgewittert sind. Was den Riesen betrifft, so war hier der mythische Held Fionn MacCumhaill (Finn McCool) am Werk: Der schuf sich, der Sage nach, den Damm als Trittstein zur Hebrideninsel Staffa, wo seine Geliebte wohnte …

Darf man es sagen? Nach all der Publicity und den hochgespannten Erwartungen dürfte mancher Besucher vom Giant's Causeway enttäuscht sein. Seien Sie also gewarnt, aber wandern Sie über den Rundweg hinauf zur Orgel und über die Klippenhöhe wieder zurück, und genießen Sie den Ausblick.

Oben: Beim Abkühlen der Lava bildeten sich die sechseckigen Säulen des Giant's Causeway

Rechts: Hohe Klippen überragen die Säulenstümpfe, die einen Landvorsprung bilden

KLEINE PAUSE

Rasten Sie in der **Teestube des National Trust** im Giant's Causeway Centre (► 168).

✉ Tourist Information Centre, Sheskburn House, 7 Mary Street, Ballycastle
☎ 028 2076 2024; www.discovernorthernireland.com

Carrick-a-Rede Rope Bridge und Larrybane Visitor Centre
✚ 197 E5
✉ an der B 15 zwischen Ballycastle und Ballintoy
☎ 028 2076 9839; www.nationaltrust.org.uk
🕐 tägl. Mitte März–Sept. 10–18, Juli–Aug. 10–19 Uhr
💷 preiswert

Giant's Causeway
✚ 197 D5
✉ Giant's Causeway Centre, 3,2 km nördlich von Bushmills
☎ Besucherzentrum 028 2073 1582, Laden 028 2073 2972;
www.nationaltrust.org.uk
🕐 Giant's Causeway immer zugänglich
💷 Spenden willkommen

SPANISCHER SCHATZ

Die Galeone der spanischen Armada, *Girona*, erlitt 1588 in Port na Spaniagh (»Spanierbucht«), etwas östlich vom Giant's Causeway, Schiffbruch. Von 1300 Männern wurden nur fünf gerettet. Mit dem Schiff versank ein fabelhafter Schatz in der Tiefe – und blieb dort bis 1968, als man einen großen Teil davon barg: Gold, Silber, Juwelen, Geräte. Die schönsten Fundstücke sind im Belfaster Ulster Museum zu bewundern.

Die Küste von Antrim

DIE KÜSTE VON ANTRIM: INSIDER-INFO

Top-Tipps: Wenn Sie sich die zehn Minuten Weg vom Besucherzentrum des Giant's Causeway zum Causeway selbst sparen wollen: **Benutzen Sie den Minibus** und sausen Sie in wenigen Minuten hinunter.
■ Nehmen Sie keine große Schultertasche oder Geräte in der Hand mit auf die Seilbrücke von Carrick-a-Rede, da Sie zwei freie Hände für den Übergang brauchen.

Geheimtipp: An der A 2 unterhalb Glenaan verweist ein Schild auf **Ossian's Grave**. Dieser beachtliche »gehörnte« Steinhügel (mit Eingangshof und zwei Innenkammern) liegt auf einem Feld am Ende eines steilen Holperweges, den man besser geht als fährt. Ossian war ein Krieger-Dichter, Sohn des großen Helden Fionn MacCumhaill (Finn McCool).

Muss nicht sein! Die **Küstenstraße nach Norden** von Belfast nach Larne ist nicht allzu reizvoll; fahren Sie lieber die M 2 bis Junction 4, dann die A 8 über Berg und Tal via Ballynure nach Larne.

3 Ulster-American Folk Park

Diese Sammlung von rekonstruierten Gebäuden gibt einen guten Eindruck vom Leben im Irland des 18. und 19. Jahrhunderts, vom Elend der Emigration und vom Kampf der Auswanderer um Erfolg und Wohlstand in Amerika.

Der Komplex teilt sich in zwei Hälften: die Alte und die Neue Welt.

In der **Sektion Alte Welt** wandeln Sie zwischen Bauten, die von ihren Originalstandorten herbeigeschafft und hier wieder zusammengefügt wurden. Dazu gehören die **Weberhütte** mit eingebautem Webstuhl und ein **Messehaus**, in dem Katholiken zur Zeit der *Penal Laws* (Gesetzessammlung des 18. Jahrhunderts, die die Rechte der Katholiken in allen Bereichen streng beschnitt) ihre vorgeschriebene Messe zelebrieren durften. Übersehen Sie nicht **Castletown National School** mit ihren Graffiti-bedeckten Schulbänken – aber warten Sie ab, wenn dort gerade eine Schulklasse umherwuselt. Hier stehen auch die bescheidenen **Heimstätten** zweier irischer Emigranten, die in Amerika besonders erfolgreich waren: Richter Thomas Mellon, der 1818 auswanderte und dessen Sohn Andrew Mellon die Stahlindustrie in Pittsburgh begründete, und John Joseph Hughes, Erzbischof von New York und Begründer der dortigen St Patrick's Cathedral. Bei der Eröffnung des Folk Park 1980 war der Stifter Dr. Matthew T. Mellon zugegen. Er beeindruckte die Anwesenden mit Erinnerungen an seine Gespräche als Junge mit seinem Urgroßvater, Richter Thomas Mellon, der ihm von den Schrecken der dreimonatigen Atlantiküberfahrt erzählte, die er 1818 durchstehen musste.

Die **Sektion Neue Welt** umfasst eine primitive Siedlerhütte aus dem Mittelwesten der USA, eine Räucherkammer samt Scheune und ein Bauernhaus aus Pennsylvania, alles aus Baumstämmen gebaut. In der Sammlung zur Alten wie der zur Neuen Welt informieren und unterhalten der Zeit entsprechend kostümierte Führer, die Brot backen und süßlich duftende Torffeuer in Gang halten.

Besonders gut getroffen ist die Innenrekonstruktion einer Straße in Ulster aus dem 19. Jahrhundert – mit Postamt, Tuchmacherladen, Sattlerei,

> **WASSERNOT**
> Leute, die im alten ländlichen Irland lebten, berichten, dass eines der größten Probleme ihres harten Lebens der Wassermangel war, da sie das kostbare Nass mühsam von der Quelle oder dem Brunnen ins Haus tragen mussten.

Vorführung eines Spinnrad

Ulster-American Folk Park 159

Seilmacher, Pfandleihe und Apotheke. Vom Buchungsbüro am Dock gelangen Sie über eine Laufplanke in den dunklen Bauch eines Emigrantenschiffes, wo Sie im Geiste nacherleben können, wie die Passagiere in diesem düsteren, beengten, stinkenden, lärmenden Höllenloch über den Atlantik nach Westen fuhren.

KLEINE PAUSE

Es gibt ein Restaurant und ein Café im Folk Park.

Typisches Holzhaus früher irisch-amerikanischer Siedler im wilden Mittelwesten

- 196 C4
- Mellon Road, Castletown, Omagh, Co. Tyrone
- 028 8224 3292; www.folkpark.com
- April–Sept. Mo–Sa 10.30–18, So, nationale Feiertage 11–18.30; Okt.–März Mo–Fr 10.30–17 Uhr (letzter Einlass 90 Minuten vor Schließung)
- mittel

ULSTER-AMERICAN FOLK PARK: INSIDER-INFO

Top-Tipps: Die Mellon Homestead und das Schiff mit der Dockside Gallery sind zwei der beliebtesten Ziele im Folk Park. Ersteres erreichen Sie, wenn Sie vom Information Centre geradeaus, dann rechts gehen; zu letzterem gehen Sie vom Centre links.
- Vergessen Sie Ihre Diät und probieren Sie all die Leckerbissen, die Ihnen die *guides* offerieren: Alles ist frisch an Ort und Stelle hergestellt.

Geheimtipp: Beachten Sie den **erhöhten Aussichtspunkt** hinter der Mellon Homestead. Von hier überblicken Sie den ganzen Park einschließlich der Dächer, die hübsch aus den Bäumen schauen.

Nordirland

4 Lough Erne und Belleek Pottery

Ein Drittel des County Fermanagh ist von Wasser bedeckt. Sein Zentrum wird gänzlich von den inselreichen Seen des Upper und Lower Lough Erne eingenommen. Folgen Sie kurvenreichen Uferstraßen mit dem Auto, zu Fuß oder per Fahrrad. Oder mieten Sie sich in Belleek ein Boot und kreuzen Sie ein paar Tage faul auf den verschlungenen Wasserwegen mit über 200 Inseln herum – eine höchst erholsame Art, Fermanagh kennen zu lernen. Seit der Victoria Canal, der den Upper Lough Erne mit dem River Shannon verbindet, wieder eröffnet wurde, ist es möglich, die 480 Kilometer von Belleek nach Killaloe auf Binnengewässern zurückzulegen.

Feines Porzellan

Belleek und seine berühmte Töpferei stehen am meerseitigen Ende des Lower Lough Erne. In der **Belleek Pottery** stellt man seit 1857 glänzende Korbgewebe-Keramik her, und das fast auf die gleiche Weise wie früher und mit Werkzeugen, die sich die Arbeiter selber machen. Wandern Sie durch die Fabrik und schauen Sie zu, wie die Handwerker ihr Rohmaterial – kornische Porzellanerde und Glas – in lange Schlangen ziehen und daraus vorsichtig die zarten Schalen und Platten aus Gitterwerk aufbauen, die sodann mit kleinsten, handgeformten Porzellanblüten verziert und vollendet bemalt werden. Natürlich können Sie nach der Führung ein Stück erwerben.

Ein Handwerker bei der Arbeit in der Töpferei von Belleek

Lough Erne und Belleek Pottery

Das ruhige Wasser des Lough Erne

Der See und seine Inseln

Der Sage nach war Fermanagh einst eine trockene Ebene mit einem Zauberbrunnen darin, der stets zugedeckt gehalten wurde. Zwei Liebende, die es sehr eilig hatten, tranken aus dem Brunnen und vergaßen, den Deckel wieder aufzulegen. Als die ersten Strahlen der Sonne das Wasser berührten, schwappte es über und hörte nicht auf zu fließen, bis Lough Erne entstanden war.

Die County-Hauptstadt **Enniskillen** liegt auf einer Insel in der schmalen Passage zwischen Upper und Lower Lough Erne. Dies ist ein guter Ausgangspunkt für die Erkundung von See und Inseln. Neben landschaftlichen Schönheiten finden Besucher ungewöhnlich reiche Relikte der christlichen wie vorchristlichen Vergangenheit. Nach **Devenish Island** kommen Sie mit der Fähre (April–Sept.) ab Trory Point, ein Stück stromabwärts von Enniskillen. Auf der Insel finden Sie die Ruinen einer Pfarrkirche aus dem 13. Jahrhundert, ein edles Hochkreuz, die schöne Ruine der St Mary's Priory (1449) und einen gut erhaltenen Rundturm von etwa 1160. Ein kleines Museum erklärt die Anlage und die Geschichte dieser Klosterstätte, die im 6. Jahrhundert von St. Molaise gegründet wurde. Ein friedvoller Ort, mit einem eigenen Zauber!

Eine vorchristliche Aura schwebt über dem alten Friedhof von Caldragh auf **Boa Island**, zu der eine Brücke vom Nordufer des Lower Lough Erne führt. Hier ist eine viel fotografierte heidnische »Janusfigur«, wohl aus dem 5. bis 6. Jahrhundert n. Chr., zu entdecken, deren zwei Gesichter in entgegengesetzte Richtungen blicken.

Auf **White Island**, die Sie mit der Fähre vom Hafen von Castle Archdale erreichen, stehen weitere rätselhafte Figuren: sieben Statuen aus

HARTER BURSCHE

Es wird von einem Bauarbeiter erzählt, der beim Bau der Belleek Pottery vom Dach fiel und auf wunderbare Weise auf den Füßen landete. Er leerte ein Glas Whiskey, dann schickte man ihn wieder aufs Dach, wo er weiterarbeitete.

162 Nordirland

Stein, über tausend Jahre alt, die nebeneinander in eine Mauer gefügt wurden. Eine hält eine Priesterglocke und einen Krummstab; eine andere fasst sich mit der Hand ans Kinn; eine weitere ist eine *sheela-na gig* – eine Frau mit gekreuzten Beinen in sexuell einladender Pose. Es mögen die Sieben Todsünden sein, aber niemand weiß Genaues…

KLEINE PAUSE

Einfache Hausmacherkost wie Ofenkartoffeln, Quiche oder Salate bekommen Sie in den **Belleek Pottery Tea Rooms** (Tel. 028 6865 9300).
Bei **Blake's Of The Hollow** (Tel. 028 6632 2143) ist die beste Musik und Gastlichkeit in Enniskillen geboten – ein wunderbares Pub an der abschüssigen Hauptstraße.

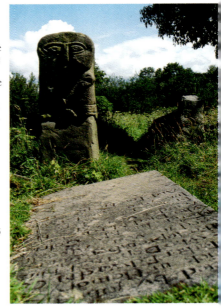

Rätselhafte Janusfigur auf Boa Island

»JANUS« VON HEANEY

Gottäugig, sexmundig, sein Hirn
Eine wässrige Wunde …

Der Dichter und Nobelpreisträger Seamus Heaney zur Janusfigur auf Boa Island

Belleek Pottery
✚ 196 A3
✉ Belleek Pottery Visitors' Centre, Belleek, Co. Fermanagh
☎ 028 6865 9300; www.belleek.ie
🕘 März–Juni Mo–Fr 9–18, Sa 10–18, So 14–18;
Juli–Okt. Mo–Fr 9–18, Sa 10–18, So 12–18; Nov., Dez. Mo–Fr 9–17.30, Sa 10–17.30; Jan.–Feb. Mo–Fr 9–17.30 Uhr;
✋ mittel

Lough Erne
✚ 196 B3
✉ Auskunft über Lough Erne: Tourist Office, Wellington Road, Enniskillen, Co. Fermanagh
☎ 028 6632 3110; www.fermanaghlakelands.com

LOUGH ERNE: INSIDER-INFO

Top-Tipps: Wenn Sie sich zwischen den Inseln entscheiden müssen, wählen Sie **Devenish Island** mit seinen schönen Kirchenruinen.

Geheimtipp: Nehmen Sie ein Fernglas mit nach Devenish Island, damit Sie die **vier steinernen Köpfe** unter dem Dach des Rundturms sehen können.

Nach Lust und Laune!

5 Old Bushmills Distillery

In dieser ältesten lizenzierten Destillerie der Welt (1608), einem attraktiven Konglomerat weiß getünchter Gebäude im Schatten zweier großer Pagodentürme, entstehen einige der besten Malz- und Blended Whiskeys Irlands.

Man führt Sie zu großen, runden Kupferpfannen voll dampfender Maische, zu schwanenförmigen Brennblasen und einem Lagerhaus, wo aus Holzfässern der süße Geruch des verdunstenden »Anteils der Engel« strömt. Im Destillerie-Laden können Sie Ihren Whiskeyvorrat um eine edle Variante ergänzen.

✚ 197 D5
✉ Bushmills, Co. Antrim
☎ 028 2073 3218;
www.whiskeytours.ie
🕐 März–Okt. Mo–Sa 9.15–17, So 12–17 Uhr; Nov.–Feb. Mo–Fr 10–16.15, Sa, So 12.30–16.15 Uhr; 💷 mittel

6 Downhill

Diese exzentrische Ansammlung von Gebäuden wurde von einem eigensinnigen Bischof Londonderrys auf den Klippen westlich von Castlerock erbaut; heute stehen sie unter der Obhut des National Trust. Der **Mussenden Temple** am Klippenrand, eine klassische Rotunde, wurde von Frederick Hervey, dem 4. Grafen von Bristol und Bischof von Londonderry, 1783–85 erbaut. Landeinwärts steht die dachlose Ruine von **Downhill House**, Landsitz des Bischofs. In der Nähe befinden sich ein restaurierter Mauergarten, Taubenschlag und Eiskeller sowie das **Lion Gate**, gekrönt von einem der Herveyschen Wappenleoparden.

✚ 197 D5
✉ Mussenden Road, Castlerock, Co. Londonderry
☎ 028 2073 1582; www.nationaltrust.org.uk
🕐 Tempel tägl. Juli–Aug. tägl. 10–17; April–Juni und Sept.–Okt. Sa, So 10–17 Uhr; Anlagen immer geöffnet 💷 preiswert; Parkgebühren mittel während Tempelöffnungszeiten

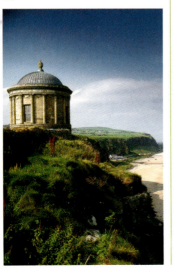

Der Mussenden Temple auf den Klippen bei Downhill

Nordirland

Die Friedensstatue »Hands across the divide« in Londonderry/Derry

7 Londonderry/Derry

Die malerische, befestigte Stadt, die von den Loyalisten Londonderry, von den Nationalisten Derry genannt wird, wurde durch die Politik gespalten. Sie hat jedoch die Unruhen mehr als überlebt, ja sich zu einer der fortschrittlichsten Städte Irlands gemausert.

Die größte Attraktion ist der Rundgang auf den historischen Stadtmauern des 17. Jahrhunderts (▶ 181ff).

POLITISCHER NACHTTOPF

Im Schlafzimmer der Gräfin von Florence Court steht ein Nachthafen aus feinstem Belleek-Porzellan. Mitten im Boden befindet sich ein Abbild des britischen Premierministers des 19. Jahrhunderts William Gladstone, der sich durch seinen Einsatz für die *Home Rule* und die Bodenreform bei der herrschenden anglo-irischen Klasse keine Freunde machte.

Interessant sind auch das **Tower Museum**, mit Ausstellungen über die Armada und The Story of Derry; eine **Guildhall** (▶ 183) aus dem 19. Jahrhundert, **St. Columb's Cathedral** mit Zeugnissen der Belagerung 1688/89, als die protestantischen Bürger der Armee des Katholiken Jakob II. trotzten (▶ 182), und ein **Handwerkerdorf** im Herzen der Altstadt.

✚ 196 C4 ✉ **Tourist Information Centre, 44 Foyle Street** ☎ **028 7126 7284;** www.discovernorthernireland.com
🚌 Foyle Street
🚆 Waterside Station, Duke Street

Tower Museum
✉ Union Hall Place
☎ 028 7137 2411; www.derrycity.gov.uk/museums
🕐 Di–Sa 10–17 Uhr
💰 mittel

Guildhall
☎ 028 7137 7335 zur Vereinbarung einer Besichtigung;
www.discovernorthernireland.com
🕐 Mo–Fr 9–17 Uhr 💰 frei

Nach Lust und Laune! 165

8 Sperrin Mountains
Im Sperrin Heritage Centre in Cranagh lernen Sie so manches über Geologie, Lokalgeschichte, Fauna und Folklore; im nahen Bächlein können Sie sogar Gold waschen. Herrlich ist es, durch diese wilde Hügelkette zu streifen, die die Grenze zwischen Tyrone und Derry bildet. Selbst der höchste Gipfel (Sawel, 683 m) ist mit guten Wanderschuhen leicht zu ersteigen.

📍 196 C4
✉ Sperrin Heritage Centre, 274 Glenelly Road, Cranagh, Co. Tyrone
☎ 028 8164 8142;
www.strabanedc.org.uk
🕐 April–Okt. Mo–Fr 11.30–17.30, Sa 11.30–18, So 14–19 Uhr 💰 preiswert

9 Marble Arch Caves
Der Eingang zu diesem spannenden System von halb überfluteten Höhlen liegt etwa 8 Kilometer westlich von Florence Court. Viele der Kammern mit Glitzerwänden und Stalaktiten sind zu Fuß zu besichtigen, Boote zeigen den Rest. Rufen Sie vorher an.

📍 196 B3
✉ Marlbank Scenic Loop, Florence Court, Enniskillen, Co. Fermanagh
☎ 028 6634 8855;
www.fermanagh.gov.uk
🕐 tägl. Juli–Aug. 10–17; Mitte März–Juni und Sept. 10–16.30 Uhr 💰 teuer

10 Florence Court
Florence Court liegt tief im Wald, wenige Kilometer südwestlich von Enniskillen. Sein großer, quadratischer Mittelblock und die Flügelarkaden schauen auf perfekte Gärten, Parkland und Wald sowie die großen Löwenhäupter der Benaughlin- und Trien-Hügel.

Das schöne Gebäude aus der Mitte des 18. Jahrhunderts im Besitz der Grafen von Enniskillen brannte 1955 aus, wurde aber durch den National Trust hervorragend restauriert. Der Stuck in der Halle, an der Decke des Speisesaales und über der Treppe ist sehenswert, ebenso die Porträts der Grafen von Enniskillen.

📍 196 B3
✉ Florence Court, Enniskillen, Co. Fermanagh
☎ 028 6634 8249; www.nationaltrust.org.uk
🕐 Haus: Juni–Aug. tägl. 12 bis 18; Sept.–Mai Sa, So, Feiertage 12 bis 18 Uhr;
Garten: Mai–Sept. tägl. 10–20, Okt.–April tägl. 10–16 Uhr 💰 mittel

11 Castle Coole
Irlands schönstes neoklassisches Herrenhaus, 1790–98 von James Wyatt gebaut und heute im Besitz des National Trust, liegt in einem Park auf einem Bergrücken wenig südlich von Enniskillen. Hinter dem mächtigen Portikus sind feine Einrichtungen, Eichenböden und seidendrapierte Staatsgemächer zu betrachten. Achten Sie auf die Kamelköpfe bei den Vorhängen in der Bibliothek: Sie wurden hier zur Feier des Sieges von Admiral Nelson über Napoleon in der Schlacht am Nil 1798 installiert. Beim Rundgang wird Ihnen der Führer die traurige Geschichte vom 1. Grafen von Belmore erzählen, dem die Gattin davonlief.

📍 196 B3
✉ Enniskillen, Co. Fermanagh
☎ 028 6632 2690; www.nationaltrust.org.uk
🕐 Haus: Juli–Aug. tägl. 12–18; Märza.–Mitte Mai, Sept. Sa, So, Feiertage 12–18, Juni Mi bis Mo 12–18 Uhr; Garten: Mai–Sept. tägl. 10–20, Okt.–April tägl. 10–16 Uhr
💰 mittel

Nordirland

⑫ Navan Royal Site

Die Lords des alten Ulster regierten von ca. 700 v. Chr. bis ins 4. Jahrhundert n. Chr. vom Hill of Navan wenig außerhalb von Armagh City. Nebulose Sagengestalten – u. a. der Held von Ulster, Cuchulainn, und seine Erzfeindin Queen Mebh von Connacht – bevölkern die grüne Hügelkuppe.

Unter dem Rasen liegt ein außergewöhnliches Bauwerk aus der Eisenzeit: ein Riesenhaufen Kiesel, die man in eine gigantische Holzhalle gefüllt hatte, die von den Erbauern dann in Brand gesteckt wurde. Im Navan Centre am Fuß des Hügels informiert eine gut konzipierte Ausstellung über Mythos und Mysterium der Stätte.

✚ 197 D3
✉ 81 Killylea Road, Armagh
☎ 028 3752 1801; www.visitarmagh.com
🕐 Site: öffentl. Zugang; Centre: Juni–Aug. Mo–Sa 10–17, So 12–17 Uhr; April, Mai, Sept. Sa 10–17, So 12–17 Uhr 💶 Site: frei; Centre: mittel

⑬ Saint Patrick's Trian

Dieser einzigartige Besucherkomplex im Herzen von Armagh bietet drei Hauptausstellungen: The Armagh Story, ein Besuch in der Vergangenheit

ABSEITS DER MASSEN

Wenn Sie noch ein bisschen Zeit haben, verwenden Sie einen halben Tag für einen Ausflug nach Süd-Armagh südlich von Armagh City. Diese hübsche Welt der kleinen Hügel und stillen Dörfer wurde in 25 Jahren des Bürgerkriegs als »Banditenland« gebrandmarkt. Dieser stark republikanisch geprägte Teil der Provinz wird von der Touristikbranche fast völlig vernachlässigt, doch seine Menschen sind so freundlich wie überall sonst in Irland und sich ihrer Tradition in Story-Telling und Musik sehr bewusst.

der Stadt; Patricks Testament, The Book of Armagh, mit einem der größten Schätze des frühchristlichen Irlands; und das Land of Lilliput, die Geschichte von Jonathan Swifts berühmtem Werk *Gulliver's Reisen*. Die Abenteuer werden anschaulich mit der Unterstützung eines 6 m hohen Riesen geschildert.

✚ 197 D3 ✉ 40 English Street, Armagh
☎ 028 3752 1801; www.visitarmagh.com
🕐 Mo–Sa 10–17 (im Juli, Aug. bis 17.30 Uhr), So 14-17 Uhr 💶 mittel

⑭ Mountains of Mourne

Die schönen Mourne-Berge nehmen die südöstliche Ecke Nordirlands ein. Ihre Kegelform lässt sie als Berge erscheinen, aber mit einer Durchschnittshöhe von kaum über 600 Metern sind sie nur Hügel im Großformat. Sie sind für Wanderungen und Autotouren auf Nebenstrecken geeignet. Die Küstenstraße A 2 berührt die Berge zwischen Newcastle, dem touristischen Zentrum des Gebietes, und Rostrevor; mehrere Nebenstraßen führen zu den Stauseen des Silent Valley und der wilden Landschaft um Spelga Dam.

Im Mourne Heritage Trust in Newcastle können Sie einen Satz Karten kaufen, die leichte bis anstrengende Wanderungen verzeichnen.

✚ 197 E2
✉ Mourne Heritage Trust, 87 Central Promenade, Newcastle, Co. Down
☎ 028 4372 4059;
www.discovernorthernireland.com
🕐 Mo–Fr 9–17 Uhr

Wohin zum ...
Essen und Trinken?

Preise

Sie zahlen pro Person und Mahlzeit, ohne Getränke und Bedienungsgeld, ca.

€ unter 12 £ €€ 12–24 £ €€€ über 24 £

BELFAST

Crown Liquor Saloon €–€€

Dieser ehemalige viktorianische gin palace, heute Belfasts bekanntestes Pub (▸ 150), gehört jetzt dem National Trust und wird von Bass Taverns betrieben. Doch das Crown ist bei weitem kein Museumsstück: Ein durstlöschender pint und ein halbes Dutzend Austern auf Eis oder eine dampfende Schale mit würzigem irish stew stehen zur Wahl. Die Britannic Lounge oben ist einen Blick wert.

🏠 197 E3 ✉ 46 Great Victoria Street, Belfast BT2 7BA ☎ 028 9027 9901
Ⓖ Flannigan's Bar und Imbiss Mo–Sa 11–21 Uhr

Deanes €€–€€€

Ein außergewöhnlich gut angesehenes Restaurant, in dem die untertriebene Eleganz über die Raffinesse hinwegtäuscht. Exklusive private Dinnerpartys genießen die Zurückgezogenheit im Obergeschoss, während auf Straßenebene eine stilvolle, einladende Atmosphäre mit hauptsächlich moderner Küche herrscht.

🏠 197 E3
✉ 36–40 Howard Street,
Belfast BT1 6PF
☎ 028 9033 1134;
www.michaeldeane.co.uk
Ⓖ Mo–Sa 12–15; 18–22 Uhr

The Edge €€

Das Bank Gallery Restaurant im Edge ist ein verstecktes Juwel am Fluss Lagan. Es bietet einen Panoramablick und hervorragende Gerichte. Im ersten Stock des Komplexes liegt das Restaurant, dekoriert mit Bildern lokaler Maler. Es serviert leckere Gerichte aus Erzeugnissen der Region. Zu den interessanten Vorspeisen gehören getrocknete Jakobsmuscheln auf Ingwer-, Koriander- und Nudelsalat mit Erdnusssauce. Die Steaks von nordirischen Rindern sind zu Recht beliebt. Im Erdgeschoss befindet sich die Port Bar, perfekt für einen Snack.

🏠 197 E3 ✉ Mays Meadow, Laganbank Road, Belfast BT1 3PH ☎ 028 9032 2000;
www.at-the-edge.co.uk Ⓖ Mo–Sa 11–spätnachts

Nick's Warehouse €€

Ein lebhaftes, klimatisiertes Restaurant, das seine Vergangenheit als Lagerhaus zu nutzen weiß! Aufmerksamer, freundlicher Service und ausgezeichnetes Essen sind die Markenzeichen der Weinbar wie des Restaurants. Gekocht wird modern und der Jahreszeit entsprechend, aber mit Sinn für Tradition. Internationale Einflüsse sind erkennbar, aber irische Zutaten und herkömmliche Rezepte kommen zu ihrem Recht. Es gibt eine große Auswahl an vegetarischen Gerichten.

🏠 197 E3 ✉ 35/39 Hill Street, Belfast BT1 2LB ☎ 028 9043 9690;
ww.nickswarehouse.co.uk Ⓖ Lunch Mo bis Fr 12–15, Dinner Di–Sa 18–21.30 Uhr

Shu €€–€€€

Die bekannteste Brasserie in South Belfast. Sie liegt an der kosmopolitischen Lisburn Road, wurde 2000 eröffnet und hat seitdem zahlreiche Auszeichnungen erhalten. Lachs, Taube, Seehecht und vieles andere wird mit himmlischen Saucen serviert. Außerdem gibt es herrliche reichhaltige Desserts. Das Standardmenü (Montag bis Donnerstag im Hauptrestaurant) bietet ein gutes Preis-Leistungs-Verhältnis. Im Kellergeschoss gibt es eine Cocktailbar und ein Bistro mit DJ-Musik an Freitagen und Samstagen.

🏠 197 E3 ✉ 253 Lisburn Road, Belfast BT9 7EN ☎ 028 9038 1655; www.shu-restaurant.com
Ⓖ Mo–Sa 12–14.30, 18–22 Uhr (Bar bis spätnachts)

168 Nordirland

DIE KÜSTE VON ANTRIM

National Trust Tea Room €

Genießen Sie eine einfache und würzige Kost – Suppe und Snacks, gutes Hausgebackenes – in der Nähe des »achten Weltwunders«. Eine zweite Teestube des National Trust befindet sich im hübschen Hafendorf Cushendun, geöffnet außerhalb der Saison an Wochenenden und nach Ostern täglich.

✚ 197 D5
✉ Giant's Causeway Centre, Co. Antrim
☎ 028 2073 2282
🕐 tägl. Mitte März–Mitte Nov., bitte erfragen Sie die Öffnungszeiten telefonisch

Wysners €–€€

Nach einem anregenden Spaziergang auf dem Giant's Causeway werden Sie eine Pause in diesem Restaurant an Ballycastles Hauptstraße sehr schätzen. Das Café in der unteren Etage bietet eine große Auswahl an Speisen und Snacks, im Restaurant oben wird raffinierter gekocht. Hier können Sie den heimischen Lachs aus Carrick-a-Rede genießen oder Jackie Wysners Käsekuchen mit Bushmills Whiskey.

✚ 197 E5
✉ 16 Ann Street, Ballycastle, Co. Antrim
☎ 028 2076 2372
🕐 Mo–Do 8.30–17.30, Fr, Sa 8.30–21 Uhr

MOUNTAINS OF MOURNE

The Buck's Head €€

Dieses attraktive Restaurant mit Bar hat auf der Rückseite einen Wintergarten und für schönes Wetter einen Garten mit Blick auf Dundrum Bay. Gutes Essen, guter Service und lange Öffnungszeiten machen die Gaststätte zur idealen Rast auf Ausflügen. Örtliche Produkte, besonders Seafood aus Dundrum Bay, sind vorherrschend; daneben gibt es vielfältige vegetarische Speisen.

✚ 197 E3
✉ 77 Main Street, Dundrum, Co. Down
☎ 028 4375 1868; www.thebucksheadinm.co.uk
🕐 tägl. Lunch 12–14.30, High Tea 17–18.45, Dinner 19–21.30 Uhr (So bis 20.30 Uhr); geschl. Mo, Okt–April, 25. Dez.

Wohin zum ... Übernachten?

Preise

Sie zahlen pro Person für ein Doppelzimmer ohne Steuern ca.
€ unter 60 £
€€ 60–100 £
€€€ über 100 £

BELFAST

Malmaison Belfast €€€

Ein wunderschönes Trendsetter-Hotel in einem beeindruckenden viktorianischen Gebäude im Zentrum des neugestalteten Belfast. Vornehme, reizvolle Zimmer mit viel Schwarz und Weiß. Alle 64 Zimmer sind schön eingerichtet und gut ausgestattet. Außerdem gibt es eine Brasserie, eine stilvolle Bar, einen Fitnessraum, und Ihren Hund können Sie auch mitbringen.

✚ 197 E3
✉ 34–38 Victoria Street, Belfast BT1 3GH
☎ 028 9022 0200;
www.malmaison-belfast.com
🕐 geschl. 24.–27. Dez.

Tara Lodge €€

Dieses elegante, moderne Hotel bietet 18 Zimmer und eine freundliche, gemütliche Atmosphäre. Ein besonderer Vorteil ist der sichere Parkplatz – so nah am Stadtzentrum findet man das selten. Jedes der bequemen Zimmer verfügt über Bad, Satellitenfernsehen, Internetzugang und Getränkebar.

✚ 197 E3
✉ 36 Cromwell Road, Botanic Avenue, Belfast BT7 1JW
☎ 028 9059 0900; www.taralodge.com

Travelodge Belfast Central Hotel €

Die Organisation Travelodge hat die Marktnische der ordentlichen, einfachen Hotels zum Preis einer günstigen Frühstückspension für sich erobert. Das Belfast Central ist dabei keine Ausnahme – es ist gut gelegen, sauber, bescheiden stilvoll und freundlich. In diesem

Wohin zum ... 169

Preissegment können Sie kaum mehr erwarten.

🕂 **197 E3** ⊠ **15 Brunswick Street, Belfast BT2 7GE** ☎ **0870 911 1687; www.travelodge.co.uk**

ENNISKILLEN

Abocurragh Farm Guesthouse
€–€€

Dieses hübsche Bed & Breakfast auf einer Milchfarm liegt in einer sehr schönen Gegend Fermanaghs. Die geräumigen Zimmer bieten einen herrlichen Blick; für Kinder wird mit besonderen Gerichten und einem Babysitter-Service gesorgt.

🕂 **196 B3** ⊠ **Letterbreen, Enniskillen, Co. Fermanagh BT74 9AG** ☎ **028 6634 8484; www.abocurragh.com**

DIE KÜSTE VON ANTRIM

Bushmills Inn €€

Umsichtiger Ausbau hat den Reiz dieser Pferdestation aus dem 19. Jahrhundert nahe dem Giant's Causeway

noch erhöht. Die Gemeinschaftsräume sind im ländlichen Stil gehalten, die Zimmer individuell im komfortablen Cottage-Stil eingerichtet, und auch die neuen Badezimmer erscheinen wie aus einer vergangenen Epoche. Es gibt ein Restaurant und eine Bar.

🕂 **197 D5** ⊠ **9 Dunluce Road, Bushmills, Co. Antrim BT57 8QG** ☎ **028 2073 3000; www.bushmillsinn.com**

LONDONDERRY / DERRY

Beech Hill Country House Hotel €€€

Wenig außerhalb der Stadt auf waldigem Grund mit Wasserfällen und Gärten gelegen, hat dieses Haus aus dem 18. Jahrhundert viele seiner ursprünglichen Merkmale bewahrt. Die Zimmer sind nach Größe und Aussicht verschieden, aber alle mit Bad (einige nur mit Dusche), bequemen Möbeln und Antiquitäten ausgestattet. Im Fitnessbereich gibt es ein Jacuzzi, eine Sauna und ein Dampfbad mit Aromatherapie.

🕂 **196 C4** ⊠ **32 Ardmore Road, Londonderry BT47 3QP** ☎ **028 7134 9279** ⊘ **geschl. 25. Dez. www.beech-hill.com**

Greenhill House €

Dieses georgianische Bauernhaus liegt inmitten einer gepflegten Gartenanlage mit Blick über die Landschaft. Zu den Zimmern mit Bad gehören zwei große Familienunterkünfte; Luxus bieten die Zimmer nicht, aber sie sind komfortabel eingerichtet, als man es von einem Bauernhof erwartet. Abendessen gibt es für Hausgäste nach Absprache.

🕂 **197 D5** ⊠ **24 Greenhill Road, Aghadowey, Co. Londonderry BT51 4EU** ☎ **028 7086 8241; www.greenhill-house.co.uk** ⊘ **Anf. März–Okt.**

DUNGANNON

Grange Lodge €€

Die Behaglichkeit und Gastlichkeit von Grange Lodge machen diese zum guten Quartier für Exkursionen. Das georgianische Haus ist von Wald und

Gärten umgeben. Die Zimmer (und Bäder) sind sehr komfortabel, und das Essen (für Hausgäste) ist erstklassig.

🕂 **197 D3** ⊠ **7 Grange Road, Dungannon, Co. Tyrone BT71 1EJ** ☎ **028 8778 4212; www.grangelodgecountryhouse.com;** ⊘ **geschl. 13.Dez.–1.Feb.**

MOUNTAINS OF MOURNE

Hastings Slieve Donard Hotel
€€€

Dieses vornehme viktorianische Hotel gehört zur Hastings-Hotelkette und liegt auf Privatgelände zu Füßen der Mourne-Berge und neben den Royal County Down Golf Links. In den späten Neunzigerjahren renoviert, bietet das Haus Unterkunft auf hohem Niveau. Ein Health Club ist vorhanden, und Tolymore Forest Park lockt zu Spaziergängen.

🕂 **197 E3** ⊠ **Downs Road, Newcastle, Co. Down BT33 0AH** ☎ **028 4372 1066; www.hastingshotel.com**

Wohin zum ... Einkaufen?

Der Norden mit seiner langen handwerklichen Tradition ist von allen Regionen Irlands am besten für den Einkauf von Leinen, handgearbeiteten Spitzen und patrischem Porzellan geeignet. Achten Sie auch auf Holzartikel und geschliffenen Kristall aus Tyrone.

BELFAST

Belfasts Haupteinkaufszone liegt um Donegall Place, High Street und Royal Avenue; **Victoria Square** (zwischen Ann und Chichester Street) ist ein prächtiges neues Einkaufszentrum. **The Wicker Man** (44–46 High Street, Tel. 028 9024 3550) verkauft die Arbeiten von über 150 Kunsthandwerkern aus allen Teilen Irlands; **Smyth's Irish Linens** (65 Royal Avenue, Tel. 028 9024 2786) führen edle Leinenartikel, und **Smyth & Gibson** (Bedford House, Bedford Street, Tel. 028 9023 0388)

verkaufen exklusive Leinenhemden. Für besten modernen Schmuck ist **The Steensons** (Bedford House, Bedford Street, Tel. 028 9024 8269; www.the-teensons.com) die Adresse. Der Ort für neueste Mode ist **Apache** (60 Wellington Place, Tel. 028 9032 9056). Der **St George's Market** (May Street) ist ein erstklassiger Ort für Kunsthandwerk und Antiquitäten. Der Freitagsmarkt (6 bis 13 Uhr) hat 250 Verkaufsstände und bietet nahezu alles.

LONDONDERRY / DERRY

In Derry produziert **The Donegal Shop** (Shipquay Street, Tel. 028 7126 6928) feines irisches Leinen, Tweeds und Strickwaren, während das **Derry Craft Village** (Nähe Shipquay Street) interessante Workshops und Vorführungen anbietet. **Austins** (2 The Diamond, Tel. 028 7126 1817) ist ein Kaufhaus mit einer breiten Auswahl nordirischer Qualitätswaren.

Wohin zum ... Ausgehen?

Vom Arts Council of Nordirland (Tel. 028 9038 5200) wird die Monatszeitschrift Artslink herausgegeben. Weitere Informationen liefern die Büros des Nordirland Tourist Board und die Programmseiten der Zeitungen.

SPORT

Neben den gewohnten Lieblingssportarten Hunderennen, Pferderennen, Fußball, Rugby und Kricket stehen die Nordiren auf Hurling und gälischen Fußball. In Armagh mag man auf »Bullets« stoßen, ein Spiel, bei dem Metallkugeln über Feldwege geworfen werden. Weitere Aktivitäten sind Golf, Radfahren, Fischen, Wandern und Reiten. Auskünfte über diese und andere Angebote – darunter Bootfahren auf Lough Erne und

Vogelbeobachtung auf Strangford Lough – erteilen die Touristenbüros.

MUSIK

Es gibt jede Menge Musik in Nordirland. **Pat's Bar** (Prince's Dock, Tel. 028 9074 4524) in Belfast ist eine der besten Adressen für traditionelle Musik. **The Rotterdam** (54 Pilot Street, Tel. 028 9074 6021) hat regelmäßig Folk, Jazz und Blues auf dem Programm, und die **Kitchen Bar** (36–40 Victoria Square, Tel. 028 9032 4901) bringt freitagabends häufig traditionelle Musik. Die Clubs wechseln mit der Mode, aber das Cathedral Quarter in Belfast – ein historisches Viertel voller Medienzentren und Galerien – bietet charaktervolle Beispiele wie **The Network Club** (North Street, Tel. 028 9023 7486).

1 Hill of Howth	172
2 Blackwater Bog	174
3 Croagh Patrick	176
4 Yeats Country	178
5 Die Mauern von Derry	181
6 Strangford Lough	184

Wanderungen & Ausflüge

Wanderungen & Ausflüge

HILL OF HOWTH
Wanderung

LÄNGE: 11 km **DAUER:** 3 Stunden (4 wenn Sie rasten – und das sollten Sie)
START/ZIEL: DART-Bahnhof in Howth (24 Minuten ab Connolly Station in der City von Dublin).
Auskunft: Tel. 01 836 6222 201 E5

Diese reizende Wanderung zwischen Hügeln und Küstenwegen ist eine beliebte Wochenendbeschäftigung der Dubliner. Sie bietet schöne Ausblicke auf die Stadt, Dublin Bay und die Küste und Hügel im Umkreis von 50 Kilometern. Sie erfrischt, wenn man von den Straßen Dublins erschöpft ist und etwas frische Seeluft in die Lungen pumpen möchte.

1–2
Gehen Sie links aus dem DART-Bahnhof Howth hinaus und am **Hafen** vorbei. Hier hat Erskine Childers im Juli 1914 Gewehre und Munition von seiner kleinen Yacht *Asgard* an Land geschafft, um einen nationalistischen Aufstand zu unterstützen.

2–3
Gehen Sie nach ein paar hundert Metern rechts die Abbey Street hinauf. Steigen Sie an Ye Olde Abbey Tavern rechts die Stufen zu den Ruinen der **Abtei** hoch – ein Zentrum der Wissenschaft, das im Mittelalter in ganz Europa berühmt war. Howth war lange bevorzugter Wohnsitz von Autoren, Professoren des Trinity College, Dichtern und Künstlern, seit kurzem auch von begüterten Pendlern,

die nahe bei Dublin leben wollen, aber nicht dortselbst.

3–4
Wechseln Sie von der Church Street in die Abbey Street und gehen Sie rechts die St Lawrence's Road hinauf. Folgen Sie nach 100 Metern der Grace O'Malley Road, dann links dem Grace O'Malley Drive aufwärts. An einem Telefonhäuschen in einer Linkskurve geht es geradeaus auf einem Pfad zur Straße; steigen Sie nach 20 Metern rechts die Stufen empor.

4–5
Halten Sie sich oben rechts und folgen Sie einem Durchgang bei Haus Nr. 53 (»Ballylinn«). Nun geht es geradeaus einen Grashang hinauf, durch Bäume, über eine steile Böschung und am Rande eines Ackers entlang nach Süden; ein Golfplatz und eingedämmter See liegen zu Ihrer Rechten.

1 Hill of Howth

5–6
Am oberen Ende des Golfplatzes geht es rechts; folgen Sie dem Pfad zu den Bäumen, durch den (mit Recht so genannten) Bog of Frogs und weiter unter den Klippen von Dun Hill. Queren Sie den Golfplatz und klettern Sie den mit Heidekraut bewachsenen Steilhang vor Ihnen (rot-weiß gestreifte Pfähle) auf Holzperpfaden zum Gipfel von Shielmartin hinauf.

Knotige, weiße Quarzitbrocken bilden einen Ring um die Krone von **Shielmartin**. Man hat sie hier vor 2000 Jahren abgelegt, um das Grab des irischen Kriegerkönigs Crimhthan Niadhnair zu kennzeichnen.

Unterstützt von seiner Frau Nar of the Brugh wurde er traumhaft reich, indem er räuberische Angriffe gegen die Römer führte, die gerade jenseits der Irischen See in Britannien eingefallen waren.

6–7
Ein deutlicher Weg führt vom Gipfel hinunter und steil zur Carrickbrack Road. Biegen Sie links ab und überqueren Sie nach 300 Metern die Straße; passieren Sie ein Schwingtor (»Dangerous Cliffs« – aber lassen Sie sich nicht schrecken!) und gehen Sie den Pfad zum Strand hinunter.

7–8
Folgen Sie links dem schmalen, aber gut erkennbaren Küstenpfad über 8 Kilometer, vorbei am Leuchtturm von Baily auf seiner Landspitze, ganz um Howth Head herum und zurück zur DART-Station.

Kleine Pause
In Howth gibt es viele Pubs und Restaurants. Testen Sie **Abbey Tavern** in der Abbey Street (Tel. 01 839 0307) mit köstlichem Fisch und einem guten Glas Stout.

Von den Ruinen der Abtei von Howth aus dem 11. Jahrhundert schweift der Blick über den Hafen und zur Felseninsel Ireland's Eye

Wanderungen & Ausflüge

2 BLACKWATER BOG
Ausflug

LÄNGE: 8 km **DAUER:** etwa 1 Stunde
START/ZIEL: Blackwater-Torfwerke des Bord na Mona, 1,6 km hinter Shannonbridge an der R 357, 13 km östlich von Ballinasloe; Moorführungen April-Anfang Okt. tägl. 10-17 Uhr zur vollen Stunde
AUSKUNFT: Tel. 090 967 4450; www.bnm.ie **PREIS:** mittel

200 A5

Torfstecher in der Nähe von Castelloe

Auf den ersten Blick wirken die großen Moore von Zentralirland wenig interessant. Tatsächlich brausen die meisten Besucher an den braunen Einöden vorbei, unterwegs zu den beliebten Bergen und Küsten des Westens. Doch verbringen Sie eine Stunde an Bord des wackligen, kleinen grün-gelben Moorarbeiter-Zuges, großspurig »Clonmacnoise & West Offaly Railway« genannt, und lassen Sie sich die Augen öffnen für den Reichtum an Wildtieren und die düstere Schönheit einer Landschaft, die zu erleben nur wenige privilegiert sind.

Ein Siebtel der Fläche Irlands ist Moor – wassergetränktes Torfmoos, vor tausenden Jahren

Moos wie ein Schwamm

Torfmoos, Hauptbaumaterial eines Hochmoores wie Blackwater, ist erstaunlich saugfähig: Es kann bis zum 20-Fachen seines Eigengewichts Wasser aufnehmen und es in seinen unzähligen Poren und Zellen speichern.

2 Blackwater Bog

abgelagert und kaum angetastet. Das änderte sich, als 1946 die Irische Torfbehörde, Bord na Mona, gegründet wurde, um Brennstoff für die Stromkraftwerke Irlands zu gewinnen – ein Land, das weitgehend waldlos und gänzlich ohne Kohle ist. Nachdem sie Irlands Moore ausgebeutet hat, bleiben ihr bis zum Ende der Torfförderung noch 28 Jahre; inzwischen hat sie mit konservierenden Maßnahmen begonnen.

Das Schneckentempo des kleinen Zugs erlaubt Ihnen auszusteigen, sich umzusehen und sogar den *slane* (scharfschneidiger Torfspaten) in die Hand zu nehmen, um selbst Torf zu stechen. Schauen Sie, wie die Fasern der Pflanzenmasse in der sauren Umgebung des Moores in tausenden Jahren nicht verrottet sind. In den tiefen Drainagerinne 10 Meter unter der Oberfläche liegen große Stämme und Zweige von »Mooreichen« – knotige, silbrige Äste von Eiben, Eichen, Birken und Kiefern, die hier wuchsen, lange bevor die Pharaonen in Ägypten ihre Pyramiden zu bauen begannen.

Plankenwege führen ins heidereiche Herz des Moores. Wenn Sie genau hinschauen, können Sie Kissen bunter Blumen sehen: Moornarzisse, fleckige Heideorchidee, Wollgras, Läusekraut und Insekten fressender Sonnentau. Vögel lieben die weiten Flächen des Moores und seiner Gesträuche. Dies ist einer der ruhigsten Flecken der Erde, erst recht, wenn Sie außerhalb der Saison kommen.

Auf dem Werksgelände erklärt eine Ausstellung die Entstehung und Tierwelt des Moores; ein Museum zeigt daneben die monströsen Maschinen, mit denen es über die Jahre bearbeitet wurde. Wenn die Förderung um das Jahr 2030 eingestellt wird, werden sich Irlands ausgetorfte Moore zu Kernen einer Feuchtlandschaft aus Seen, Sümpfen und Wäldern wandeln, die teils der Erholung, teils dem Naturschutz dienen sollen – kein schlechtes Ende nach einem so zerstörerischen Anfang.

Kleine Pause
Bei den Blackwater-Werken gibt es ein nettes **Café**.

Das gefleckte Knabenkraut ist eine der Wildblumen, die Sie in Blackwater Bog entdecken können.

Wunderschönes Moor
An einem klaren Tag ist das Moor eine liebliche, weite Landschaft aus Purpur und saftigem Braun: Die kleinen Seen nehmen die fast nicht zu beschreibende Farbe des Himmels an, der sich im Moorwasser spiegelt.
Robert Lloyd Praeger, *The Way That I Went*

3 CROAGH PATRICK
Wanderung

Die Besteigung des Croagh Patrick (oder The Reek) ist eine der klassischen Bergwanderungen in Irland. Der Aufstieg selbst ist nicht schwierig, auch wenn die zweite Hälfte zum kraftraubenden Klettern auf lockerem Geröll wird. Der Blick vom Gipfel auf einen riesig langen Küstenabschnitt, hunderte kleiner Inseln, die Clew Bay und die Berge von Nephin Beg und Connemara wird Ihnen den Atem rauben.

Die meisten Besucher wählen den kurzen Anstieg von Murrisk, doch die 37 Kilometer lange Pilgerroute ab Ballintober Abbey ist auch der Mühe wert.

Karten

Wenn Sie den 37 Kilometer langen Tochar Phadraig ab Ballintober Abbey wählen, werden Ihnen die 1 : 50 000-Karten des Irish OS nützen: 30, 31, 37, 38.

LÄNGE: Etwa 7 km; Aufstieg 765 Höhenmeter **DAUER:** 4–5 Stunden. Die Pilgerroute erfordert 2 Tage **START:** Murrisk an der R 355, 9 km westlich von Westport, für den Aufstieg zum Reek; Ballintober Abbey, 11 km südlich von Castlebar ab N 84 nach Ballinrobe, für die komplette 37 km lange Pilgerroute ⊞ 194 C2 **ZIEL:** Murrisk ⊞ 194 C2

2–3

Wandern Sie am Standbild des hl. Patrick vorbei und folgen Sie dem ausgetretenen Weg

Irlands heiliger Berg

Croagh Patrick ist eine Pilgerstätte und ein Ort der Buße. Alljährlich besteigen am »Girlandensonntag«, dem letzten Sonntag im Juli, bis zu 50 000 Menschen (viele davon barfuß) jeden Alters und bei jedem Wetter den Berg, um in der kleinen Kirche auf dem Gipfel ihre Gebete an den Nationalheiligen zu richten. St. Patrick (▶ 14) soll die steilen Hänge des Croagh Patrick im Jahre 441 n. Chr. erstiegen, vom Gipfel gepredigt und die Gewalt einer Wolke von Dämonen gebrochen haben, indem er seine Glocke durch sie hindurchschleuderte. Er bat auch (erfolgreich) um die Erlösung der Seelen des irischen Volks beim Jüngsten Gericht und verbannte alle Schlangen von der Insel, indem er sie über eine Klippe trieb.

Kurzwanderung

1–2

Lassen Sie das Auto bei Owen Campbells Pub in Murrisk stehen und gehen Sie den ausgeschilderten Weg in Richtung Croagh Patrick hinauf

3 Croagh Patrick

2-3
Der Tochar, eine uralte Pilgerroute, führt über 37 Kilometer nach Westen zum Kegel des Croagh Patrick. Unterwegs kommen Sie an heiligen Brunnen, Megalithen, Klosterstätten, prähistorischen Grabhügeln und Inschriftensteinen vorbei.

3-4
Sie können Ihre Wanderung nach halber Strecke beim Dorf Aghagower unterbrechen oder sie in einem Stück absolvieren. Doch denken Sie daran, dass Sie ein steiler 760-Meter-Aufstieg über lockeres Geröll erwartet.

4-5
Sind Sie unter dem Reek angekommen, so folgen Sie der Spur über die Südflanke zum Sattel und arbeiten sich von dort über den Felssturz zum Gipfel vor.

Kleine Pause
Wenn Sie nach Murrisk zurückkehren, frisch im Geiste, aber mit müden Beinen, dann besuchen Sie **Owen Campbell's Pub** am Ende des Pfades. Das Innere des Pubs ist mit Fotos von Reek-Pilgern geschmückt.

Das markante Profil des Croagh Patrick liegt im Blick der Pilger, die sich von Owen Campbell's Pub in Murrisk nähern

zum Sattel auf 500 Meter Höhe.

3-4
Atmen Sie tief durch und erklimmen Sie den geröllbedeckten Steilhang zum Gipfel. Kehren Sie auf demselben Weg wieder zurück.

Pilgerroute

1-2
Diese längere Route beginnt bei Ballintober Abbey und folgt den mit eingeritzten Kreuzen markierten Steinen. Diese führen Sie dann über Feldwege und Pfade den St Patrick's Causeway entlang, der auf Irisch »Tochar Phadraig« heißt.

Wanderungen & Ausflüge

4 YEATS COUNTRY
Ausflug

LÄNGE: 160 km
DAUER: Ein halber Tag
START/ZIEL: Sligo City 195 E3

Für William Butler Yeats (1865–1939), Literatur-Nobelpreisträger von 1923 und wohl Irlands größter Dichter, waren die Tafelberge und meerumspülten Gestade des County Sligo immer gegenwärtig. Diese schöne, verwitterte Landschaft, wo Yeats glückliche Monate der Kindheit mit seinen Großeltern und Cousins verbrachte, inspirierte ihn zu vielen seiner besten Gedichte; und sie symbolisierte für ihn die Rätsel, Eigenart und Stärken seines Heimatlandes.

Die raue Rundstrecke durch das Yeats Country wird großenteils von braunen Straßenschildern begleitet, die einen Federkiel mit Tintenfass zeigen.

1–2

Haben Sie sich mit dem Besuch einiger W.-B.-Yeats-Stätten in Sligo City (▶ 137) eingestimmt? Dann verlassen Sie Sligo über die Castle Street und fahren nach Westen in Richtung des 328-Meter-Hügels Knocknarea.

Kurz hinter Sligo weist ein braunes Schild nach links zu den **Carrowmore Tombs**. An dieser Seitenstraße erstreckt sich über Kilometer die größte Ansammlung megalithischer Monumente in Irland – Steinkreise, Dolmen und *cairns*, von denen ein oder zwei fast intakt erhalten sind. Es wäre ein beeindruckender Ort, gäbe es nicht das riesige, orangefarbene Reizzentrum.

Biegen Sie auf der *Sligo road* links ab, um dicht an Knocknarea heranzukommen; ein mit »Meascán Meadhba« beschilderter Abzweig führt in 45 Gehminuten zu »**Queen Mehb's Tomb**« – und einem herrlichen 80-Kilometer-Weitblick. Mehb oder Maeve war die Kriegerkönigin von Connacht im 1. Jahrhundert, die den »Cattle Raid von Cooley« anstiftete. Der große, grüne Steinhaufen, der sich am Gipfel des Knocknarea in den Himmel reckt – angeblich ihr Grab –, ist de facto ein mit 40 000 Flusssteinen gefülltes Ganggrab und mindestens 2000 Jahre älter als Mehb.

4 Yeats Country

Die Hauptstraße führt zu einer Kreuzung hinunter; biegen Sie dort rechts und am Hotel Sancta Maria links ab, um zum steinigen Strand, den mächtigen Grasdünen und prächtigen Panoramen von Strandhill Beach vorzustoßen. Der Kopf unter die Klippen des Knocknarea schweben über Strandhill. Hier sah und hörte W. B. Yeats die atlantischen Wellen gegen die Ufer schlagen:

> Der Wind hat die Wolken gebündelt, hoch über Knocknarea,
> Und den Donner auf die Steine geworfen, was immer Maeve dazu sagt.

2–3

Kehren Sie nach Sligo zurück und fahren Sie auf der N 15 Bundoran–Lifford nördlich aus der Stadt heraus. Biegen Sie am Stadtrand auf der R 291 links zu **Rosses Point** ab, einem hübschen kleinen Dorf am Meer.

Kehren Sie zur N 15 zurück und fahren Sie nordwärts nach **Drumcliff**. An der Straße steht dort der Stumpf eines Rundturmes, ein reich verziertes Hochkreuz von ca. 1000 n. Chr. ist in die Friedhofsmauer eingefügt. Doch Zielpunkt ist W. B. Yeats' Grab an der Nordwestseite des Turms. Ein schlichter Grabstein aus Kalk trägt folgende Worte:

3–4

Fahren Sie 8 Kilometer auf der N 15 weiter, dann links zum **Lissadell House**, Stammhaus der Gore-Booth-Familie. Zwei Angehörige der Familie waren mit Yeats befreundet. Eine war die Dichterin Eva Gore-Booth, die andere ihre Schwester Constance, Gräfin Markievicz, die dank ihrer Teilnahme am Osteraufstand von 1916 einen Ehrenplatz unter den nationalistischen Helden einnehmen sollte. Später wurde sie als erste Frau ins Parlament von Westminster gewählt (trat ihr Mandat aber nie an).

Ausritt auf einem Feldweg in Sligo – im Hintergrund der massige Rumpf des Benbulbin

> Wirf einen kalten Blick
> Auf das Leben, auf den Tod
> Reiter, reit' vorbei!

Dies sind die letzten Zeilen des Grabgedichtes, das Yeats für sich selbst verfasste. Sein Anfang lautet so:

> Unter dem kahlen Kopf Ben Bulbens
> Im Friedhof von Drumcliff – liegt Yeats...

Und so wandert der Blick auf den Grabstein, eine Baumreihe und Benbulbin in der Ferne.

Zurück zur N 15 und links durch **Cliffony**. Dabei wandelt sich das Profil des Benbulbin von dem eines liegenden Löwen zu einer vollkommen flachen Tafel. Am Ende des Dorfes ist rechts ein Parkplatz und von hier lediglich ein Schritt zum gut ausgewiesenen **Creevykeel Court Tomb**. Dieser vielgestaltige Steinhügel wurde zwischen 3000 und 2000 v. Chr. mit zentralem Hof und mehreren Grabkammern gebaut, die alle durch massive Steinportale betreten werden konnten.

4–5
Wieder auf der N 15, nehmen Sie gleich links (braunes »Ballintrillick«-Schild) eine lange gerade Landstraße. Queren Sie unterhalb Ben Wiskens einen Feldweg und folgen Sie Schildern zum »Gleniff Horseshoe«. **Gleniff** ist ein abgelegenes Hochtal, von Basaltklippen gesäumt, über die Wasserfälle stürzen.

Der große, dunkle Felsbogen, der sich hoch über das Talende von Gleniff spannt, soll das Bett der entlaufenen Liebenden Diarmuid und Gránne sein. Diarmuid hatte das Pech, mit dem Helden Fionn MacCumhaill, einem früheren Verlobten von Gráinne, die Schwerter zu kreuzen, der dann seiner Liebsten seinen abgeschlagenen Kopf sandte.
Biegen Sie auf der Landstraße links ab und fahren Sie 8 Kilometer weiter. Nehmen Sie die N 15 links in Richtung Sligo. Zweigen Sie nach 3,2 Kilometern links nach **Glencar** ab, um einen wunderschönen Wasserfall in seiner Waldschlucht zu sehen.

5–6
Kehren Sie nach Sligo zurück und fahren Sie auf der N 16 aus der Stadt hinaus; folgen Sie der R 286 und achten Sie auf Hinweise auf »Dromahair« und braune Schilder zum »Lough Gill« und »Parke's Castle«. Bald liegt der hübsche kleine Colgagh Lough unter Ihnen, dann sind Sie am dicht bewaldeten Ufer des **Lough Gill**, einer der schönsten Seen im County Sligo. Folgen Sie der Straße am Nordufer des Sees und passieren Sie das Herrenhaus Parke's Castle aus dem 17. Jahrhundert. Von der Bucht am Schloss starten Bootstouren zur **Lake Isle of Innisfree**, Thema des bekanntesten Gedichtes von Yeats; doch erreichen Sie die kleine Insel besser von einem näher gelegenen Ufer über Dromahair. Halten Sie sich am Ende des Dorfs rechts (Schild nach »Ballintogher/Sligo«) und nehmen Sie nach einem Kilometer den ersten schmalen Weg nach rechts, um zum Seeufer zu gelangen. Etwa 200 Meter entfernt liegt jenes Inselchen, dessen friedliche Schönheit Yeats rühmte:

Kleine Pause

Hargadon's Bar in der O'Connell Street in Sligo ist ein Traditions-Pub mit altmodischen, holzgetäfelten Schanktischen.

Sehenswürdigkeiten

Carrowmore Tombs
195 E3 · 071 61534
Ostern–Okt. tägl. 10–17.15 Uhr · preiswert

Lissadell House
195 E3
071 63150; www.lissadellhouse.com
tägl. 10.30–18 Uhr
mittel

Ich werde mich erheben und gehen, und gehe nach Innisfree / Und dort eine kleine Hütte bauen, aus Lehm und Rutenwerk: / Neun Reihen Bohnen werde ich pflanzen, einen Korb für die Honigbiene, / Und alleine leben im bienenlauten Hain. …

Yeats hat natürlich nie seine Rutenhütte gebaut. Aber er liebte diesen friedvollen See aufrichtig, was Sie ihm nachfühlen werden, wenn Sie Ihre Rundfahrt um Lough Gill vollenden und über die R 287 nach Sligo City zurückkehren

5 Die Mauern von Derry

DIE MAUERN VON DERRY
Spaziergang

LÄNGE: 1,6 km **DAUER:** 2 Stunden
START/ZIEL: Tower Museum, Union Hall Place, nahe Magazine Gate ✛ 196 C4

Man unternimmt diesen Rundgang weniger aus historischem Interesse oder weil die Mauern aus dem 17. Jahrhundert so schön sind, sondern um den bitteren Gefühlen nachzuspüren, die alljährlich in den Fünfzigern und Sechzigern geweckt wurden, wenn der Oranierorden seine rituellen Lehrjungenmärsche (▶ 182) auf dem Rundkurs durchführte.

1–2

Betreten Sie die Altstadt durch **Shipquay Gate**, um rechts neben dem Tower Museum am Union Hall Place auf die Mauer zu steigen. Die Mauern von Derry, 6–8 Meter hoch und ebenso dick, wurden 1613–18 von Gilden aus London errichtet, die das Sagen in der Stadt übernommen hatten und entschlossen waren, diese zu Wohlstand zu bringen und vor allen potenziellen Feinden zu schützen – hauptsächlich vor örtlichen Clans, die sich der Herrschaft der britischen Krone widersetzten. Die Mauern umschlossen eine Enklave, deren Grundmuster ein Straßenkreuz bildete, das einen karoförmigen zentralen Marktplatz – The Diamond – mit vier großen Toren verband: Shipquay Gate (Nordwesten), Butcher's Gate (Nordosten), Bishop's Gate (Südwesten) und Ferryquay Gate (Südosten). Drei weitere Tore kamen später hinzu.

2–3

Starten Sie in südwestlicher Richtung oberhalb der **Magazine Street** und schauen Sie auf das Gewirr der Dächer der ummauerten Stadt herunter. Überschreiten Sie **Castle Gate**, dann **Butcher's Gate**. Halten Sie inne an der **Royal Bastion**, einer bulligen Auswölbung, und lassen Sie den Blick nach Westen über die Dächer der Bogside zu den fernen Hügeln Donegals schweifen.

»Keine Sektierer-Märsche«, sagen die Graffiti an den Hauswänden der Bogside, und »Kein Konsens, keine Parade«. Weitere Giebelwandgemälde geben die Ansichten der Einwohner über Polizei, Armee und Politiker in deutlicher,

Wanderungen & Ausflüge

wenig schmeichelhafter Form wieder. Die Bastionskanonen, die der Stadt 1642 gestiftet wurden, schauen missbilligend hinunter. Hier stand Walker's Pillar, wichtiges lokales Wahrzeichen mit bester Aussicht von oben, bis es 1973 von der IRA gesprengt wurde. An der Säule knüpften die Lehrjungen auf ihren Dezembermärschen gewöhnlich eine Nachbildung des Gouverneur Robert Lundy auf, dem Gouverneur von Derry während der Großen Belagerung von 1688/89 – und ein Volksteufel für alle Oranier.

3–4

Wandern Sie zum **Bishop's Gate** und steigen Sie von der Mauer. Zwei Flussgötter schmücken den Bogen, wobei Foyle nach draußen und Boyne nach drinnen schaut.

Es war das Bishop's Gate, zu dem Britanniens abgesetzter katholischer König

Ein bärtiger, mit Wasserpflanzen gekrönter Flussgott an Bishop's Gate

Jakob II. am 18. April 1689 ritt, um die Kapitulation von 30 000 Protestanten zu fordern, die sich in Derry verschanzt hatten. Danach begann die Große Belagerung; aber die Bürger von Derry waren schon seit dem vorherigen Dezember eingeschlossen, als 13 Lehrjungen die Schlüssel der vier Tore geraubt und somit das Eindringen der Armee der Jakobiten verhindert hatten.

4–5

Gehen Sie durch die Bishop Street Within und rechts St Columb Court hinauf zur **St Columb's Cathedral**. Von ihrem Turm erscholl der Ruf »Keine Übergabe« als Antwort auf die Forderungen König Jakobs. Nachdem der Gouverneur Robert Lundy verjagt war, fanden die Verteidiger in Reverend George Walker ihren furchtlosen Führer.

Im Chapter House sind die Schlüssel zu sehen, die die Lehrjungen geraubt hatten, ferner hausgemachte Kanonenkugeln aus Ziegelstein. In der Kirche gibt es eine Platte für Captain Michael Browning, der am 28 Juli 1689 umkam, als sein Schiff *Mountjoy*, das Versorgungsgüter in die Stadt brachte, durch die Sperre brach, die die Belagerer über den Fluss gelegt hatten. Im Eingang der Kathedrale ist ein Ständer mit dem »Ersten Luftpostbrief«

Märsche der Lehrjungen

In den 1950ern und 1960ern fanden sich bis zu 15.000 Oranier aus ganz Nordirland ein, um mit Flöten und mächtigen Lambeg-Trommeln auf den Mauern von Derry zu paradieren – alles vor den Augen der römisch-katholischen Bürger des Not leidenden und verfallenden Bogside-Viertels darunter. Provokantes Triumphgehabe, sagten die Bogsider; historische Feier, antworteten die Oranier. Die Spannungen gipfelten im August 1969 in Straßenschlachten, die als »Battle of the Bogside« bekannt wurden – nach Meinung vieler der Auslöser für die »Troubles« der jüngeren Vergangenheit. Schauen Sie sich am Ende Ihres Rundgangs die Ausstellung von Schwarzweiß-Fotografien im Tower Museum an, um zu ermessen, wie übel die Lebensverhältnisse der katholischen Bewohner des Bogsides waren. Die Bilder zeigen barfüßige Kinder mit Rachitis, Männer in zerlumpten Hosen und übermüdete Frauen auf verkommenen Straßen vor zerfallenden Häusern – eine ideale Brutstätte für Wut und Hass. Heute ist das anders. Nach dem Verbot der Paraden der Lehrjungen führt jetzt eine kleine Gruppe Ortsansässiger den rituellen Marsch im August und Dezember durch; die Katholiken der Stadt nehmen das im Allgemeinen gleichgültig hin. Da sich der Staub nun gelegt hat, sollten Sie Ihren Spaziergang über die Mauern von Derry genießen.

5 Die Mauern von Derry

– einer eisernen Mörsergranate, die in die Stadt gefeuert wurde und in deren Zündloch die Übergabeforderungen der Jakobiten steckten.

Verlassen Sie St Columb's nicht, ohne einige der anderen Schätze gesehen zu haben: alte Regimentsflaggen, geschnitzte Kirchenbänke, den großen Eichentabernakel über dem Bischofsstuhl, das schöne spätviktorianische Fenster mit dem »Garten Gethsemane«.

5–6

Zurück zur Bishop Street Within und weiter zum Diamond. Folgen Sie der Ferryquay Street rechts zu den Mauern am Ferryquay Gate. Vollenden Sie Ihren Rundgang und beenden Sie ihn am **Tower Museum**. Das Museum wurde konzipiert und gebaut als Akt des Glaubens und des Optimismus, zu einem Zeitpunkt,

Hügel der Märtyrer

Vor dem Ostende der Kathedrale befindet sich der »Martyr's Mound«, ein grüner Grabbuckel, in dem 4500 Opfer der Großen Belagerung begraben liegen. Man hat sie ein Jahrhundert nach der Belagerung aus den Kellern der Stadt exhumiert, wo sie während des Notstands verscharrt worden waren, und hier neu gebettet.

Symbol trotzigen Widerstands: Kanonen des 17. Jahrhunderts auf den Stadtmauern von Derry

als auf dem Höhepunkt der »Troubles« über ein Viertel der Gebäude der befestigten Stadt zerstört waren. Ein ausgezeichnetes Museum, in dem Sie über »Zeittunnel« verschiedene Phasen der Geschichte von Derry nachvollziehen können. Die »Troubles« sind ausgewogen dargestellt.

Kleine Pause

Die **Dungloe Bar** in der Waterloo Street ist für einen leichten Imbiss zum Lunch gut, und manchmal gibt es auch Live-Musik.

Sehenswürdigkeiten
Guildhall

Besuchen Sie auf jeden Fall das blumenreiche viktorianische Gildenhaus. Ein Bombenanschlag hat 1972 die Buntglasfenster zerstört, aber wie durch ein Wunder waren die Originalentwürfe aus dem 19. Jahrhundert in London erhalten geblieben, sodass die Fenster rekonstruiert werden konnten.

🕐 Mo–Fr 8.30–17 Uhr

St Columb's Cathedral

☎ 028 7126 7313;
www.stcolumbscathedral.org
🕐 April–Sept. Mo–Sa 9–17; Okt.–März Mo–Sa 9–13, 14–16 Uhr 💷 preiswert

Tower Museum

☎ 028 7137 2411
🕐 Juli–Aug. tägl. 10–16.30; März–Ende Juni Mo–Sa 10–16.30; Sept.–Feb. Mo–Fr 10–16.30 Uhr 💷 mittel

184 Wanderungen & Ausflüge

6 STRANGFORD LOUGH
Tour

LÄNGE: 160 km einschließlich der 10-minütigen Überfahrt mit der Autofähre von Portaferry nach Strangford (alle halbe Stunde)
DAUER: 1 Tag
START/ZIEL: Newtownards (an der A 20, 10 km östlich von Belfast) ✚ 197 F3

Die 37 Kilometer lange Halbinsel Ards hängt östlich von Belfast wie ein Elefantenrüssel am Festland. Dieser schmale, seewärtige Vorposten von County Down schützt die große Gezeitenbucht von Strangford Lough und schließt sie fast ab. An ihrem südlichen Ende liegen sich die Fährdörfer Portaferry und Strangford gegenüber, getrennt nur durch einen Wasserarm von 500 Metern. Strangford Lough ist Heimat von Millionen Gänsen, Enten und Watvögeln, während sich die Ostküste der Halbinsel mit ihren langen Sandstränden, unterbrochen durch Felsbuchten, der Irischen See zuwendet. Ein wunderschöner Landstrich, den meisten Besuchern Irlands unbekannt!

Fähre auf dem Strangford Lough

1–2
Fahren Sie ab **Newtownards** im Norden des Strangford Lough auf der A 48 über die Schulter der Halbinsel zum Fischerdorf Donaghadee, dessen Hafen man in den 1820er-Jahren aus-

6 Strangford Lough

baute, um das aufblühende Fährgeschäft nach Portpatrick in Südwestschottland zu bedienen. Viele berühmte Leute sind in Donaghadee an oder von Land gegangen: darunter der Dichter John Keats, der Biograf James Boswell, der Komponist Franz Liszt, der Schriftsteller Daniel Defoe und Zar Peter der Große.

Folgen Sie der A 2 die Küste hinunter an schönen Stränden vorbei bis Ballywalter, und wenden Sie sich via B 5 landeinwärts nach Greyabbey am Strangford Lough. Dort steht die Ruine der **Grey Abbey** aus dem 12. Jahrhundert; fahren Sie auf der Uferstraße A 20 rechts nach **Mount Stewart**. Dieses prachtvolle National-Trust-Haus, noch bewohnt von einem Mitglied der Familie Stewart, wirkt warm und heimelig, trotz der Kandelaber und Intarsienböden.

Seine Gärten sind wie die schönsten des National Trust; Lady Londonderry hat sie seit 1921 auf kühne, eigenwillige Weise gestaltet und mit merkwürdigen Steinskulpturen geschmückt.

2–3

Zurück geht es auf der A 20 durch Greyabbey nach Süden. Halten Sie gelegentlich an, um die **Vogelwelt** des Strangford Lough mit dem Fernglas zu betrachten – Pfuhlschnepfe, Rotschenkel, Brachvogel, Regenpfeifer und im Winter Riesenschwärme von hellbäuchigen Meergänsen aus Grönland. Queren Sie bei Kircubbin die Halbinsel, um dann auf Ihrer Küstenfahrt nach Süden kleine Fischerdörfer wie Ballyhalbert und Portavogie zu streifen.

Bei Cloghy können Sie entweder südwärts zur schroffen Spitze der Halbinsel bei Ballyquintin Point oder landeinwärts nach Dorn am Strangford Lough fahren, wo Sie ein nationales Naturschutzgebiet und einen weiteren guten Platz für die Vogelbeobachtung vorfinden. Wie auch immer, halten Sie am Ende auf den hübschen kleinen Hafen **Portaferry** zu und lassen Sie sich nach Strangford übersetzen.

Die Überfahrt über die Mündung von Strangford Lough bringt Sie ins so genannte »St Patrick's Country«. Hier soll der Schutzpatron Irlands 432 auf seiner großen Mission zur Bekehrung der heidnischen Iren gelandet sein; und hier, in der Abtei des Klosters Saul, starb er 461.

3–4

Folgen Sie der A 25 von Strangford nach **Castle Ward**. Das Haus, heute im Besitz des National Trust, wurde 1762–28 von Bernard Ward und seiner Frau Anne gebaut. Er liebte Palladio, sie die Romantik, und beide wollten ihren Willen durchsetzen. Nun hat Castle Ward also eine

Wasser ist das beherrschende Element in den herrlichen Gärten von Mount Stewart

Wanderungen & Ausflüge

elegante Vorderseite im Stile Palladios, etliche feine klassische Räume und eine Rückseite mit maurischen Fenstern und Zinnen, neben Zimmern mit extravaganten, spitzen Türbögen. Und das Paar – es hat sich schließlich getrennt.

Fahren Sie auf der A 25 weiter nach **Downpatrick**. Vor der Kathedrale befindet sich ein Hügel mit einer Riesensteinplatte mit der Aufschrift »PATRIC«. Ist der hl. Patrick unter diesem Stein begraben, zusammen mit zwei anderen hohen irischen Heiligen, Brigid und Columban? Historiker sagen Nein; Folkloristen und andere sagen Ja – und streuen am St Patrick's Day Narzissen auf den Stein.

4–5

Zwei oder drei Kilometer südöstlich von Downpatrick finden Sie an der *Ardglass road* **Struell Wells** angezeigt, einen kuriosen, stillen Ort, wo sich unter uralten, steinernen Badehäusern eiskalte Quellen verbergen.

Kehren Sie nach Downpatrick zurück und fahren Sie auf der A 22 am Westufer des Strangford Lough entlang zurück nach Norden und Newtownards. Schieben Sie hinter Downpatrick im **Quoile Pondage National Nature Reserve** einen Spaziergang am Wasser ein, und erlauben Sie es sich, über Dämme zur einsamen kleinen **Mahee Island** zu fahren. Dort erwarten Sie ein zerborstener Rundturm, Grabsteine von Mönchen, Fundamente alter Mauern und Hütten – Reste des Klosters von Nendrum aus dem 5. Jahrhundert, einer der ältesten christlichen Gründungen Irlands, wo der hl. Patrick gepredigt haben soll.

Die mächtige Steinplatte vor der Kathedrale von Downpatrick markiert nach Meinung vieler das Grab von St. Patrick

Sehenswürdigkeiten

Grey Abbey
✚ 197 F3
☎ 028 4278 8387; www.nationaltrust.org.uk
🕒 April–Sept. Di–Sa 10–19, So 14–19; Okt.–März Sa 10–16, So 14–16 Uhr
💰 frei

Mount Stewart
✚ 197 F3 ☎ 028 4278 8387; www.nationaltrust.org.uk
🕒 Haus: Juli–Aug. tägl. 12–18; Juni tägl. 13–18; Mai und Sept. Mi–Mo 13–18; Anfang März–April und Okt. Sa–So 12–18 Uhr. Gärten: Mai–Sept. tägl. 10–20; April und Okt. tägl. 10–18; Anfang März bis Ende März tägl. 10–16 Uhr. Gärten am Seeufer und Wege: tägl. 10–Dämmerung. Temple of the Winds: April–Okt. So 14–17 Uhr
💰 mittel

Castle Ward
✚ 197 F3 ☎ 028 4488 1204; www.nationaltrust.org.uk
🕒 Haus: Juli–Aug. tägl. 13–18; April–Juni und Sept. Sa, So 13–18 Uhr. Anlagen: April–Sept. tägl. 10–20; Okt.–März 10–16 Uhr. 💰 mittel

🅿 Moderate Quoile Countryside Centre
✚ 197 F3 ☎ 028 4461 5520;
🕒 April–Ende Aug. tägl. 11–17; Sept.–März Sa, So 13–17 Uhr
💰 frei

Praktisches

188 Praktisches

REISEVORBEREITUNG

WICHTIGE PAPIERE

- ● Erforderlich
- ○ Empfohlen
- ▲ Nicht erforderlich

	Deutschland	Österreich	Schweiz
Pass/Personalausweis	●	●	●
Visum	▲	▲	▲
Weiter- oder Rückreiseticket	▲	▲	▲
Schutzimpfungen (Tetanus und Polio)	▲	▲	▲
Gesundheitsdokumente (▶ 192, Gesundheit)	●	●	●
Reiseversicherung	○	○	○
Führerschein (national)	●	●	●
Grüne Versicherungskarte	○	○	○
Kfz-Zulassungsschein	●	●	●

REISEZEIT

Dublin

⬭ Hauptsaison   ⬭ Nebensaison

JAN	FEB	MÄRZ	APR	MAI	JUNI	JULI	AUG	SEPT	OKT	NOV	DEZ
8°C	8°C	10°C	13°C	15°C	18°C	20°C	19°C	17°C	14°C	10°C	8°C

☀ Sonnig   ☁ Bedeckt   🌧 Regnerisch

Die Temperaturwerte geben die **mittleren Tagesmaxima** jedes Monats wieder.
Das beste Wetter herrscht in Frühling und Frühsommer (April bis Juni), wenn die
Landschaft am schönsten ist. Der Winter (November bis März) kann feucht und trüb
sein, besonders im gebirgigen Westen, aber herrliche Schönwettertage sind ebenso
möglich. Im Hochsommer (Juli und August) ist das Wetter wechselhaft und oft
bewölkt. Der Herbst (September und Oktober) bringt im Allgemeinen gutes Wetter.
Die Städte lohnen zu jeder Zeit den Besuch, unabhängig vom Wetter; Weihnachten
und Neujahr sind dafür besonders beliebt.
Sie müssen zu jeder Jahreszeit mit Regen rechnen, egal wann Sie reisen. Aber nehmen Sie es wie die Iren: Sie betrachten den Regen als »feuchten Segen«.

INFORMATION VORAB

Websites
● Tourismus in Irland
www.discoverireland.com
● Northern Ireland Tourist
Board
www.nitb.com

In der Irischen Republik
Dublin
☎ 01-850 230330;
www.visitdublin.com
Tourismus in Irland
☎ 0800-039 7000

In Nordirland
Belfast
☎ 028 9023 1221;
www.gotobelfast.com
Tourismus in Irland
☎ 0800-039 7000

Praktisches

ANREISE

Mit dem Flugzeug Linienflüge gibt es von Großbritannien, Kontinentaleuropa und Nordamerika nach Dublin, Cork, Knock, Shannon und Belfast. Die nationale Fluglinie der Republik ist **Aer Lingus** (Tel. 0870 876 5000; www.aerlingus.com); sie fliegt wie Deutsche Lufthansa und Austrian Airlines von allen internationalen Flughäfen Deutschlands, Österreichs und der Schweiz Dublin, Shannon, Cork und Kerry an. British Airways fliegt via London-Heathrow nach Belfast. Holen Sie sich aktuelle Auskünfte zu anderen Fluglinien, Dienstleistungen, Flugpreisen, Sonder- und Pauschalangeboten bei Ihrem Reisebüro, den Fluggesellschaften oder aus dem Internet. **Flugzeit nach Dublin**: von Kontinentaleuropa 2–4 Stunden. **Flugzeit nach Belfast**: von Kontinentaleuropa 2–3 Stunden.
Mit dem Schiff Die meisten Fährdienste **ab Großbritannien** steuern Dun Laoghaire und Belfast an. **Dauer der Überfahrt**: Holyhead–Dun Laoghaire 100 Minuten mit HSS; Holyhead–Dublin $3^3/_4$ Stunden oder unter 2 Stunden mit Schnellfähre; Fishguard–Rosslare 4 Stunden; Swansea–Cork 10 Stunden; Stranraer–Belfast $3^1/_4$ Stunden, 1 Stunde mit SeaCat und $1^3/_4$ Stunden mit HSS; Cairnryan–Larne $2^1/_4$ Stunden oder 1 Stunde mit Jetliner; Campbelltown–Ballycastle 3 Stunden. Ferner gibt es Fährdienste **ab Frankreich** in die Republik: Roscoff–Cork 15 Stunden; Cherbourg–Rosslare 18 Stunden; Le Havre–Rosslare 20 Stunden. **Fährgesellschaften** für den Fährdienst nach Irland: **Irish Ferries** (Tel. 0870 517 1717), **Stena Lines** (Tel. 0870 570 7070), **Brittany Ferries** (Tel. 0870 665 333).

ZEIT

In Irland gilt im Winter die Greenwich Mean Time (MEZ -1), von Ende März bis Ende Oktober die Britische Sommerzeit (BST, d.h. GMT + 1).

WÄHRUNG

In Nordirland gilt das Pfund Sterling (£). Ein Pfund hat 100 Pence. In der Republik Irland ist der Euro das offizielle Zahlungsmittel: Besucher aus Deutschland oder Österreich müssen also kein Geld mehr umtauschen.
Reiseschecks sind die bequemste Art, Geld mit sich zu führen. Alle bekannten **Kreditkarten** werden akzeptiert.
Geldwechsel Es gibt reichlich Wechselstuben in Dublin, Belfast, an Flughäfen, Seehäfen und einigen Bahnhöfen. Sie sind meist länger geöffnet, bieten aber ungünstigere Umtauschkurse als Banken. Viele Banken haben Geldautomaten für Bargeld; erfragen Sie Näheres bei Ihrer Bank.

In Deutschland
Irische Fremdenverkehrszentrale
☎ 069/668 009 50
Nordirische Zentrale für Fremdenverkehr
☎ 069/23 45 04

In Österreich
Irische Fremdenverkehrszentrale
Libellenweg 1
1140 Wien
☎ 01/501 59 60 00

In der Schweiz
Irland Informationsbüro
☎ 044/210 41 53

190 Praktisches

DAS WICHTIGSTE VOR ORT

KONFEKTIONSGRÖSSEN

Irland	Deutschland		
36	46		
38	48		
40	50		
42	52		Anzüge
44	54		
46	56		
7	41		
7,5	42		
8,5	43		
9,5	44		Schuhe
10,5	45		
11	46		
14,5	37		
15	38		
15,5	39/40		Hemden
16	41		
16,5	42		
17	43		
8	34		
10	36		
12	38		Kleider
14	40		
16	42		
18	44		
4,5	38		
5	38		
5,5	39		Schuhe
6	39		
6,5	40		
7	41		

FEIERTAGE (RI = Republik Irland, NI = Nordirland)

1. Jan.	Neujahr
17. März	St Patrick's Day
März/April	Karfreitag
März/April	Ostermontag
Erster Montag im Mai	Maifeiertag
Letzter Montag im Mai	Frühlingsfeiertag (NI)
Erster Montag im Juni	Junifeiertag (RI)
12. Juli	Oraniertag (NI)
Erster Montag im August	Augustfeiertag (RI)
Letzter Montag im August	Spätsommerfeiertag (NI)
Letzter Montag im Oktober	Oktoberfeiertag (RI)
25. Dezember	Weihnachten
26. Dezember	Boxing Day

ÖFFNUNGSZEITEN

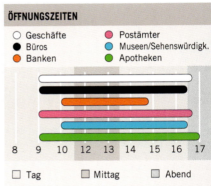

☐ Tag   ☐ Mittag   ☐ Abend

Geschäfte Einige Geschäfte haben donnerstags und freitags bis 20 oder 21 Uhr geöffnet. In kleineren Städten und ländlichen Gebieten schließen die Läden an einem Tag der Woche früher (13 Uhr).
Banken Fast alle Banken sind samstags geschlossen. In kleineren Städten haben sie u. U. zur Lunchzeit (12.30–13.30 Uhr) geschlossen.
Postämter In ländlichen Gebieten schliessen manche Postämter von 13 bis 14 Uhr.
Museen/Sehenswürdigkeiten Unterschiedliche Öffnungszeiter. Viele kleinere Einrichtungen sind von Oktober bis März geschlossen oder eingeschränkt geöffnet.

ZEITUNTERSCHIED

GMT	Irland	Berlin	New York	San Francisco	Sydney
12 Uhr	12 Uhr	13 Uhr	7 Uhr	4 Uhr	22 Uhr

Praktisches 191

SICHERHEIT

Die nationalen Polizeikräfte:
RI – Garda Siochána
(gesprochen: *sheekawnah*) in schwarz-blauen Uniformen.
NI – Police Service of Northern Ireland (PSNI) in dunkelgrünen Uniformen.

- Belfast ist so sicher wie jede andere moderne Großstadt: Beachten Sie die die üblichen Sicherheitsmaßnahmen.
- Vorsicht vor Taschendieben und Diebstahl persönlicher Gegenstände in Dublin.
- Lassen Sie keine Gegenstände sichtbar im Auto zurück.

Polizeiruf:

☎ **999** von jedem Telefon

TELEFONIEREN

Die Telefonhäuschen sind grau oder grün-weiß (RI); rot oder aus Plexiglas-Metall (NI). Münztelefone nehmen Münzen zu (NI) 10 p, 20 p, 50 p und £ 1 oder Telefonkarten (zu erhalten in Postämtern und bei Zeitungshändlern). Für die Inlandsvermittlung wählen Sie: (RI) 10; (NI) 100. Für die Auslandsvermittlung wählen Sie (RI) 114; (NI) 155.

Für Auslandsgespäche wählen Sie 00 und die folgende Ländervorwahl:
Deutschland: 49
Österreich: 43
Schweiz: 41

POST

In der Republik sind Briefkästen und Postautos grün gestrichen. Briefmarken gibt es in Postämtern, an Automaten oder bei einigen Zeitungshändlern. Im Norden sind Briefkästen und Postautos rot; es gelten britische Briefmarken und britische Tarife.

ELEKTRIZITÄT

Die Stromspannung beträgt 230 Volt (RI) bzw. 240 Volt

(NI). Steckdosentyp: Dreifach-Quadratstecker (UK-Typ), Zweifach-Rundstecker. Besucher aus dem Ausland sollten einen Adapter mitbringen.

TRINKGELD

JA ✓	Nein ✗
Restaurants (Service nicht enthalten) ✓	10 %
Bar-Service	✗
Fremdenführer	✓ (RI) € 3; (NI) £ 1
Friseur	✓ (RI) € 3; (NI) £ 1
Taxi	✓ 10%
Zimmermädchen	✓ nach Ermessen
Gepäckträger	✓ nach Ermessen
Toiletten	✗

POLIZEI 999

FEUERWEHR 999

KRANKENWAGEN 999

KÜSTENRETTUNGSDIENST 999

192 Praktisches

GESUNDHEIT

Krankenversicherung
Bürger der EU mit entsprechenden Dokumenten (EHIC) erhalten eine kostenlose bzw. kostenreduzierte medizinische Notfallversorgung. Eine private Zusatzkrankenversicherung wird empfohlen, für Nicht-EU-Bürger ist Sie erforderlich.

Zahnarzt
Bürger der EU oder Staatsangehörige anderer Länder, mit denen Irland wechselseitige Hilfeabkommen unterhält, erhalten eine eingeschränkte zahnärztliche Betreuung mit der EHIC-Karte. Alle übrigen sollten eine private Krankenversicherung abschließen.

Wetter
Die sonnigsten Monate sind April bis Juni (5–7 Stunden Sonne pro Tag im Südosten), Juli und August sind am heißesten. Zu dieser Jahreszeit sollten Sie einen Sonnenschutz tragen und reichlich Flüssigkeit zu sich nehmen.

Medikamente
Verschreibungspflichtige und nicht verschreibungspflichtige Medikamente gibt es in Apotheken. Apotheker können bei allgemeinen Beschwerden Rat geben. Wenn geschlossen, verweisen die meisten Apotheken auf die nächste offene.

Wasserqualität
Leitungswasser ist ohne Bedenken trinkbar. Mineralwasser gibt es überall zu kaufen, ist aber teuer, besonders in Restaurants.

ERMÄSSIGUNGEN

Studenten: Inhaber eines internationalen Studentenausweises können eine »Travelsave Stamp« kaufen, die sie z. B. zu einer 50-prozentigen Ermäßigung für Bus Éireann, Iarnród Éireann und Irish Ferries (zwischen England und Irland) berechtigt. Die Travelsave Stamp ist bei USIT, 19–21 Aston Quay, O'Connell Bridge, Dublin 2 (Tel. 01 602 1904) erhältlich.

Senioren: Rabatte auf Beförderungs- und Eintrittsgebühren werden bei Nachweis des Alters in der Regel gewährt.

EINRICHTUNGEN FÜR BEHINDERTE

Unterkünfte und öffentliche Einrichtungen werden zunehmend behindertengerecht ausgestattet. Informationen zum Thema erhalten sie bei der National Disability Authority, 25 Clyde Road, Dublin 4 (☎ 01 608 0400; www.nda.ie).
Für Nordirland: Disability Action (☎ 028 9029 7880; www.disabilityaction.org).

KINDER

Pubs und Bars regeln den Zugang von Kindern individuell. Im Norden haben die meisten Pubs ausgewiesene Bereiche für Kinder. Es gelten ermäßigte Fahr- und Eintrittspreise.

TOILETTEN

Öffentliche Toiletten sind gewöhnlich sauber. Für manche braucht man Münzen.

VERBOTENE SOUVENIRS

In manchen Ländern ist die Einfuhr von Souvenirs, deren Material von seltenen oder bedrohten Arten stammt, verboten. Informieren Sie sich vor dem Kauf über die Bestimmungen ihres Heimatlandes.

BOTSCHAFTEN UND KONSULATE

Deutschland
(01) 269 3011 (RI)
Fax (01) 269 3946 (RI)

Deutschland
(020) 7824 1300 (NI)

Österreich
(01) 269 4577 (RI)

Schweiz
(01) 218 6382 (RI)

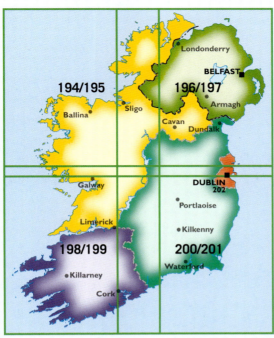

Kapiteleinteilung: siehe Übersichtskarte auf den Umschlaginnenseiten

Reiseatlas

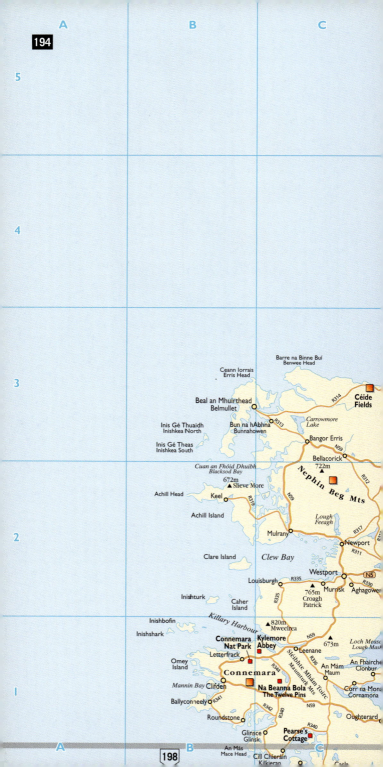

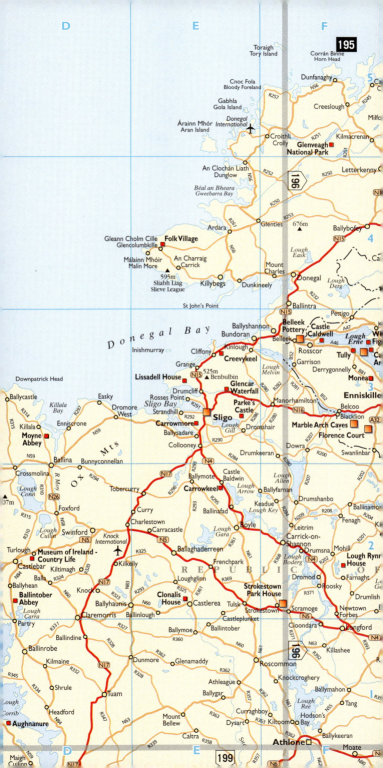

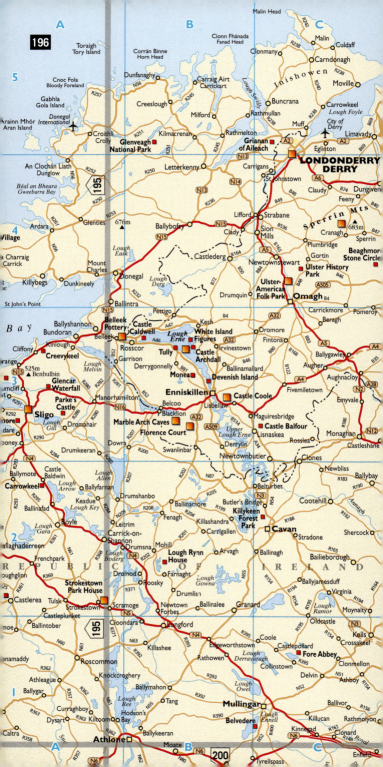

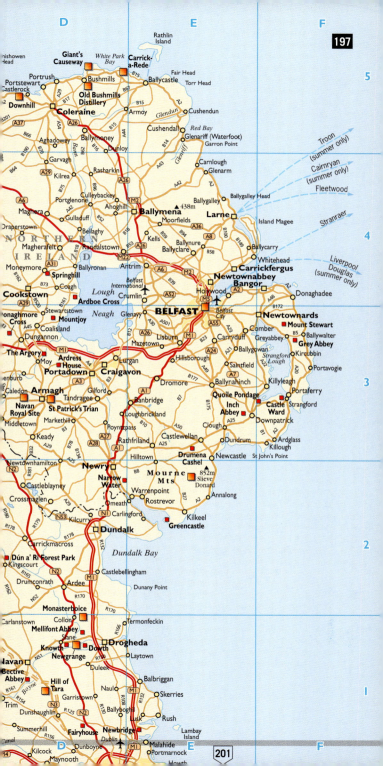

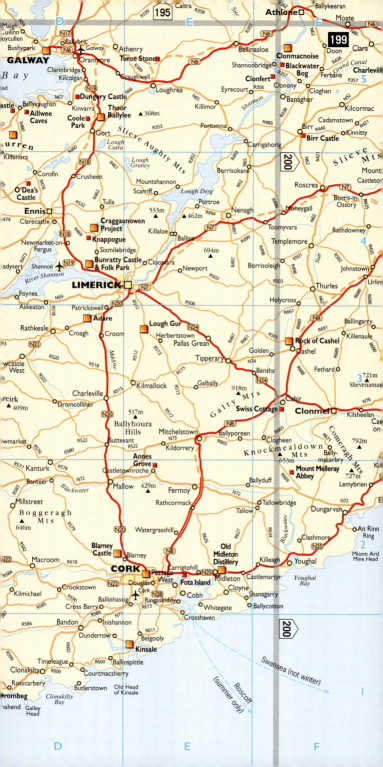

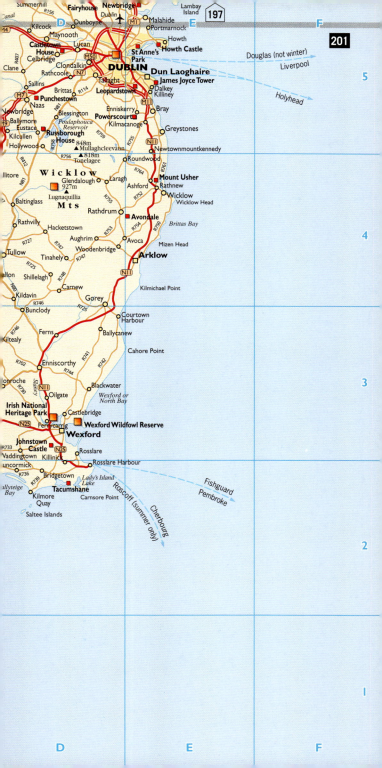

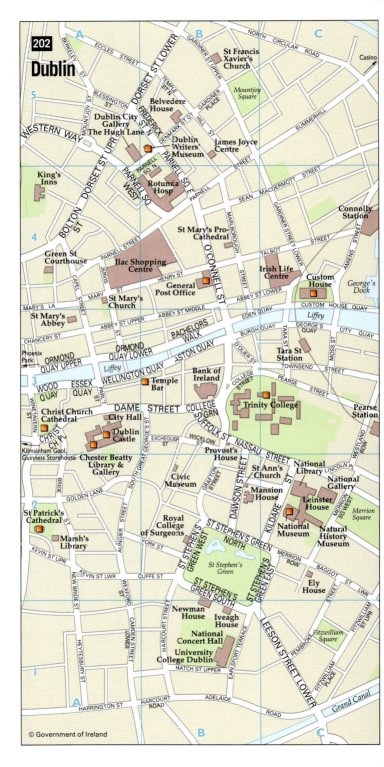

Register 203

Abbey Theatre, Dublin 30
Abhainn an Sacál 105
Achill Head 136
Achill Island 133
Adare 112
Aillwee Caves 32, 127
Alcock und Browne memorial 137
Anascaul 105
An Daingean 41, 105, 107
Antrim, Küste von 146, 154–157
Apotheken 190, 192
Aran Islands 120–121, 128–129
 Inisheer 128–129
 Inishmaan 22, 23, 129
 Inishmore 129
Ardara 138
Arklow 85
Athlone 41
Ausgehen 43–44
Autofahren 36–37, 38, 188
Autoverleih 37, 38
Avoca 77

Ballydavid Head 107
Ballyhack 79
Ballyvaughan 124
Baltimore 109
Bangor Trail 136
Banken 189, 190
Beara Peninsula 109
Bed and Breakfast 38, 39
Behinderte, Einrichtungen für 192
Belfast 146, 150–153
 Botanic Gardens 152
 City Hall 150 151–152
 Crown Liquor Saloon 150–151
 Europa Hotel 151
 Falls Road and Shankhill Road 153
Belfast City Airport 34
Belfast Ferryport 34
Belfast International Airport 34
Bellacorick 22, 136
Belleek Pottery 160–161, 162
Bere Island 109
Blackwater Bog 174–175
Blarney Castle und Blarney Stone 96, 100
Blasket Islands 105, 106
Boa Island 162
Bog 22, 75, 174–175
Book of Kells 50–51, 52, 53
Botschaften und Konsulate 192
Bray 65
Brittas Bay 85
Brú na Bóinne Irish Heritage Site 75, 81–84
Bunratty Castle und Folk Park 134
Burren 22, 23, 120, 122, 124–127
Burren Way 127
Busverbindungen 35, 36, 37, 38

Caherconree 104
Cahergall 102
Cahersiveen 102
Camp 104
Carlingford 41
Carrick-a-Rede Rope Bridge 155–156, 157
Carrowmore Tombs 178
Castle Coole 165
Castle Ward 185–186
Castledermot 87
Castletownshend 109
Ceann Baile Dháith 107
Ceann Trá 106
Céide Fields 136–137
Chester Beatty Library und Gallery, Dublin 62–63
Christ Church Cathedral, Dublin 63
Claddaghduff 137
Clare Island 6, 23, 132
Clear Island 23, 109, 111
Clew Bay 6, 22, 23, 132
Clifden 41, 130–131
Cliffony 180
Cliffs of Moher 119, 124, 126, 127
Cloch Na Rón 131
Clonmacnoise 23, 121, 135
Cnoc Bréanainn 107
Cobh 31, 98–99
Collins, Michael 16, 21
Cong Abbey 130
Connemara 8, 120, 130–131
Corca Dhuibhne 97, 104–107
Corcomroe Abbey 126
Cork City 94–95, 96, 98–99
 Cork City Gaol 98
 Crawford Municipal Gallery 98, 99
 Queenstown Story 98–99
 St Anne's Church 99
 St Fin Barre's Cathedral 98
Corkscrew Hill 127
Corofin 124
Courtmacsherry 109
Craggaunowen Project 134–135
craic 10–13
Creevykeel Court Tomb 180
Croagh Patrick 6, 23, 30, 121, 132, 176–177
Cromwell, Oliver 15
Crown Liquor Saloon 150–151
Curracloe 88
Curragh 12, 73
Cushendall 155
Custom House, Dublin 60
Dalkey 65
De Valera, Éamon 16–17, 21, 59
Derrigimlagh 137
Derry 164, 181–183
 Craft Village 164
 Guildhall 164, 183
 Stadtmauern 181–183

St Columb's Cathedral 164, 182–183
 Tower Museum 164, 183
Derrynane House 97, 103
Devenish Island 161–162
Dingle 41, 105, 107
Dingle Peninsula 97, 104–107
Dingle, Halbinsel 97, 104–107
Donaghadee 185
Donegal 121, 138
Doolin 124
Downhill 163
Downpatrick 186
Drumcliffe 179
Drumcree 30
Dublin 45–70
 An einem Tag 48–49
 Ausgehen 70
 Blessington Street Basin Gardens 65
 Casino 60
 Chester Beatty Library und Gallery 62–63
 Christ Church Cathedral 63
 Custom House 60
 Dublin Castle 62
 Dublin Writers' Museum 60–61
 Dublin Zoo 63
 Einkaufen 69–70
 Essen und Trinken 66–67
 Gallery of Photography 61
 General Post Office 30, 61
 Guinness Storehouse 64
 Howth 172–173
 Irish Film Centre 61
 Iveagh Gardens 63
 James Joyce Tower 65
 Kilmainham Gaol 58–59
 literarische Kneipentouren 29
 Stadtplan 46–47
 Märkte 65, 70
 National Museum of Ireland 54–56
 National Wax Museum 48, 63
 Öffentlicher Nahverkehr 35
 Phoenix Park 49, 64–65
 St Anne's Park 65
 St Michan's Church 65
 St Patrick's Cathedral 48, 57
 St Valentine's Shrine 65
 Temple Bar 49, 61
 Trinity College s50–53
 Übernachten 68–69

Dublin Airport 34
Dún Aengus 129
Dún Chaoin 106
Dún Dúchathair 129
Dun Laoghaire 34
Dunmore Cave 86–87
Dunquin 106
Dursey Island 109
Dysert O'Dea 124, 126

Register

Einkaufen 41–43, 190
  siehe ebenso die einzelnen Regionen
Eintrittspreise 35
Elektrizität 191
Enniskillen 161
Ermäßigungen 192
Essen und Trinken 41
  siehe ebenso die einzelnen Regionen

Fähren 36, 189
Falls Road, Belfast 153
Feiern und Feste 24–25, 44
Feiertage 190
Fermanagh 161
Five Fingers 109
Florence Court 164–165
Fluggesellschaften 189
Flughäfen 34
Fundsachen 192

Gaeltacht 30, 32
Gallarus Oratory 106
Galway City 135
Garinish Island 109
Geldwechsel 189
General Post Office, Dublin 61
Gesundheit 188, 192
Giant's Causeway 146, 155, 156
Gleann Cholm Cille 138
Glenaan 155
Glenariff 154
Glencar 180
Glencolumbkille 138
Glendalough 74, 76, 77
Glendun 155
Gleniff 180
Gleninsheen 126
Glens of Antrim 154
Golf 43
Gorumna 22, 131
Grand Opera House 151
  Linenhall Library 151
  Öffentlicher Nahverkehr 37f
  Samson und Goliath 153
  Stormont 153
  Ulster Museum 152–153
Grand Opera House, Belfast 151
Grey Abbey 185
Grianan of Aileach 138
Große Hungersnot 18–19, 30, 136
Guinness 23
Guinness, Arthur 15
Guinness Storehouse 64

Hags Head 136
Heaney, Seamus 27
Hill of Tara 30, 32, 88
Hochkreuze 87, 126, 135
Home Rule 19
Hotels 39
  siehe ebenso die einzelnen Regionen
Howth 172–173
Hurling 32

Inch 105
Inishowen Peninsula 22, 138

Inse 105
Inlandsflüge 36
Irish Film Centre, Dublin 61
Irish Horse Museum, Kildare 88
Irish National Heritage Park 85
Irish National Stud, Kildare 87
Irish Republican Army (IRA) 20, 21, 146
Iveragh Peninsula 94, 101–103

James Joyce Tower 65
Jameson 108
Japanese Gardens, Kildare 87
Jerpoint Abbey 86
Joyce Country 130
Joyce, James 26, 27, 65

Kavanagh, Patrick 26–27
Kenmare 40, 96
Kerry Way 94, 111
Kilfenora 124, 126
Kilkenny 72, 75, 80
  Kilkenny Castle 80
  St Canice's Cathedral 80
Killarney 97
Killarney-Nationalpark 111
Killelton 107
Killiney 65
Killorglin 101
Killybegs 138
Kilmainham Gaol, Dublin 58–59
Kilmalkedar Church 107
Kinder 192
Kinsale 40, 108–109
Klima 188, 192
Knock 31
Knocknarea 179
Knowth 84
Konfektionsgrößen 190
Kreditkarten 43,189
Kunst 26–29

Lake Isle of Innisfree 180
Larne Ferryport 34
Leacanabuaile 102
Leamaneh Castle 126
Leisureland 135
Leitir Mealláin 22, 131
Leitir Moir 22, 131
Lettermore 22, 131
Lettermullan 22, 131
Linenhall Library 151
Lisdoonvarna 124
Lissadell House 179
Literatur 26–27
Londonderry/
Lough Caragh 101, 102
Lough Corrib 130
Lough Erne 160, 161, 162
Lough Gill 180
Lough Gur 112
Lough Leane 111

MacCumhaill, Fionn (Finn McCool) 14
Mace Head 136
Macgillycuddy's Reeks 23, 105

Magharees 107
Mahee Island 186
Malin Head 136, 138
Marble Arch Caves 164
Maumturk Mountains 130
Medikamente 192
Mizen Head Signal Station 109
Monasterboice 88
Moone 87
Mount Brandon 107
Mount Eagle 106
Mount Stewart 185
Mountains of Mourne 166
Moycullen 41
Muckross House, Abtei und Gärten 110–111
Mullaghmore 124, 127
Musik 28–29, 31
Mussenden Temple 163

Na Blascaodai 104–106
National Museum of Ireland 54–56
National Museum of Ireland – Country Life 133
Navan Royal Site 166
Nephin Beg Mountains 136
Newgrange 23, 73, 75, 81–84
Newtown Castle 126
Newtownards 184
Nordirland 145–170
  Antrim, Küste von 146, 154–157
  Ausgehen 170
  Belfast 146, 150–153
  Belleek Pottery 160–161, 162
  Carrick–a–Rede Rope Bridge 155–157
  Castle Coole 165
  Cityplan 146–147
  Downhill 163
  Einkaufen 170
  Essen und Trinken 167–168
  Florence Court 164–165
  Giant's Causeway 146, 155, 156
  In drei Tagen 148–149
  Londonderry 164, 181–183
  Lough Erne 160–162
  Marble Arch Caves 164
  Mountains of Mourne 166
  Navan Royal Site 166
  Old Bushmills Distillery 163
  St. Patrick's Train 166
  Sperrin Mountains 22, 164
  Übernachten 168–169
  Ulster–American Folk Park 158–159

O'Connell, Daniel 16, 32, 88, 102, 103
Oileáin Árann 121,128–129
  Inis Meáin 22, 23, 129
  Inis Móir 129
  Inis Oirr 128, 129
Oileán Acla 133

Register 205

Oileán Clére 23, 109, 111
Oileán Mhic Dara 131
O'Rourke, Dervorgilla 15
öffentlicher Nahverkehr 35, 36, 37–38
Öffnungszeiten 43, 190
Old Bushmills Distillery 163
Old Head of Kinsale 109
Old Midleton Distillery 108
Omey Island 137
Ossian's Grave 157
Osteraufstand 19–20, 53, 58, 61
Ostirland 71–92
  Ausgehen 92
  Brú na Bóinne Irish Heritage Site 81–84
  Castledermot, Hochkreuz von 87
  Cityplan 73
  Dunmore Cave 86–87
  Einkaufen 92
  Essen und Trinken 89–90
  Hill of Tara 30, 32, 88
  In drei Tagen 74–75
  Irish Horse Museum 88
  Irish National Heritage Park 85
  Irish National Stud, Kildare 87
  Japanese Gardens 87
  Jerpoint Abbey 86
  Kilkenny 72, 80
  Knowth 84
  Monasterboice 88
  Moone, Hochkreuz von 87
  Newgrange 23, 73, 81–84
  Rock of Cashel 86
  Übernachten 91
  Waterford Crystal 78, 79
  Wexford Wildfowl Reserve 85
  Wicklow, Küste von 85
  Wicklow Mountains 72, 76–77, 85
Oughterard 130

Parke's Castle 180
Parnell, Charles Stewart 19, 21
Pässe und Visa 188
Pensionen 38, 39
Pferderennen 12, 43
Phoenix Park 64–65
Polizei 191
Portaferry 185
Portmagee 103
Post 190, 191
Poteen 31, 32
Poulnabrone 124, 125
Pubs 23, 29, 43–44

Queen Mebh's Tomb 178
Queenstown Story 98–99
Quoile Pondage National Nature Reserve 186

Reisedokumente 188
Reiseschecks 189
Reisevorbereitungen 189
Ring of Beara 109
Ring of Kerry 97, 101–103
Roaringwater Bay 22, 109

Robinson, Mary 17
Rock of Cashel 86
Rossbeigh Strand 101
Rosscarbery 109
Rosses Point 179
Roundstone 131

Saint Patrick's Trian, Armagh 166
Salt Hill 131, 135
Senioren 192
Shannon Airport 34
Shaw, George Bernard 27
Sheep's Head Peninsula 22, 109
Sherkin Island 109
Shielmartin 173
Sicherheit 191
Silent Valley 166
Sinn Féin 20
Skelligs 103
Slade 79
Slemish, Berg 14
Sliabh an Iolair 106
Sliabh Liag 23, 138
Slieve Bloom Mountains 22
Slieve League 23, 138
Slieve Mish Mountains 104, 105
Sligo 137, 178
Sligo Abbey 137
Sneem 103
Sperrin Mountains 22, 164
Sport 43
Sprache 30–31, 44
St Anne's Park, Dublin 65
St Brendan's Oratory 107
St Fin Barre's Cathedral 98
St Macdara's Island 131
St Patrick 14, 56, 176, 185, 186
St Patrick's Cathedral, Dublin 57
Staigue Fort 103
Stormont 153
Strangford Lough 23,184ff
Strokestown Park House, Garden & Famine Museum 136
Struell Wells 186
Studentenermäßigungen 36, 192
Südwestirland 93–118
  Adare 112
  Ausgehen 118
  Blarney Castle und Blarney Stone 100
  Cityplan 94–95
  Cork City 94–95, 98–99
  Dingle Peninsula 104–107
  Einkaufen 118
  Essen und Trinken 113f
  In vier Tagen 96–97
  Killarney-Nationalpark 93, 111
  Kinsale 108–109
  Küste von West Cork 109
  Lough Gur 112
  Mizen Head Signal Sation 109,110
  Muckross House und Gärten 110
  Old Midleton Distillery 108

Ring of Kerry 101–103
Übernachten 116–117
Swift, Jonathan 26, 48, 57

Taxis 35, 37, 153
Telefonieren 191
Temple Bar 61
Thoor Ballylee 135
Toiletten 192
Tourist Information 35, 188–189
Touristenbüros 35, 188-189
Tralee & Dingle Light Railway 106
Trinity College, Dublin 50–53
Trinkgeld 191
Trinkwasser 192
Twelve Bens 130

Übernachten 38–39
  siehe auch die einzelnen Regionen
Ulster Museum 152–153
Ulster–American Folk Park 158–159

Valencia Island 103
Versicherungen 188, 192

Währung 189
Waterford Crystal 75, 78, 79
West Cork Model Railway Village 111
West Cork, Küste von 109
West Mayo 132–133
West- und Nordwestirland 119–144
  Aran Islands 120–121, 128–129
  Ausgehen 144
  Bunratty Castle und Folk Park 134
  Burren 22, 23, 120, 122, 124–127
  Céide Fields 136–137
  Cityplan 120
  Clonmacnoise 23, 121, 135
  Connemara 8, 120, 130–131
  Craggaunowen Project 134–135
  Donegal 138
  Einkaufen 143–144
  Essen und Trinken 139–141
  Galway City 135
  In vier Tagen 122–123
  Nephin Beg Mountains 136
  Sligo 137, 178
  Strokestown Park House 136
  Thoor Ballylee 135
  Übernachten 141–143
  West Mayo 132–133
Westport 7, 132, 133
Westport House 7, 133
Wexford Wildfowl Reserve 74, 85
White Island 162
Wicklow Head 85
Wicklow Mountains 72, 74, 76–77, 85

Register / Abbbildungsnachweis

Wicklow, Küste von	85	Yeats Country	178–180	Zahnarzt	192
Wilhelm von Oranien	31	Yeats, W. B.	21, 26, 30,	Zeitunterschiede	189, 190
Windhundrennen	43		135, 137, 178, 179, 180	Züge	36, 38

Abbildungsnachweis

Umschlag: (o), AA Photo Library/Steve Whitehorn; (u), AA Photo Library/Michael Short

Die Automobile Association dankt den nachfolgend genannten Fotografen, Bildagenturen und Institutionen für ihre Unterstützung bei der Herstellung dieses Buchs:

2t AA/S McBride; 2m AA/C Jones; 2m AA/S Day; 2b AA/M Short; 3t AA/D Forss; 3m AA/C Coe; 3m AA/C Coe; 3b AA/L Blake; 5l AA/S McBride; 5m AA/S Day; 5r AA/C Jones; 6-7 Chris Hill/Scenic Ireland; 7m AA/S Day; 8-9 Michael Cooper/Getty Images; 9 Julian Herbert/Getty Images; 10 Chris Hill/Scenic Ireland; 11 Chris Hill/Scenic Ireland; 12 AA/S Day; 13 Joe Fox/Alamy; 15t Mary Evans Picture Library; 15m Mary Evans Picture Library; 15b Mary Evans Picture Library/Mary Evans ILN Pictures; 17t Niall Carson/PA Archive/PA Photos; 17m Rui Vieira/PA Archive/PA Photos; 17b AA/C Coe; 18 The Print Collector/HIP/TopFoto; 19 Topical Press Agency/Getty Images; 20 AA/C Jones; 21 Paul Faith/AFP/Getty Images; 22-23 AA/L Blake; 24 Leon Farrell/Photocall Ireland; 26 Sergio Pitamitz/Corbis; 27 OSD Photo Agency/Rex Features; 28 Tony Kyriacou/Rex Features; 29 David Sanger Photography/Alamy; 31 David Lyons/Alamy; 32 Chris Hill/Scenic Ireland; 33l AA/C Jones; 33m AA/C Jones; 33r AA/C Jones; 45l AA/S Day; 45m AA/S Day; 45r AA/S McBride; 46 AA/S Whitehorne; 48mr AA/S Day; 48b AA/S Day; 49 AA/S Day; 51 The Board of Trinity College, Dublin, Ireland/The Bridgeman Art Library; 52t AA/S McBride; 52b Illustrated London News; 53 AA/S McBride; 54 National Museum of Ireland, Dublin, Ireland/Boltin Picture Library/The Bridgeman Art Library; 55 AA/S Day; 56 National Museum of Ireland, Dublin, Ireland/Boltin Picture Library/The Bridgeman Art Library; 57 AA/S Whitehorne; 58/59 AA/S Whitehorne; 60 AA/S Day; 62 Slide File; 63 AA/S Day; 64 AA/S Day; 71l AA/M Short; 71m AA/C Jones; 71r AA/M Short; 74m AA/M Short; 74b AA/C Coe; 75 Arco Images GmbH/Alamy; 76 Chris Hill/Scenic Ireland; 78 Waterford Crystal Ltd; 80 AA/C Jones; 81 AA/P Zollier; 82 AA/C Jones; 82/83 AA/C Jones; 83 AA/C Jones; 84 AA/C Coe; 85 Irish National Heritage Park; 86 AA/S McBride; 87 AA/D Forss; 88 AA/C Jones; 93l AA/D Forss; 93m AA/S Hill; 93r AA/J Blandford; 96 AA/C Jones; 97 AA/C Jones; 98m AA/C Jones; 98b AA/C Jones; 99 AA/C Jones; 100 AA/S McBride; 101 AA/S McBride; 102/103 AA/S McBride; 102 AA/S Hill; 104/105 AA/C Jones; 105 AA/C Jones; 106 AA/C Jones; 107 AA/C Jones; 108 David Kilpatrick/Alamy; 109 AA/S Hill; 110 David Noton Photography/Alamy; 111 AA/P Zollier; 112 AA/D Forss; 119 AA/C Coe; 119m AA/S Hill; 119r Paul Lindsay/Scenic Ireland; 121t AA/C Coe; 121b AA/S Day; 122m AA/M Diggin; 122b AA/S Hill; 123t AA/C Coe; 123b AA/C Hill; 124 AA/S Hill; 125 David Woodfall/NHPA; 126 AA/S McBride; 127 Robert Thompson/NHPA; 128 AA/S Hill; 129 AA/S Hill; 130 AA/L Blake; 131 AA/C Jones; 132 AA/C Coe; 133 AA/L Blake; 134 AA/P Zollier; 135 AA/S McBride; 136 AA/M Diggin; 137 AA/I Dawson; 138 AA/C Coe; 145l AA/C Coe; 145m AA/C Coe; 145r AA; 148m Chris Hill/Scenic Ireland; 148b AA/G Munday; 149 Chris Hill/Scenic Ireland; 150 AA/C Coe; 151 AA/C Coe; 152 AA/C Coe; 153 Joe Fox/Alamy; 154 AA/C Coe; 155 National Trust NI/John Lennon; 156 AA/C Coe; 157 AA/C Coe; 158 AA/C Coe; 159 AA; 160 AA/J Johnson; 161 AA/C Coe; 162 AA/G Munday; 163 AA/G Munday; 164 AA/C Coe; 171l AA/L Blake; 171m AA/C Coe; 171r AA/M Short; 173 AA/S Whitehorne; 174 AA/C Jones; 175 Ross Hoddinott/Nature Picture Library; 177 AA/L Blake; 179m AA/C Coe; 179r AA/C Hill; 182 AA/C Coe; 183 David Lyons/Alamy 184 AA/I Dawson; 185 AA/G Munday; 186 AA/G Munday; 187l AA/C Jones; 187m AA/C Jones; 187r AA/I Dawson; 191t AA/C Jones; 191ml AA/C Jones; 191m AA/C Jones.

Abkürzungen im Abbildungsnachweis: (o) oben; (u) unten; (l) links; (r) rechts; (m) Mitte.

Danksagungen

Der Autor dankt John Lahiffe und Katrina Doherty vom Irish Tourist Board für ihre Hilfe bei der Recherche für dieses Buch.
Auszug aus Decline and Fall (Auf der schiefen Ebene) von Evelyn Waugh (Copyright © Evelyn Waugh 1928), Seite 32, Kopie mit freundlicher Genehmigung von Peters, Fraser & Dunlop im Namen des Evelyn Waugh Trust. Auszug aus An Evil Cradling von Brian Keenan, Seite 32, veröffentlicht von Hutchinson. Nachdruck mit Genehmigung von The Random House Group Ltd.

Leserbefragung

Ihre Ratschläge, Urteile und Empfehlungen sind für uns sehr wichtig. Wir bemühen uns, unsere Reiseführer ständig zu verbessern. Wenn Sie sich ein paar Minuten Zeit nehmen, diesen kleinen Fragebogen auszufüllen, könnten Sie uns sehr dabei helfen.

Wenn Sie diese Seite nicht herausreißen möchten, können Sie uns auch eine Kopie schicken, oder Sie notieren Ihre Hinweise einfach auf einem separaten Blatt.

Bitte senden Sie Ihre Antwort an:
NATIONAL GEOGRAPHIC SPIRALLO-REISEFÜHRER, MAIRDUMONT GmbH & Co. KG,
Postfach 31 51, D-73751 Ostfildern,
E-Mail: spirallo@nationalgeographic.de

Über dieses Buch …
NATIONAL GEOGRAPHIC SPIRALLO-REISEFÜHRER IRLAND

Wo haben Sie das Buch gekauft?

Wann? Monat / Jahr

Warum haben Sie sich für einen Titel dieser Reihe entschieden?

Wie fanden Sie das Buch?

Hervorragend ☐   Genau richtig ☐   Weitgehend gelungen ☐   Enttäuschend ☐

Können Sie uns Gründe angeben?

Bitte umblättern …

Hat Ihnen etwas an diesem Führer ganz besonders gut gefallen?

Was hätten wir besser machen können?

Persönliche Angaben

Name

Adresse

Zu welcher Altersgruppe gehören Sie?
Unter 25 ☐   25–34 ☐   35–44 ☐   45–54 ☐   55–64 ☐   Über 65 ☐

Wie oft im Jahr fahren Sie in Urlaub?
Seltener als einmal ☐   Einmal ☐   Zweimal ☐   Dreimal oder öfter ☐

Wie sind Sie verreist?
Allein ☐   Mit Partner ☐   Mit Freunden ☐   Mit Familie ☐

Wie alt sind Ihre Kinder? _____

Über Ihre Reise …

Wann haben Sie die Reise gebucht? Monat / Jahr

Wann sind Sie verreist? Monat / Jahr

Wie lange waren Sie verreist?

War es eine Urlaubsreise oder ein beruflicher Aufenthalt?

Haben Sie noch weitere Reiseführer gekauft? ☐ Ja ☐ Nein

Wenn ja, welche?

Herzlichen Dank dafür, dass Sie sich die Zeit genommen haben, diesen Fragebogen auszufüllen.